国务院发展研究中心研究丛书 **2014**

丛书主编▪李 伟

追赶接力
从数量扩张到质量提升

Into the Next Round of
Chasing

From Quantity Expansion to
Quality Upgrade

张军扩 余 斌 吴振宇 著

中国发展出版社
CHINA DEVELOPMENT PRESS

图书在版编目（CIP）数据

追赶接力：从数量扩张到质量提升/张军扩，余斌，吴振宇著．北京：中国发展出版社，2014.8

（国务院发展研究中心研究丛书/李伟主编．2014）

ISBN 978-7-5177-0225-2

I. ①追… II. ①张… ②余… ③吴… III. ①中国经济—经济发展模式—研究 IV. ①F120.3

中国版本图书馆 CIP 数据核字（2014）第 188752 号

书　　　名：追赶接力：从数量扩张到质量提升
著作责任者：张军扩　余斌　吴振宇
出 版 发 行：中国发展出版社
　　　　　　（北京市西城区百万庄大街 16 号 8 层　100037）
标 准 书 号：ISBN 978-7-5177-0225-2
经 销 者：各地新华书店
印 刷 者：北京科信印刷有限公司
开　　　本：700mm×1000mm　1/16
印　　　张：22.75
字　　　数：240 千字
版　　　次：2014 年 8 月第 1 版
印　　　次：2014 年 8 月第 1 次印刷
定　　　价：60.00 元

联 系 电 话：(010) 68990630　68990692
购 书 热 线：(010) 68990682　68990686
网 络 订 购：http://zgfzcbs.tmall.com//
网 购 电 话：(010) 88333349　68990639
本 社 网 址：http://www.develpress.com.cn
电 子 邮 件：bianjibu16@ vip.sohu.com

总　序

积极发挥智库作用　全力为改革服好务

国务院发展研究中心主任、研究员　李伟

　　去年 11 月召开的党的十八届三中全会，掀开了中国改革开放新的篇章，标志着中国进入全面深化改革的历史新阶段，对于全面建成小康社会、实现中华民族伟大复兴的中国梦具有重大而深远的指导意义。

　　改革的成功，需要正确的方向和可行的方法。过去三十多年的实践表明，中国特色的改革道路，以"三个有利于"为标准，既坚持了正确的方向，又找到了可行的方法。进入新时期的改革，涉及面更为广泛，调整利益格局更加艰难。我们必须以全球视野、战略思维，深化改革理论研究，密切结合世情国情，积极关注社情民意，科学认识全球结构调整和体制变革的方向、趋势，正确认识和把握民众诉求，遵循经济社会发展的规律，提升驾驭改革的综合能力，确保三中全会提出的各项改革任务圆满完成。为此，需要特别处理好理论指导与实践探索、加强党的统一领导与发挥各方创造性、积极果敢与稳妥推进、效率与公平、经济体制改革与社会体制改革等方面关系。

经济体制改革是全面深化改革的重点，其核心是处理好使市场在资源配置中起决定性作用和更好发挥政府作用的关系，而使市场发挥决定性作用是当前改革的主要矛盾方面。当前，我国经济正处在向中高速增长阶段转换的关键期。增长阶段转换表面上看是速度的换挡与调整，但在本质上是增长动力的转换与接续。我国经济能否在一个新的增长平台上良好运行，规模与质量、速度与效益的关系达到一种新的平衡，关键在于切实转变发展方式和着力培育经济增长新动力。

今年以来，我国在经济下行压力加大、局部风险开始显露的同时，结构调整取得积极进展，表现为服务业发展势头良好，消费对经济增长的贡献提高，就业状况不断改善等。这些积极变化也反映了我国经济正在向新常态平稳过渡。在此情况下，我们要充分地认识到改革举措有供给侧和需求侧之分，有见效慢和见效快之别。在抓好相对慢变量重大改革的同时，适当加大需求侧的改革措施，进一步发挥扩需求、稳增长的作用，与促进需求政策形成合力效应，通过换机制、调结构，着力培育增长新动力。

具体而言，近期，应以调整投资结构、稳定投资增速、化解金融风险为重点，积极推进相关重点领域改革和政策调整。如清理规范地方融资平台，推进地方政府合规融资；发挥政策性金融机构对住房和基础设施建设的支持作用；推动资产证券化，盘活存量；做好舆论引导、风险隔离、社会保障等配套工作，积极化解局部风险；与结构性减税政策相结合，积极推进加速折旧；治理产能过剩，推动产业结构调整等等。

中长期，则应把有利于稳增长、调结构、促转型的重大改革放在优先位置。推动以破除行政性垄断、促进竞争为重点的基础产业领域改革，提高非贸易部门的效率；围绕降低企业综合成本，推动土地、金融、流通、知识产权保护等领域改革，增强企业盈利能力，促进企业转型升级；加快服务业的对内、对外开放，破除各种隐性壁垒，形成平等进入、公平竞争的市场环境；适当提高中央政府债务占 GDP 的比重和当年财政赤字率，利用中央政府的负债潜力，加大社会公共服务设施建设，缓解地方政府和企业现实的债务压力。

十八届三中全会通过的《中共中央关于全面深化改革若干重大问题的决定》明确提出：加强中国特色新型智库建设，建立健全决策咨询制度。去年 4 月和今年 1 月，习近平总书记两次对智库建设和国务院发展研究中心的工作作出重要批示，明确指出智库是国家软实力的重要组成部分，要高度重视、积极探索中国特色新型智库的组织形式和管理方式；要求我们要紧紧围绕推进全面深化改革等重大任务，不断增强综合研判和战略谋划能力，提高决策咨询服务质量和水平。

国务院发展研究中心作为直接为党中央、国务院重大决策提供研究咨询服务的智库机构，在过去　年中，紧紧围绕中央的工作中心，牢牢把握为中央决策服务的根本方向，立足全局、突出重点、发挥优势、创新体制，以深入开展党的群众路线教育实践活动为契机，以全面推进"一流智库"建设为抓手，以提高政策咨询研究的质量和水平为重点，坚持中长期重大课题研究与当前经济社会发展热点难点问题研究相结合，完成了一批具有较高政策价值和较大社会影响力的研究成果，推动形成了一系列经济社会发展新政策新举措，为中央决策服务取得了新成绩。

"国务院发展研究中心研究丛书"迄今已是连续第五年出版。五年来，我们获得了各级领导同志和社会各界读者的热情关注与支持。特别是去年的丛书出版后，受到国务院领导同志的高度肯定。这是对我们继续做好工作的重要鼓励与鞭策。

今年的"国务院发展研究中心研究丛书"共16部著作。其中：《追赶接力：从数量扩张到质量提升》是国务院发展研究中心2013～2014年度的重大研究课题报告，深入分析了中国经济增长方式的转变路径与方法；《中国新型城镇化：道路、模式和政策》、《从城乡二元到城乡一体：我国城乡二元体制的突出矛盾与未来走向》等10部，是国务院发展研究中心各研究部（所）的重点课题研究报告；此外，还有《中国电子商务的发展趋势与政策创新》等5部优秀招标课题研究报告。

这套丛书是国务院发展研究中心过去一年研究成果的优秀代表，但其中可能还存在着种种不足。衷心期望社会各界提出宝贵意见和建议，帮助我们在建设中国特色新型智库、开创政策研究咨询工作新局面、努力为全面深化改革服好务的道路上不断前进，为实现中华民族伟大复兴的中国梦做出新的更大贡献。

2014 年 8 月 18 日

序 言
Preface

这本书是国务院发展研究中心 2013 年度重大研究课题"增长阶段转换的成因、挑战和对策"的研究成果。

一、研究目的与基本结论

开展这项研究的目的,在于从比较宏观的视野,对中国近年来经济增速回落的原因及今后一个时期的增长潜力和增长前景做出客观评判,对增长阶段转换的性质和特征做出科学分析,并在此基础上提出为实现增长阶段平稳转换所需要采取的经济政策和所需要推进的改革举措。

根据国家统计局调整后的年度增长数据,从 2003 年到 2007 年的 5 年间,中国经济连续实现了 10% 以上的增长速度。2008 年增速从上年的 14.2%,大幅回落至 9.6%,2009 年进一步降至 9.2%。由于采取了超大力度的需求刺激政策,2010 年增速又回升到 10%

以上，为10.4%，但好景不长，回升乏力，从2011年开始，经济增速持续回落，2011年为9.3%，2012年和2013年均为7.7%，2014年预期目标确定为7.5%左右。

在这种情况下，如何看待2008年以来的增速回落，如何看待现阶段及未来一个时期中国经济的增长潜力，成为近年来国内外学术界及政策研究领域十分关注和热议的话题。虽然不同学者观察问题的角度、研究的重点等各有不同，得出的结论也多种多样，但大体可以归纳为两种基本观点：一种观点认为，增速回落主要是经济景气循环、结构矛盾制约和国际金融危机冲击等短期因素的影响，中国经济中长期增长的基本面并没有变化，仍具有高速增长的条件和潜力。而另一种观点则认为，虽然2008年以来经济增速的回落有外部冲击等短期因素的影响，但更本质和更深层的原因，则是经济的基本面已经发生变化，中国经济不再具有高增长的潜力和可能性，并会很快回落至低速增长水平。

本课题研究所得出的基本结论，既不像上述第一种意见那样乐观，也不像第二种意见那样悲观。课题组认为，一方面，经过30余年的高速增长，我国经济的基本面和增长潜力的确正在发生变化，现阶段的增速回落并不仅仅是景气循环和外部冲击等短期因素所致，也有潜在增长率下降因素的影响，因此，再回复到以前接近两位数高增长的条件已不再具备；但另一方面，基于对我国发展实际及相关国际经验的分析，现阶段我国经济基本面的变化，并不意味着我国后发优势的消失和追赶型增长进程的终结，而是意味着后发优势性质、结构和程度的变化和追赶型增长的阶段转换，因此，尚不会使我国的潜在增速滑落至低速水平；综合各种因素分析，课题组认为，在今后大约 10～15 年的时间里，我国经济仍然具有实现 6%～8% 的中高速增长的潜力。

课题研究还表明，从"高速"增长向"中高速"增长的转变，并不仅仅意味着增长速度的变化，而是同时意味着增长动力和增长方式的重大转变。中高速增长并不能在延续旧的增长模式下自动实现，而是需要我们通过改革的深化和政策的调整去争取，需要政府、企业和社会各方面共同为此做出努力。如果不能真正建立起适应发展阶段变化的、有利于实现增长方式转变的体制和政策环境，那么不仅中高速的增长潜力不会变为现实，经济也有可能很快滑落至低速徘徊，甚至落入所谓的"中等收入陷阱"而难以自拔。因此，关键还是要在保持经济基本稳定、风险总体可控的前提下，不失时机地推进各项改革。

二、后发优势与追赶型增长

得出以上判断，首先是基于对后发国家追赶型增长一般规律的研究。之所以首先研究后发追赶型经济增长的规律，是因为中国的经济增长总体上属于一个落后国家的追赶型现代化过程中的经济增长，要把中国问题说清楚，首先就要把后发追赶型经济增长的一般规律说清楚。

世界范围内，特别是二次世界大战之后，各国经济增长主要可以分为两大类，一类是技术前沿国家的创新引领式增长，典型的如过去的英国、当今的美国等；另一类是落后国家或经济体的追赶型增长，成功者如日本、韩国，以及我国的台湾省等。前一种增长主要依靠的是新技术的突破和人口的自然增长，因此，尽管在技术取得重大突破时也可以实现较快的增长，但长期来看，增长速度比较平稳和缓慢。比如，据研究，美国在过去的大约180年的时间里的长期平均增长率大约为3%～4%[1]。这种增长可以形象地称之为"蜗牛爬行式"增长。而后一种增长则由于"后发优势"的存在和作用，常常能够在一段时间里实现比前沿国家高得多的增长速度，或者，换个角度说，常常能够在较短的时间里完成前沿国家在较长时期才能完成的工业化和增长任务。比如20世纪50年代到60年代的日本和70年代到80年代的韩国。这种增长被称为"压缩式增长"[2]。改革开放以来中国经济的高速增长，就属于后一种增长，即追赶型增长或压缩式增长。

后发国家的追赶型增长，之所以能够实现压缩式高速增长，最主要的原因就是其所拥有的后发优势。所谓后发优势，简单讲，就是指由于其发展水平相对落后而拥有的增长潜力和增长优势，这种优势既可以表现在对先进技术、制度、管理经验等的学习、引进、借鉴等方面，也可以表现在较低的劳动力及其他资源要素的成本方面，还可以表现在较为广阔的市场需求潜力等方面。当然，后发优势所决定的，只是追赶型增长的潜力，这种潜力能否实现，还取决于其他因素，主要是政治经济体制及发展战略和政策等。后发优势与压缩式高增长之间的关系，前者是后者的必要条件，而不是充分

---

[1] 其中大约一半为技术进步因素，另一半为人口增长因素。
[2] 刘世锦等：《陷阱还是高墙》，中信出版社2011年版。

条件。就是说，没有这种后发优势，后发国家就不可能实现压缩式高增长，而仅有后发优势，也不一定能够实现压缩式高增长。正因为如此，许多非洲国家都具有后发优势，具有高增长的潜力，但由于其他条件不具备，因此并不能实现高增长。

三、追赶型增长的两个显著特征

既然追赶型增长的潜力来源于后发优势，因而后发优势的大小，就决定了追赶型增长潜力的大小；后发优势减弱了，高增长的潜力就会变小；后发优势消失了，高增长的潜力也就不存在了。正是后发优势和增长潜力的这种变化，使得后发国家的追赶型增长过程还呈现出两个显著特征。

一是增速变化的生命周期特征。即，后发国家的追赶型增长启动前，一般是传统经济状态下的低速增长，其增速有可能比前沿国家的增速还低。而追赶型增长进程启动后，增速迅速提高，达到远高于前沿国家的水平，并会持续一定时期。而当发展水平接近前沿国家时，发展差距和后发优势消失，增速回落至前沿国家水平。不难看出，由后发国家增长的追赶性质所决定，增速的生命周期特征是内生的，是必然会发生的。只要实现成功追赶，增长速度就必然会收敛于前沿国家的增长水平。当然，也可能追赶不成功，在发展水平远未达到前沿国家水平前而增速掉下来，如果这种情况发生，那就是落入了包括"中等收入陷阱"在内的增长陷阱了。

二是增长速度变化的阶段性特征。追赶过程中发展水平的提高不会从低收入直接跨入高收入，后发优势也不可能一下子消失。发展水平的提升必然是一个由低到高渐变的过程，而随着发展水平的变化，与技术前沿国家的技术差距、后发优势也会逐渐发生变化，从而导致压缩式增长动力和增长潜力的变化。对后发追赶型经济体增长过程经验数据的实证分析说明，凡是成功完成追赶任务的经济体，其压缩式高增长过程都不是一下子从高速增长直接转入低速增长，而是会呈现从高速增长到中速增长、再到低速增长的阶段性变化。有些经济体能够保持较长时期的中速增长，实现的平均增速也相对较高，比如，我国台湾地区，在经历了从1953年到1979年27年的年均9%左右的高速追赶之后，还维持了自1982年至1997年长达16年之久的年均7.3%左右的中高速增长。而另一些经济体中速增长持续时间则相对较短，实现的平均增速也相对较低。比如，韩国在从1963年到1997年的35年时间里，平均增速达到8.2%，而在此后的自1999年到2008年的10年里则实现了5.6%的中低速增长。再比如日本，在1946年到1973年的27年时间里实现了年均9.4%的高速增长，而在此后1975年到1991年的16年时间里，年均增长率只达到4.4%的中低增速。之所以会出现这种情况，是因为中速增长期究竟能持续多久，能够实现多高的平均增速，不仅取决于其增长潜力，也取决于当时一系列的国际、国内环境及条件。进一步观察我国台湾地区及韩日两国增速明显回落、出现增长阶段转变时的发展水平及与前沿国家的发展水平的相对差距，可以发现其相互之间不仅不完全一致，而且存在较大的差异性。这进一步说明，对于相对差距、后发优势、增长潜力和现实增速之间的影响和决定关系，我们决不能做简单化的理解和类比，而必须根据历史和现实状况做更加深入的研究。相对差距和后发优势决定压缩式增长的潜力这一点从理论上说没有问题，但这个潜力究竟能够在多大程度上得到释放，因而能够实现多长时期、多高水平的高速增长或中速增长，阶段转化何时发生、以什么方式发生，等等，都不仅取决于增长潜力的变化，也取决于其他一系列内外部经济、政治、社会因素的变化和影响，因此需要我们进行全面系统的分析和考察。

四、追赶型增长阶段变化的动因与机理

为了进一步说明追赶型经济体增速阶段性变化的内在动因、机理及其对发展战略和政策的意义，课题组根据对国际、国内实践经验的总结和对追赶进程与后发优势相互关系的理论研究，并根据追赶进程中发展水平提升、增长环境和后发优势变化、效率改进方式和增长动力转换等影响关系，概括总结了追赶型增长进程中与增长阶段转换相联系的三种动力机制和增长形态，即数量扩张型高增长、质量提升型中高增长、创新引领型中低增长。

数量扩张型高增长（资本积累＋TFP1）。追赶进程启动后相当长一段时期内，经济增长环境的基本特点是：①要素供给条件非常宽松（比如，存在大量的剩余劳动力，土地资源丰富，大量的优质矿产资源有待开发，环境生态问题尚不构成对增长的制约，等等）。②需求空间巨大，国际市场几乎空间无限，而国内市场也存在大量的供给空白有待填补。③存在大量的可以免费使用的适用技术或技术引进成本较低。在这样的条件下，经济增长很自然地会主要依赖

以数量扩张为主的粗放发展模式，其基本特点是大量的新企业、新产能产生，而较少有企业和产能被淘汰。经济增长主要来源于资本积累和要素投入的增加，效率的提高则主要是通过要素从闲置状态或低效部门转向高效部门实现。这种全要素生产率提高的模式可称为TFP1。实现TFP1，企业和社会所支付的成本低，从而有更多经济剩余投入积累，从而形成高投资、高增速相互增强的局面。

质量提升型中高增长（TFP1 + TFP2）。经过一定时期的高速增长，发展水平显著提升，与前沿国家的发展差距也会明显缩小，这时，与追赶进程初期的情况相比，经济环境会发生一些重要变化，主要是：①随着"刘易斯拐点"的到来，要素供给对增长的制约显著增强（比如，虽然劳动力成本仍然相对较低、优势仍在，但随着农村剩余劳动力的基本消失，劳动力成本快速上升。虽然土地等自然资源的价格也相对较低，但价格也快速上升，对粗放式增长的制约越来越明显。生态环境问题越来越突出，环境容量越来越成为粗放增长的硬约束）。②市场需求对经济增长的约束也显著增强。虽然国内基础设施、工业设备投资、房地产投资等仍有增长空间，但与追赶型增长初期的情形相比，空间已经明显缩小，增速也显著放慢，有些地区和领域增长空间已相对饱和，进入质量提升或更新换代阶段。消费品市场需求方面虽然也有较大的扩大和提升空间，但追赶增长初期那种广泛存在的市场供给空白点已经基本不存在，更多的是升级换代的需要。出口市场方面，追赶初期，由于经济体量小，出口占全球份额有限，但随着出口份额的不断增加，对全球市场影响越来越大，受全球市场制约也越来越明显，这一点对像中国这样的大国尤其明显。③技术差距虽然依然较大，但像追赶型增长初期那样适用的免费的先进技术越来越少，技术引进不仅成本上升，而且难度增加。在这样的条件下，过去那种以简单的数量扩张型粗放增长为主的增长模式越来越难以为继，经济增长将需要转向主要依靠质量的提升和效率的提高来推动，而效率的提高除继续来自于资源要素从闲置状态或低效部门向高效部门的转移（TFP1）外，将会越来越多地依靠行业内部企业之间和不同技术产能之间的优胜劣汰（TFP2）来实现。在这种情况下，增长的最主要特点就是优胜劣汰，新的企业、新的产能的出现往往会导致旧的企业、产能被淘汰而退出市场，而不像追赶初期那样新产能的出现并不需要大量淘汰旧的产能。

创新引领型中低增长（TFP2＋TFP3）。追赶进程的后期，发展水平进一步提升，与前沿国家的技术差距进一步缩小，增长环境也会随之出现新的变化，主要是：①工资和其他要素的价格虽然还不及前沿国家水平，但已经远远超过其他发展中国家，在国际市场范围内基本丧失比较优势。依靠技术引进和模仿式创新很难消化企业投入成本上升带来的压力。②需求方面，城市化水平接近峰值，基础设施、房地产等的建设已基本完成，剩下的主要是更新换代和质量提升问题。消费品市场也基本饱和，如果没有新的技术突破，也只能是更新换代。出口方面，大多数出口产品已经是与技术前沿国家的中低端产业的竞争，因此，贸易摩擦不断。③技术方面，技术引进不仅价格高昂，而且由于越来越接近技术核心，受到非经济因素的干扰越来越多，引进的难度越来越大。④与此同时，不论是从技术水平、人才队伍，还是从产业基础、资金实力来看，进行前沿创新的条件越来越成熟。在这种情况下，在继续进行技术引进和模仿创新的同时，企业开始尝试前沿创新，试图通过创造新的市场机会和技术路线获取高额利润（TFP3）。实现 TFP3 需要企业投入更多资金，面临更高市场和技术路线的风险。也需要经济体投入更多社会先行资本，建设完备的教育、科研、金融体系。该阶段追赶难度进一步加大，经济增长潜力回落到更低水平。

五、中国经济增长的阶段转换与增长潜力

从我国的实际情况来看，结合以上对后发国家追赶型增长过程一般规律的分析，首先可以明确的一点是，经过改革开放以来30余年的压缩式高增长，支撑我国经济以数量扩张为主的、粗放增长模式的一组条件（要素供给条件、需求空间条件、技术引进条件等）已经发生了变化，我国经济正在告别追赶型增长过程中的数量扩张型高增长（资本积累＋TFP1）阶段，正在进入质量提升型中高增长（TFP1＋TFP2）阶段，因此，经济不再具有过去那样接近两位数的高增长潜力。

其次可以明确的一点是，现阶段我们面临的增速回落，显然也不应当被认为是我国发展水平接近前沿国家、接近追赶成功，因此后发优势基本消失、追赶型增长即将结束（即将进入创新引领型增长阶段 TFP2＋TFP3）时的减速，而是高速增长之后后发优势相对弱化、相对减小背景下追赶型增长发生阶段性变化的减速。这是因为，尽管经过多年的追赶型高速增长，我国的发展水平大幅提高，

与前沿国家的差距显著缩小，但差距仍然明显存在，比较优势并没有消失，变化的只是比较优势的性质和程度。比如，从总体发展水平来讲，目前我国人均 GDP 只有美国的八分之一左右。从技术水平来讲，根据课题组的定量测算，目前我国创新水平与发达国家相比大约落后 30 年，但与相同增长阶段发展中国家或发达国家同等发展水平的历史阶段相比，我们基本相当，部分领域还有超越。从要素成本来看，我国的劳动力成本虽然大大提高，但与发达国家相比，差距依然很大，竞争优势显著。比如，据测算，如果按照现价美元计算，2013 年，中国制造业平均工资仅相当于美国的 14%，而如果按照购买力平价计算，也仅相当于美国 20%～30%。同样，从需求方面来看，虽然与改革开放初期相比需求空间有所缩小，但与前沿发达国家相比，需求空间仍然要大得多。比如，不仅城市基础设施建设的欠账依然很多，质量有待提升，农村基础设施基本上还是空白，公共服务设施也有待完善，农房提高抗震标准、加固改造、农田水利建设、加大退耕还林等，更是任务艰巨、投资需求巨大。再比如，制造业投资中的对传统工业的技术改造升级，消费领域的信息消费、服务性消费等，都存在较大的投资和增长空间。因此，我国后发优势并没有终结，追赶任务也没有完成，压缩式增长的条件和潜力依然是存在的。

那么，究竟应当如何分析和把握下一步的增长潜力呢？从国际经验来看，如前所述，我国台湾地区在高速追赶之后，实现了长达 16 年之久的年均 7.3% 左右的中高速增长。而日韩在高增长阶段结束后，只实现了大约 10 年左右的 4%～6% 的中低速增长。台湾地区之所以能够实现较高、较长时期的中速增长，可能与其正好赶上中国大陆地区的改革开放与高速增长有关。而日韩增速较低，既与其经济结构内在矛盾有关，也与当时的石油危机、金融危机的冲击有关。

联系到我国，课题组分析认为，与其他后发国家相比，我国具有一些独特的优势。比如，我国是一个大国，不仅国内市场规模潜力巨大，且区域发展不平衡，有利于需求的渐次释放；在我国农村剩余劳动力接近枯竭之时，我国每年毕业 600 万~700 万大学生，呈现出高素质劳动力丰富的比较优势；我国制造业优势明显，有利于实现科技成果的产业化转换；我国市场经济体制有待完善，如果改革能够取得进展，就可能释放出较大的改革红利；等等。基于这些独特优势，课题组认为在今后大约 10~15 年的时期里，我国具有争取实现 6%~8% 的中高速增长的潜力。

六、增长阶段转换面临的挑战与风险

成功实现增长阶段转换面临的首个挑战，是能否通过改革，释放由于体制缺陷而受到抑制的我国在要素供给方面依然具有的比较优势或后发优势。比如，虽然我国劳动力成本远低于美国，但由于政府管制过多、竞争不充分，致使我国在资金成本、能源成本、物流成本等方面，远高于美国。如果计算综合成本，中国反而高于美国。这是导致近年来不少美国企业回归，甚至不少中国企业选择到美国设立分厂的重要原因。

成功实现增长阶段平稳转换面临的另一个重大挑战，是能否适应形势变化的需要，创新投融资体制，释放巨大的国内需求潜力。比如，如前所述，现阶段我国依然具有巨大的投资需求空间。想象一下，只要将现在城市的地下管网改造一遍，需要多大规模的投资？只要将现在的农房按最基本的抗震标准改造一遍，需要多大规模的投资？只要使我国广大的农村具备基本的基础设施，包括基本的硬化道路、垃圾处理设施等，需要多大规模的投资？要使我们的大气污染、水资源污染得到基本有效的控制和治理，需要多大规模的投资？等等。问题在于，与先前的投资相比，这些领域的投资的一个突出特点，就是它们大都具有一定的公益性质，都不是可以直接商业化的投资。如何通过财政、金融制度的创新，建立适应新形势的可持续的投融资体制，从而充分释放国内投资需求空间，是我们面临的重大改革挑战。

　　成功实现增长阶段平稳转换面临的第三个重大挑战，是能否真正构建起有利于创新的体制和社会环境。增长阶段转变从根本上来讲要靠创新，而适宜的创新环境要靠政府来营造。更为重要的是，从全球资源环境状况来讲，中国不可能在因循老牌资本主义国家工业化范式的情况下实现现代化，而必须通过创新走出一条新型工业化道路。从客观条件来讲，我国人才资源丰富，科研教育基础扎实，具有巨大的通过创新驱动发展的潜力。但长期以来，由于教育体制、人才体制、科研立项、经费管理等方面存在弊端，严重制约创新驱动发展潜力的发挥。这些问题不解决，新的动力难以形成，增长阶段转换也难以平稳实现。

　　国际经验说明，追赶进程中由高速增长向中速增长阶段的转换期，不仅充满各种挑战，也充满各种风险。

一是金融风险将会凸显。高速增长阶段，由于潜在需求旺盛、资产价格持续上涨，粗放增长模式下的一些矛盾和风险容易被掩盖和吸收。而在进入增长阶段转换期，伴随着增速下行和结构调整，原有的风险化解机制难以继续生效，而市场主体的行为则很难及时做出调整，这时原来被掩盖的矛盾和风险就会显露出来。比如原先可以盈利的制造业企业可能会因为成本上升或需求不足而出现亏损，长期积累的房地产泡沫可能因为需求的收缩而破灭，长期以来地方政府善于运作的土地财政模式也可能因为房地产市场的变化而难以为继，等等。这些问题最终都会归结为金融风险问题。调控得好，可以把风险控制在局部较小的范围内，并通过一定时期的调整过程逐步化解；而一旦调控措施适当，局部风险就有可能演化为系统性风险，从而对整体经济的稳定造成冲击。

二是各种社会矛盾和社会风险凸显。国际经验表明，当经济达到中等收入水平之后，不仅经济问题会更加复杂，政治、社会问题也会更加突出。这是因为，发展初期社会面临的主要矛盾是解决温饱问题，增长成为解决矛盾的主要途径。而当人们温饱问题基本解决之后，就会对公平、正义提出更高的要求，相应的政治诉求也会不断提升，而且过去长期存在但并不突出的收入差距问题、腐败问题、环境问题、食品安全问题、社会信用缺失问题等，都有可能成为引发社会动乱的诱因，而一旦社会稳定局面不能得到有效维持，追赶进程就会中断。

三是落入增长陷阱的风险。成功实现增长阶段转换期的关键，是实现发展方式的根本转变，培育起新的竞争优势和增长动力，从而保障经济能够在新的平台上实现较长时期的中高速增长。但这一点知易行难，原因在于，增长阶段转换过程需要同时面对转方式和控风险两大任务，而这两大任务短期内往往相互掣肘，相互胶着，甚至相互矛盾。加大转方式力度需要深化改革，强化市场约束，促进优胜劣汰，长期来讲无疑有利于保持增长活力，控制风险，但短期内会加大矛盾和风险，况且短期内还要面临化解历史积累的矛盾和风险的任务；而如果短期内把控制风险和保持稳定放在首位，则势必会在推改革、促转型方面迈不开步子，时间一长，矛盾和风险会更大，甚至积重难返，最终陷入增长下滑和风险加剧的恶性循环，落入增长陷阱。因此，宏观政策必须在保稳定、控风险和促改革、转方式之间取得平衡。

最后需要注意的一点是，潜在增速是就一定时期的平均增长潜力而言的，不能将其理解为在这个时期的每一年都能够实现或都应当争取这样的增速。现实当中的增长会受到各种内外因素的影响而出现波动变化，这都是十分正常的。因此，经济发展目标的设定和经济调控政策的实施，应立足于实现中长期健康发展，在促进阶段转换和结构转型的基础上，争取一个较长时期的高质量的中高速增长，而不是过于注重每年都能实现中高速增长。

七、深化改革以构筑有利于增长阶段转换的体制基础

应对各种风险挑战、保障增长阶段平稳转换的关键，是要在保持经济形势基本稳定、风险总体可控的前提下，不失时机地推进各项改革，尽快构筑起有利于增长阶段转换和新增长模式形成的体制

基础，核心是按照十八届三中全会决定，正确处理好政府和市场的关系，通过正确发挥政府的作用，为市场发挥决定性作用创造条件。

正确发挥政府的作用，首先要求政府减少对经济活动的直接干预。

一是要减少政府对产业结构升级方向的直接干预。增长阶段转换必然涉及落后产能、低效企业的退出和新兴产业、高效企业的兴起，但究竟什么产能属于落后产能，哪家企业是低效企业，什么技术、产业和企业更有发展前景，都只能通过市场竞争来检验。政府直接干预，不论是通过认定什么产能是落后产能而强制淘汰，还是直接认定什么产业是新兴产业而大力扶持，都会扭曲市场信号，降低市场效率，甚至会出现南辕北辙的效果。

二是要减少对产业优化升级方式方法的直接干预。落后产能、低效企业以什么方式退出，是破产清算还是被兼并重组，以什么方式实现兼并重组，由谁兼并谁，重组谁，等等；新兴产业、优势企业以什么方式发展壮大，是通过绿地投资还是收购兼并已有产能、企业，等等，也是十分复杂的市场选择过程。由政府部门主导的结构调整，不论是采取直接的行政关闭，还是拉郎配式的兼并重组，都容易掺杂进诸多非经济因素，不仅很难取得较好的重组效果，还会产生腐败、社会稳定等遗留问题。

三要减少对市场优胜劣汰机制的干预。现阶段这方面比较突出的问题是地方保护主义。比如，一些地方政府常常对本地企业在环境、质量、安全、税收等方面的违法违规行为网开一面，而对其他非本地企业则执法较严，从而形成事实上的不公平竞争。再比如，一些地方政府通过大量的优惠政策或补贴吸引投资，或对面临困境的本地企业实施救助，造成不公平竞争。这些问题不解决，不仅优胜劣汰将难以实现，甚至会发生"劣币驱逐良币"的逆调整现象。

在减少政府直接干预的同时，要把政府工作的重心转移到为市场机制发挥作用创造有利环境上来。这主要包括四个方面。

第一，通过改革激发市场活力和内生动力。现阶段，我国具有民间资本、高素质人才资源丰富的优势，民间投资创业的潜力巨大，积极性很高，关键是要通过改革为这一潜力的释放创造更加有利的条件。一是要深化垄断行业和国有经济部门的改革，打破一些领域实际存在的行政垄断和国有垄断，在更多领域放开竞争，为民间资本开辟更加广阔的投资空间。二是要进一步推进简政放权，减少不必要的行政审批，为投资创业提供更大的便利性。三是要认真清理针对企业的收费、检查等活动及事项，提高透明度和规范性，减少政府自由裁量权，为企业发展创造更加有利和宽松的环境。

第二，营造良好的创新环境。一是要进一步研究改进政府资金支持科技研发的途径和方式，切实提高资金使用效益。二是要进一步加大知识产权保护力度，形成切实尊重知识、尊重人才的社会氛围和法制环境。三是要从国家技术标准制定、产业扶持政策等方面，为各类企业、各种技术路线的产业化等创造公平的竞争环境。

第三，更加严格执行环境、质量、安全等方面的社会性规制。通过环境、质量、安全等技术标准实施社会性规制，保护公众利益，既是政府职责所在，也是实现优胜劣汰和促进产业升级的有效途径。针对目前存在的问题，既需要相关部门根据形势发展需要，及时修订和完善相关技术标准和处罚规定，同时，也需要通过进一步完善对地方政府和干部的考核激励机制，切实加大执法力度，形成转型升级的倒逼机制。

第四，切实完善社会保障制度，防范和化解财政金融风险。产业转型升级过程必然涉及部分职工的下岗分流和安置问题，"社会政策兜底"是转型升级过程顺利推进的基本保障。一是要进一步完善社会保障体系，为产业结构调整过程中因企业退出而下岗、失业的人员提供生活保障。二是要进一步完善职工培训体系，为下岗职工的转岗就业提供帮助。三是要进一步解决国有企业改革不彻底的问题，特别是进一步加大处理国有企业办社会的包袱问题，为企业轻装上阵、参与市场竞争和兼并重组创造条件。同时，要针对资产泡沫、产能过剩等问题，通过制定预案和建立机制，切实防范局部问题演变为系统性风险。

目 录
Contents

第一章
增长阶段转换的成因、挑战和对策

2008 年国际金融危机爆发以来，在国内外诸多因素的共同影响下，我国经济运行出现许多重要变化。在生产要素供应偏紧和价格上涨的同时，国内外需求明显萎缩；企业盈利能力普遍下降，财政金融风险累积；多次短期刺激措施均未有效启动私营部门投资热情；经济增长动力不足，增速明显放缓。这些变化引起国内外学者对我国增长潜力的广泛讨论。有观点认为，当前经济增速回落主要是由于外部环境冲击和经济景气周期影响，潜在增长率并未发生明显变化；也有观点认为，增速回落是经济基本面决定的潜在增速发生变化。而后一类观点中，不同学者对潜在增长率变动程度的估计也存在较大差异。

如果将中国经济增长放在后发国家追赶进程的背景中观察，上述观点间的分歧可归结为对当前所处阶段的不同判断。改革开放以来，我国人均资本存量已有突飞猛进的增长，但与发达国家相比差距仍较大；新增劳动年龄人口开始减少，但劳动力供给的数量和价格优势仍然存在；一些领域的生产技术已达到国际先进水平，但总体上还是依靠技术引进和模仿式创新提高企业和产业竞争力；城乡居民消费能力明显提升，但结构升级的空间仍较大。仔细分析追赶型国家在不同阶段的竞争优势和增长动力，特别是高增长阶段结束后动力转换的国际经验，结合中国追赶特色，可判断我国目前的增速回落属于追赶进程中的阶段转换而不是追赶周期的结束。

增长阶段转换是追赶进程向更高阶段推进的客观要求。但是，转换过程并非一帆风顺，能否通过改革释放被抑制的后发优势，能否构建起有利于创新的体制和社会环境，能否化解阶段转换期的财政金融风险，是紧迫而现实的挑战。应对风险和挑战、保障增长阶段平稳转换，关键是要在保持经济形势基本稳定、风险总体可控的前提下，不失时机地推进各项改革，尽快构筑起有利于增长阶段转换和新增长动力形成的体制基础。

一、追赶周期及其阶段特征：对后发国家经济增长规律的再认识

现代经济增长有两种典型的模式。一种是以技术前沿国家为代表的前沿扩张模式。这类国家人均收入水平高、市场体系完善、经济结构稳定，增长主要依靠技术进步开启新的商业机会。另一种是以后发国家为代表的追赶模式。这类国家利用后发优势，将充裕的发展资源与国外先进的技术和管理结合，形成要素投入和技术进步双轮驱动的增长。这两种增长模式可以解释绝大多数国家的增长历程。从增长速度上看，后发国家的追赶进程存在从低到高再逐步回归到低的长周期波动，构成一个包含不同发展阶段的"追赶周期"。

（一）两种典型的增长模式：前沿扩张与后发追赶

前沿国家是能在局部或多个领域进行开拓性创新的高收入国家，如美国、德国、瑞典等。追赶型国家是脱离贫困陷阱，进入起飞和持续高增长阶段的后发经济体，如中国、韩国、印尼等。在前沿和追赶型国家之间是一些虽不能引领技术潮流，但能进行大规模应用性创新，达到高收入水平的经济体，如加拿大、西班牙、意大利等。还有一些发展中国家，受政治、经济等多种因素的影响，长期停留在贫困陷阱中，如撒哈拉以南的一些非洲国家。

前沿扩张和后发追赶代表着两种典型的增长模式，两者甚至可以在一个国家内部共存，但不同发展阶段的国家，起主导作用的模式是不同的。

1. 前沿国家主要依靠创新驱动经济增长

前沿国家完善的市场体系充分释放了现有技术蕴含的增长潜力。只有通过创新才能打破旧的经济循环，带来新商业机会和增长动力。然而，受制于技术进步速度有限、技术路线不确定性大等因素，开拓性创新的机会稀缺、投入较大、失败风险普遍存在，所以前沿国家经济增速一般较低。比如美国在过去 180 年的时间里，40 和 50 年移动平均增长率约为 3%～4%。这可看作人类前沿技术进步及其引致投资共同推动的潜在增长率。

增长核算证实前沿国家增长动力主要来源于广义技术进步（以全要素生产率 TFP 衡量）。表 1.1 列出国际著名学者库兹涅茨测算的全要素生产率对部分发达国家的增长贡献。可以看到，经济发展成熟后，发达国家增长动力70%以上来源于技术进步。如果考虑资本更新在很大程度上取决于技术进步，那么该比例还会更高。

表1.1　　若干发达国家产出、投入和全要素生产率的增长

国别		年平均增长率（%）				全要素生产率在增长中的贡献（%）
		产品	劳动	资本	全要素生产率	
英国	1855～1913年	1.8	0.7	1.4	1.1	73
	1935～1963年	1.9	0.8	1.8	1.1	73
法国	1913～1966年	2.3	0.5	2.0	2.8	75
挪威	1879～1899年	1.7	0.7	1.9	1.0	80
	1899～1956年	2.8	0.3	2.5	2.5	84
加拿大（GNP）	1891～1926年	3.0	1.8	2.7	1.2	75
	1926～1957年	3.9	0.8	2.9	3.1	87
美国（GNP）	1889～1929年	3.7	1.7	3.8	2.0	60
	1929～1957年	2.9	0.5	1.0	2.4	96

数据来源：转引至速水佑次郎①。

2. 追赶型国家依靠要素投入和技术进步共同促进经济增长

后发追赶型国家生产要素供给充分、价格便宜。这些尚未得到充分利用的生产要素与国外先进技术和管理经验结合，可以释放超出依靠技术边界扩张所能带来的增长潜力。这样的增长过程对外表现为高增长速度、资本存量迅速累积、技术进步快速推进等典型的挤压式增长特征。

第二次世界大战后，全球化和技术进步放大了后发优势对追赶型国家的影响。经济全球化为后发国家提供广阔需求空间的同时，

---

① 速水佑次郎，神门善久：《发展经济学：从贫困到富裕》，社会科学文献出版社2009年版。

还提供了便利的资金和技术引进渠道；全球化还以促进规模经济和专业化分工的方式提高后发国家全要素生产率；通信、信息、运输领域的技术进步在促进技术扩散的同时为后发国家提供了新产业机会。正是由于存在诸多有利因素，后发追赶型国家陆续出现了 5%～10% 的持续高速增长，这在经济增长历史上没有先例①。从增长核算的角度可以清晰地看到后发追赶型国家同时依靠资本投入和技术进步的增长特点（见表 1.2）。

表 1.2　　　　　　　　　日本工业化历程中的增长动力

	资本收入份额（%）	年平均增长率（%）		全要素生产率的贡献（%）
		劳动生产率	全要素生产率	
1888～1900 年	0.33	2.1	0.2	10
1900～1920 年	0.39	2.7	0.3	11
1920～1937 年	0.43	2.3	1.1	48
1958～1970 年	0.33	8.2	4.4	54
1970～1990 年	0.28	3.8	1.7	45

数据来源：速水佑次郎。

（二）后发优势梯次释放形成追赶进程不同阶段

后发优势是追赶型国家可以长期保持高增速的根本原因。所谓后发优势，简单讲，就是指由于发展水平相对落后而拥有的增长潜力和增长优势，这种优势既可以表现在对先进技术、制度、管理经验等的学习、引进、借鉴方面，也可以表现在较低的劳动力及其他资源要素的成本方面，还可以表现在较为广阔的市场需求潜

① 林重庚，迈克尔·斯宾塞：《中国经济中长期发展和转型：国际视角的思考和建议》，中信出版社 2011 年版。

力方面。在追赶进程不同阶段，后发优势的重点及其蕴藏的增长潜力不同，从而带来增速和增长动力的变化。从比较长的时间跨度看，随着后发优势递次释放，成功追赶的经济体增速相对前沿国家呈现倒"U"曲线，形成完整的追赶周期（见图1.1中日本、韩国等经济体）。

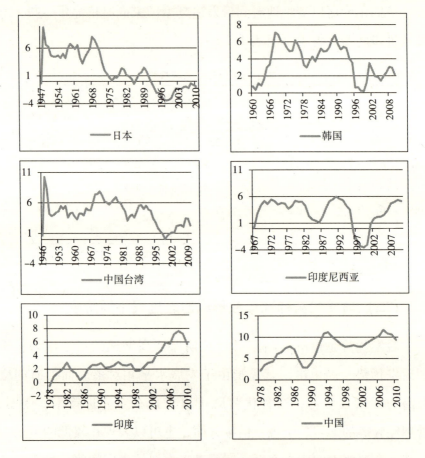

图1.1　追赶经济体与美国经济增速差（五年移动平均）

数据来源：wind。

1. 不同时期后发优势的主导特征不同

后发优势体现在经济增长的诸多方面。从供给角度看，劳动力、土地等生产资源供应充分、价格低廉；从需求角度看，居民消费升级空间大、基础设施和设备投资回报高；从技术角度看，可通过引进先进生产工艺和经营理念，实现跨越式增长。然而，现代经济增长本质上是技术进步驱动的增长。实现后发优势的核心是追赶型国家围绕自身与发达国家的技术差距，有效匹配不同时期的供给能力和有效需求，培育动态竞争优势，充分释放不同阶段的增长潜力。

追赶进程的早期，市场需求空间大、劳动力和生产资源供应充分，通过购买设备和其他技术引进渠道，企业很容易组织并扩大生产。此时，大量的剩余或闲置资源被有效利用，或从较低生产率的农业部门转向较高生产率的非农部门；大量的新企业、新产能产生，而较少有企业和产能被淘汰。此阶段全要素生产率提高的模式可称为 TFP1。实现 TFP1，企业和社会所支付的成本低，从而有更多经济剩余投入积累，形成高投资、高增速的良好局面。

追赶进程的中期，后发国家与前沿国家技术水平差距逐步缩小，引进先进设备和技术专利的难度加大、成本提高。基础设施建设、居民消费、出口增速等需求增速逐步下降。生产要素供应紧张、价格明显上涨，早期简单外沿式扩张的增长模式难以为继。为抢占市场，企业开始在生产工艺、产品适应性等方面进行模仿式创新。技术先进、生产效率高的企业占有的市场份额扩大，跟不上技术进步的企业可能被淘汰。效率提高更多地依靠模仿创新和行业内部企业间的优胜劣汰来实现，这种全要素生产率提高模式可称为 TFP2。实现 TFP2 的难度要高于 TFP1。此阶段，技术引进的速度降低，自主创新需要承担成本和风险，劣势企业退出产生不良资产等因素影响到投资和效率提升速度，增长速度开始回落。

追赶的后期，大部分后发优势都已释放。传统市场空间已经饱和，生产要素价格大幅上涨，依靠技术引进和模仿式创新很难消化企业投入成本上升带来的压力。企业开始尝试前沿创新，试图通过创造新的市场机会和技术路线获取高额利润。通过创造全新商品和技术路线、构建新商业模式从而提高全要素生产率的方式可称为 TFP3。实现 TFP3，企业需要投入更多资金、面临更高市场和技术路线风险；国家需要投入更多社会先行资本，建设完备的教育、科研、金融体系。该阶段追赶难度进一步加大，经济增长速度将回落到更低水平。

2. 后发优势逐步释放形成"追赶周期"的五个阶段

总体上看，追赶过程由起飞、追赶、回落三个时期构成。其中追赶时期，由于经济增长主导动力不同，又可分为高速、中高速、中低速三个增长阶段。这样，从增速表现和动力转换的角度，我们可将追赶周期划分为五个阶段（见图 1.2）。

①起飞阶段。在制度变革或外部环境的触发下，后发国家开始脱离低水平均衡，向持续高增长转换。这一过程通常较快完成，但是某些国家如印度也会持续较长时间（见图 1.1）。

②由资本积累和 TFP1 共同驱动的高速增长阶段，通常会持续 20 ~ 30 年。在生产率和人均资本存量快速增长的同时，往往经历剧

烈的产业升级和结构变化。基本趋势是产业技术和资本密集程度越来越高，同时居民消费结构、城乡结构、出口结构等优化升级。

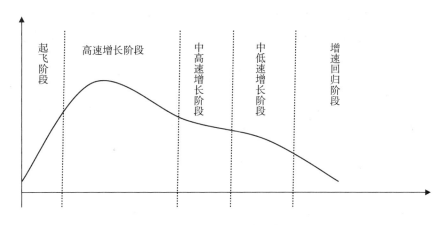

图1.2　追赶周期中的五个阶段

③中高速增长阶段。市场空间变小，要素成本快速上升，资本积累速度开始下降，效率提升从TFP1向TFP2过渡。企业开始加强创新和海外市场开拓，行业内企业优胜劣汰成为常规现象。

④中低速增长阶段。技术引进空间很小，国内市场饱和，生产综合成本达到国际平均水平，投资率进一步下降，增长动力从TFP2向TFP3过渡。仅仅依靠模仿式创新已经无法覆盖不断上升的生产要素价格，更多企业开始涉足前沿技术的研发和商业模式的创新。

⑤增速回归阶段。后发优势完全释放，追赶进程基本结束，TFP3成为主要增长动力。经济增长速度与发达国家基本相当，市场体系完善、产业结构稳定。制度、资源、文化等因素对创新和增长水平的影响凸显。

五个阶段的更替是渐进的过程。前两个阶段经济发展更多依靠数量扩张，后三个阶段则更多依靠质量提升。其中二、三、四阶段可以合并称为追赶时期，这个时期的共同特征是，后发优势虽有变化，但优势依然存在，因此都具有实现比前沿国家更高增长速度的潜力。追赶时期，潜在增速的变化并不意味着追赶进程的结束，而是追赶阶段转变。另外，受外部经济冲击、国际环境变化的影响，增长阶段的形态、内涵等也会出现不同变化。表 1.3 列出了追赶周期中五个阶段的特征。不同经济体在同一阶段的潜在增速受制度约束、宏观环境影响，表现出的实际增速会有差异。

表 1.3　　　　　　　　追赶周期的五个阶段

阶段	增长动力	持续时间	增速表现（中国为例）	产业特点
起飞阶段	高积累和 TFP1	不定，通常较短	—	传统产业
高速增长阶段	高积累和 TFP1	20～30 年	8%～10%	传统产业
中高速增长阶段	积累，TFP1 + TFP2	10 年左右	6%～8%	资本、技术密集性企业
中低速增长阶段	积累，TFP2 + TFP3	10 年左右	4%～6%	高技术、新兴产业
增速回归阶段	TFP3	—	2%～4%	高技术、新兴产业

3. 区分追赶进程中不同性质的增速回落

根据以上分析，在对后发国家追赶进程的研究中，需要很好地区分三类不同性质的增速回落。第一类是追赶过程中增长阶段转换所导致的增速回落。在此种情况下，后发优势继续存在，追赶进程并未结束，但后发优势的性质和构成发生变化，因而潜在增速也随之变化。第二类是追赶过程结束，增速向前沿国家靠近的回落。而在此种情况下，后发优势基本释放完毕，追赶进程也宣告结束。第三类是追赶进程中落入"中等收入陷阱"所导致的增速回落。此种情况则是在后发优势和增长潜力基本未变的情况下，由于制度性因素导致增长潜力释放受阻而发生的增速回落，这时追赶进程发生中断。

从后发国家增长的历程看，中国台湾 20 世纪 80 年代初、日本 70 年代中期、韩国 90 年代后期的增速回落都属于追赶进程中的阶段转换。而日本在 90 年代末的增速回落则是追赶进程结束后的表现。印尼在 1997 年回落是高增长阶段受到冲击引起的追赶中断。2002 年之后，随着各项条件的成熟，印尼又恢复了追赶进程，增速比前沿国家高 4 ~ 5 个百分点，平均达到 7% 左右。

二、中国追赶进程的特征及阶段转换

（一）中国追赶进程的特征及其影响

中国过去 30 年的高增长符合后发国家追赶进程中资本积累、技术进步、结构变化等方面的典型规律。作为一个超大体量的转轨经济体，中国的追赶进程也有鲜明的特色。

①转轨经济的改革红利助推后发优势释放。转轨经济的市场化追赶进程建立在计划经济的生产资源起点上，所以追赶速度会更快。计划经济时期，我国建立了完整的科研和工业生产体系，但受制度因素的影响效率较低。在原有基础上的市场化改革，为私营和集体企业利用成熟技术组织和扩大生产提供了条件；改革前建立的初级教育和卫生保健体系，为后来市场经济改革准备了人力资源储

备；计划经济时期收入分配平均，社会阶层扁平化，有助于国内消费空间大规模的扩展。当前，我国仍有一系列重要的市场化改革措施正在推进，将会释放新一轮的改革红利。

②竞争性地方政府加快追赶进程，但也带来潜在风险。财政分权使地方拥有配置资源的一定权力并获得一定收益。地方政府作为经济主体参与市场竞争，通过土地、能源、税收等优惠政策，吸引、鼓励企业到本地投资。地方竞争的整体结果是压低了企业的社会成本和经济成本，抬高企业利润率，进而提高全社会的投资率和经济增速。地方政府深度参与经济发展，带来推进增长的好处，但也增加了发展中的风险。增长阶段转换期，地方政府竞争的弊端会进一步显现。产业和技术发展不确定性加大，地方政府对特定领域的扶持面临更高的失败风险；产业分布不是按区域经济规律布局，而是按行政区划分布，降低了整体的效率；扭曲要素价格促进的投资可能带来普遍的产能过剩等。

③发展不平衡蕴藏追赶空间，多种增长模式同时共存。我国城乡、区域发展不平衡，蕴藏着追赶空间。按人均收入计算，东部一些地区已达到高收入水平，而中西部地区经济依然落后。在东部地区失去比较优势的产业可以梯度转移到中西部，延长了产业的生命周期。局部地区和行业已经逐步转向创新驱动的增长，而有的地区仍然面临农业人口转移的任务。工业化已进入中后期，但城市化率仍较低，大量城市务工人员并未真正实现市民化。

④超大规模带来特有的机遇和挑战。13亿人口的巨大市场为追赶进程提供了广阔的需求增长空间。专业化分工和规模经济为生产率提升带来显著贡献。市场资源为我国引进技术提供有利条件。

另一方面，国际市场对我国需求和生产的容纳能力有限，数量扩张性增长遭遇瓶颈。与全球经济、金融运行关系密切，发展政策容易受国际经济环境掣肘。

正因为这些特色的存在，中国挤压式增长的速度高于历史上所有的后发国家。也正因为这些特色的存在，中国追赶进程中增长阶段转换面临的增速回落可能幅度更大，矛盾和风险也可能更加突出。

（二）我国正处在从数量型追赶向质量型追赶的阶段转换中

1. 维持我国高增长的条件和机制正在发生变化

经过 30 多年的高速追赶，我国的后发优势以及由此决定的经济增长的供求条件和增长机制都正在发生变化。2012 年，我国劳动年龄人口比上年净减少 345 万，出现改革开放以来首次下降。劳动要素由接近无限供给向紧缺转变。土地资源供给紧张，价格快速上涨。资源环境压力空前加大，企业面临排放指标限制和治污成本增长的双重约束。国际和国内传统市场接近饱和，企业竞争压力加大。老龄化带来社会保障投入大量增加。这些因素综合在一起，降低了企业和全社会的投资率，高资本积累带来的增长动力大幅削弱。

与发达国家技术水平的差距显著缩小，通过引进技术提升 TFP 的空间变小，成本上升，难度加大。市场扩张速度放缓，规模经济和专业化分工的效用减弱。结构调整带来的效率提升空间有限。我国每年转移约 1000 万农村劳动力到城市。随着城市人口数量增多，转移同样人口带来的效率提升递减。出口和 FDI 增速降低，外贸部门对国内企业技术外溢效应降低。传统效率提升速度降低后，进一步降低企业盈利水平，进而降低投资率和经济增速。

2. 当前面临的增长阶段转换是从数量追赶到质量追赶的提升

从阶段转换的两大动力看，资本积累机制在发生变化，投资增速可能会出现较大幅度下降。与此同时，全要素生产率增长机制也在发生变化，但空间仍然存在。正从 TFP1 类型的增长向 TFP2 类型的增长转变。

后发优势的变化，并不等同于后发优势的消失。事实上，与前沿国家相比，我国发展差距依然很大，仍然存在较大的后发优势。这突出表现在：劳动力人口虽然下降，但劳动力总体丰富，且劳动成本相对较低的特点尚未根本改变。尤其值得指出的是，随着劳动力结构的变化，我国具备了高素质劳动者比较丰富的特点。2019 年之前具有大专以上学历的劳动力供给将相对增加，已有劳动力的人力资本提升空间仍较大。物质型生产资源供应紧张，但资金、知识、管理经验与之前相比均有明显增长。从市场空间来讲，虽然与过去相比有所减少，但与前沿国家相比，不论在基础设施、制造业更新投资还是居民物质及文化消费提升等方面，都有着较大的需求空间。

制造业内部通过优化资源提高 TFP 的潜力仍有相当大的空间。虽然与前沿国家的技术差距有所缩小，在一些领域有望实现领先，但综合技术水平落后于发达国家 30 年左右，通过模仿创新和应用型创新提高技术水平的空间还较大。培育本土跨国公司，走出国门寻找、发现和整合国际创新资源，提高技术水平的进程才刚刚启动。

后发优势的存在，意味着我国继续存在挤压式增长的条件和空间，意味着我国追赶的进程并没有结束，只是追赶阶段的变化。对比国际上其他国家技术追赶经验，我国当前的变化与韩国20世纪90年代情况相当。通过继续发挥后发优势，在挖掘传统力量（资本积累、结构型效率提升）促进经济增长的同时，通过创新提升TFP从而保持中高速增长。从追赶周期的第二个阶段（高增速阶段）向第三个阶段（中高速阶段）转变。这种转变的实质是数量扩张向质量提升的转变。从增长绩效上看，由主要积累物质资本向积累人力资本和知识资本转变；从增长动力上看，由主要依靠投资向主要依靠全要素生产率转变；从比较优势的利用上看，由主要依靠初级资源向技术、资本、管理等高级资源转变；从政府角色上看，从直接参与经济增长向培育优化经济环境转变。

三、增长阶段转换期重要领域的新变化

追赶周期的不同阶段，供给和需求资源依靠起主导作用的增长机制有机结合在一起。阶段转换期，原有机制在经济运行中仍发挥重要作用，但新增长机制逐步成熟，决定着经济变化的新趋势。

（一）终端需求的总量和结构发生全面变化

从增长链条看，消费、出口和基础设施建设是经济体的终端需

求，生产性投资是引致需求。终端需求的变化影响引致投资，进而决定整个经济需求和生产体系的变动。

①制造业外需增速大幅度下降。劳动力等生产要素成本不断攀升，传统出口优势面临新兴国家的竞争压力。随着出口产品升级，我国与发达国家之间的错位竞争将演变为同质竞争，抢占国际市场空间的难度增加。预计我国出口增长将从过去十年的平均23%下降到未来的10%左右，对经济增长拉动明显减弱。

②消费增长将成为终端需求增长的主要动力。从国际经验看，在追赶的中后期，后发国家的消费率都会出现明显上升。消费占内需比重，日本从1960年的66.3%上升到2011年的80.2%；韩国从1991年的61.1%，上升到2011年的69.4%。随着我国工业化、城市化发展速度下降、基础设施、制造业投资增速放缓，将有更多经济剩余用于消费。居民收入增加、收入分配状况改善和社会保障水平提高，也将进一步提高居民消费率。

③居民消费需求正处于从住行向服务升级的转换期。追赶型国家消费升级呈现出从衣食到耐用消费品，到住行，再到服务的升级路径。从人口总量和结构变化的特点看，我国房地产需求可能即将达到峰值。按发达国家汽车发展规律推算，我国千人汽车拥有量增速将在2020年前逐步进入饱和期[①]。随着住行需求逐步满足，居民消费需求将更多地转向服务类。

④国际服务业市场发展为扩大外需提供新的机遇。当前国际服务外包发展迅速，我国成为第二大国际服务外包目的地国。我国新

---

① 刘世锦：《中国经济增长十年展望》，中信出版社2013年版。

增劳动力的学历水平高，符合服务外包对人力资源的需求。在制造业、建筑业领域积累的丰富管理、施工经验将促进企业走出国门，对外投资建厂、承接建设工程。

（二）供给侧的比较优势正在发生转换

①劳动力数量优势降低但人力资本优势仍将长期存在。在数量降低的同时，我国劳动力供应结构正在优化，现有劳动力的效率提升和人力资本积累的空间巨大。劳动力供给结构的变化为技术密集型产业的发展提供了新优势。我国在大量使用工程师和技术人员的ITC、基因工程领域已出现国际一流的企业。

②物质资源约束加强但知识资源快速积累。我国主要矿产资源对外依存度逐年提高；土地供给紧张，数量约束增强，价格持续上涨；环境生态压力加大，重大环境污染事件时有发生；企业环境治理成本增加，地区新增环境容量有限。然而，我国知识资源快速积累，2011年我国科技论文和专利申请量双双位于世界第二。工程师和科研人员数量已在全球领先。新能源、ICT、基因工程、材料领域已经涌现出一批国际领先的企业和研究机构。

③创新性经营人才形成规模，市场开拓能力增强。经过多年的市场经济建设，我国科技和经营人才呈现规模化增长。企业家创新和开拓国际市场的能力增强，购买国外技术和企业、整合全球供应链的成功案例很多。无论是在传统制造业还是互联网等高技术领域，都拥有一批创新意识强和具有全球化视野的企业家。

（三）效率提升的主渠道从技术引进和结构转换型向创新转变

①我国已进入跟随性技术追赶的后期阶段。按照对创新水平的定量测算，我国目前创新水平与发达国家相比大约落后三十年，但与相同增长阶段的国家或者发达国家同等发展水平的历史阶段相比，基本相当，部分领域还有超越。表1.4列出了我国创新指标中不同领域的具体情况。

表1.4　　　　　　　　　我国当前创新指数的国际比较情况

高于多数发达国家当前和历史可比阶段水平的指标	①专利申请量 ②论文发表数量 ③R&D投入的专利产出率
低于多数发达国家当期水平，但与其历史可比阶段基本相当的指标	①R&D投入强度 ②知识产权收入支出比
低于多数发达国家当前和历史可比阶段的指标	①研发人员比重 ②研发人员人均专利数 ③研发人员人均论文数 ④R&D投入的论文产出率

技术发展具有系统性，涉及技术能力、技术水平、技术轨道、企业升级等多个方面。综合考虑各关键方面的进展，我国已进入跟随性技术追赶的后期（见图1.3）。

②模仿式创新和行业内的结构优化是未来全要素生产率提高的主要渠道。过去30年，技术引进和结构转换是支撑我国全要素生产率提高的传统动力。随着我国进入跟随式技术追赶的后期，技术引进难度加大。生产资源从农业转向工业带来的效率提升空间缩小。传统市场空间萎缩，迫使一些企业加大研发投入，在引进技术的基础上进行改进和创新。行业内兼并重组现象增加，创新能力

强、生产效率高的企业通过优胜劣汰逐步占据更大的市场。优势企业的胜出，从整体上提高了全行业的生产效率。

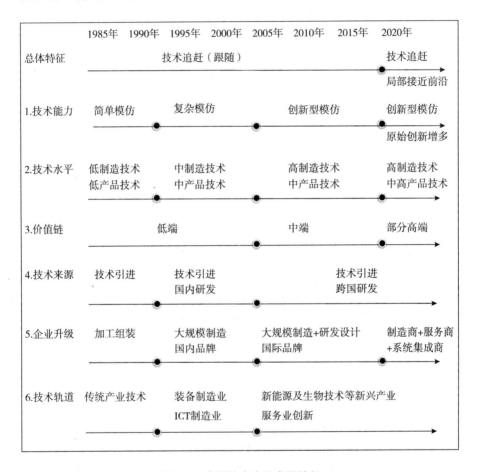

图1.3　我国技术水平发展特征

注：从技术构成的多维度看我国技术发展水平的特征和潜力。从技术的表现、能力、发展路径等多个方面看，我国处于技术追赶的后期。

（四）产业发展从规模扩张向结构优化转变

①从资源大量消耗的工业化后期向后工业化阶段转换。产业发

展内涵出现重大变化。重化工业比重下降，制造业信息化、数字化、智能化程度提高，机器替代劳动加快，高加工度产业和服务业成为经济主导力量。企业集团化和中小企业专业化程度加快，人力资本投入大幅增加。质量、品牌、设计、知识产权的作用进一步突出。高技术产品占商品出口贸易总额的比重上升。

②产业升级向纵深化、绿色化发展。产业转型升级的纵深空间宽广，如果通过价值链重构，推动中西部地区较好承接东部地区产业转移，东部地区成功实现"腾笼换鸟"、抢占价值链的中高端环节，就能够实现在产业有序交替前提下的稳健升级，形成区域协调发展、竞争力整体提升的良好局面。我国将从能源资源约束强化凸显期过渡到绿色低碳循环经济加快发展期。节能环保产业将实现高速增长，新能源和可再生能源比重不断提升；绿色、智慧技术加速扩散和应用，智能交通、智能建筑、智能电网、电动汽车等绿色产业加快发展。

③新技术交叉渗透和新产业群兴起为跨越式发展提供机遇。在我国与世界先进水平的差距不断缩小，技术引进和扩散的增长效应日益减弱的现实情况下，新技术、新模式、新业态以及新产业的快速兴起为我国产业升级打开了另外一扇门。信息、能源、材料、生物等技术创新发展和交叉渗透，催生新的产业机会。制造业与服务业、传统产业与新兴产业融合发展，模糊了产业边界，创造了新的增长机会。

四、增长阶段转换期的挑战及其对策

增长阶段转换期，经济增长动力更替、增速回落，容易累积和爆发风险；增长阶段转换期，原有比较优势减弱、旧的增长机制面临调整，需要培育新动力。应树立底线意识和风险意识，加快经济增长新优势、新动力的培育，用改革开放的红利去化解阶段转换中的风险累积。

（一）增长阶段转换期的主要挑战

1. 增长阶段转换期，增速下降带来财政、金融风险

我国高速发展中形成速度效益性经济，财政收入的增长弹性不对称。经济增速高时，财政收入也高，经济增速下降时，财政收入大幅下降。2010～2012 年间，GDP 增速从 10.4% 下降 7.8%，同期财政收入增幅从最高的 25% 下降到 12.8%，下降 12.2 个百分点，是 GDP 增速降幅的 5 倍多。财政支出具有一定的刚性。即使在收入下降时期，用于保持经济社会稳定方面的支出不仅不能缩减，还需要增加，财政收支平衡压力加大。

增长阶段转换期，金融风险可能会迅速累积。在增长动力和结构变化的过程中，各种资源、要素需要在不同行业、领域和企业间进行重新配置。当新的增长空间不足以覆盖资源重新配置引起的不良资产时，将引发金融风险；基于高增速评估的资产价值，在增速

下降后将出现贬值。尤其是基础设施投资收益下降、回收期延长，部分资产将从优良资产转变为不良资产，金融机构的不良率可能明显上升。地方政府的基础设施投资，主要通过财政担保、土地抵押等方式从金融机构获取信贷资金，债务风险可能转化为金融风险。

2. 培育经济新增长点和增长动力面临挑战

实现增长阶段的平稳转换，需要培育新的增长点和增长动力。面临需求、供给条件的变化，培育新增长点面临诸多困难。

外需对经济增长的拉动作用远超过 GDP 核算角度净出口的贡献。出口增速回落，围绕外需的投资、原材料采购、就业和职工收入等都会受到影响，并通过产业链、消费等途径向其他领域传导。弥补外需不足形成的缺口，需要扩大内需，尤其是消费需求。而消费需求受收入水平、制度因素影响较大，短期内难以明显上升。

促进现代服务业发展，需要在文化、教育、医疗、交通、通信等领域打破垄断，放松政府管制，彻底消除民营企业面临的"玻璃墙"、"弹簧门"等问题；需要建立公平、规范、透明的市场准入标准，探索适合新型服务业态发展的市场管理办法；需要改革财税、金融体制，通过结构性减税和大力发展中小金融机构等，为中小服务业企业的成长壮大创造良好环境。

实施创新驱动发展战略，需要改革劳动力、土地、资源等要素价格形成机制，使其充分反映稀缺程度和市场供求关系，引导增长动力从要素投入向创新驱动的转变；需要完善科技创新体制机制，加快教育改革发展，增强科技创新能力。需要改革金融体系，将资源更多配置到创新领域。

3. 培育新竞争优势的难度在加大

在低成本竞争优势逐步削弱之后，需要在高附加值、高科技含量产品的生产上形成新的竞争优势，实现从成本优势向创新优势的转变。国际金融危机后，以美国、日本、法国为代表的发达国家实施"再制造业化"战略，进一步增强在传统制造业优势环节的竞争力，尤其是创造出更高端的、具有更高附加值的新兴产业，抢占先进制造业制高点。与此同时，以互联网、新能源为代表的新一轮产业革命正在兴起，发达国家在技术、人才、资金、制度等方面的优势明显。总体上看，我国产业在技术装备、创新能力上与发达国家的差距可能再度扩大。

新竞争优势对政府职能和企业能力都提出了更高的要求。政府职能需要由政策扶持、指导向制度保障变革，营造各类市场主体公平竞争的环境，形成尊重知识、尊重人才的社会氛围；企业需要增加研发投入，加强产业链的上下游组织与整合，提高产业链创新能力等。

金融、财税体系需要适应新的竞争环境。当前国有银行为主的金融结构，与发展创新型产业、服务业和中小企业不匹配，客观上需要一种资金来源市场化、风险分散流量化、信息公开透明化的金融制度。科研资金的财政投入机制、企业研发的财税支持政策与措施也需要系统性地调整。

（二）推动增长阶段顺利转换的政策建议

增长阶段转换期是追赶周期中的关键阶段。转得好，为下一阶段的追赶创造良好的起点，转得不好，则有可能打断追赶进程，掉入"中等收入陷阱"。

①深化改革，释放新的制度红利，推动成本优势向创新优势转变。改革红利是推动中国持续高增长 30 余年的重要动力。虽然我国已经是全球第二大经济体、最大的制造业和货物贸易国，但我国市场经济体制仍不完善。一些高增长阶段看似有效的措施，比如地方政府对经济的深度介入等，在下一阶段未必适用。一些高增长阶段影响不是很大的政策，比如职业教育推广，在更加依靠人力资本投入的新阶段就显得很重要。应着力深化体制改革，释放新的制度红利，激活增长潜力。实施创新驱动发展战略，实现从成本优势向创新优势的转变，既是增长阶段平稳转换的关键所在，也决定了发展方式转变能否取得实质性进展和全面建成小康社会目标的实现。培育新增长动力和竞争优势面临的体制机制障碍，应成为近中期经济体制改革的重点。

②保持经济增长合理增速，避免"过度刺激"和"放任下滑"两种调控倾向。充分认识到增长阶段已经开始转换、宏观环境发生深刻变化的客观事实，将经济增长保持在合理水平上。政府、企业、市场和社会已经适应了高增长的宏观环境，也存在高增长的诉求。增速一旦回落，容易出现不顾潜在增长率下降的事实，政策刺激过度，结果不但不能恢复高增长，反而可能引发通胀和资产泡沫风险。阶段转换期，由于预期不稳、前景不明，容易出现短期快速下滑或剧烈波动。经济大幅下滑，将导致企业利润和财政收入加速恶化。如果对此认识和重视不够，忽视市场主体对经济减速需要逐步调整和适应的事实，政策应对不力，也有可能引发

系统性风险。

③利用有序、可控的局部风险释放，为长期增长创造条件。2008年以来，在外部环境、国内宏观调控和增长阶段转换的多重影响下，经济运行中的风险逐步积累。当前，制造业产能过剩、地方融资平台债务、房地产泡沫三大因素与影子银行相互结合，普遍抬高了国内无风险利率的水平，风险加速累积。由于局部风险未得到及时处理，正源源不断地吸收金融资源，影响到其他企业的正常资金需求和经济增长。应采取有力措施，在可控的条件下，促使上述领域不良贷款和债务风险逐步暴露，防止风险扩散和累积，转化为系统性风险，影响经济长期增长潜力。

④传统动力与新兴增长动力并重，为培育"前沿创新"提供条件。增长阶段转换期，无论是从防范风险还是培育创新能力方面考虑，都应该让经济增长速度保持在合理水平上。只有这样企业才能够有足够的盈利水平投入研发，也才能在发展中逐步化解结构调整中形成的不良资产。要保持相对较快的增速，需要同时发挥传统增长动力和新增长动力的作用。通过放开基础设施投资领域对民营企业的限制，发挥资本积累对增长的推进作用。将城市化、工业化、农业现代化紧密结合，充分释放结构转换带来的效率提升。利用技术革命带来的赶超优势，发展战略性新兴产业，实现技术进步的跨越式发展。在发展应用创新的同时，在机制设计上，应该为考虑到"前沿创新"的需要，为实现从追赶型国家向前沿国家迈进准备条件。

参考资料

［1］刘世锦. 中国经济增长十年展望. 北京：中信出版社，2013

［2］林重庚，迈克尔·斯宾塞. 中国经济中长期发展和转型：国际视角的思考和建议. 北京：中信出版社，2011

［3］速水佑次郎，神门善久. 发展经济学：从贫困到富裕. 北京：社会科学文献出版社，2009

［4］罗伯特·索洛. 经济增长因素分析. 北京：商务印书馆，1991

［5］劳伦·勃兰特，托马斯·罗斯基. 伟大的中国经济转型. 上海：格致出版社，2009

第二章
增长阶段转换期中国产业升级研究

　　产业升级，主要是指产业效率的提高、产业结构的改善、产业创新能力的增强和产业附加值的提升等。产业升级与经济增长互为动力、相互制约。一方面，产业升级是经济增长的重要力量，通过要素从低效率部门向高效率部门的转移、产品附加值从低端向中高端环节的攀升、主导产业的更替推动经济增长。另一方面，经济增长改善消费预期，增强供给能力，扩大消费需求，为产业升级带来持续动力。与此同时，产业升级的迟滞会制约经济的持续增长，而经济增长的大起大落也不利于产业的升级。

　　经济增长阶段转换期也是产业升级的关键期。选择和实施科学的产业升级路径，有利于经济增长阶段的平稳转换，实现经济增长与产业升级间的良性循环。反之，忽视转换期产业升级的规律，选择和实施错误的产业升级路径，则会制约经济的增长，形成相互掣肘的局面，引发一系列经济社会问题。当前，我国正处于经济增长阶段转换的重要时期，我们应在已有理论和国外经验的基础上，紧密结合中国实际和产业发展最新规律，提出科学指导中国产业升级的具体举措。

一、增长阶段转换期产业升级分析框架构建

经济增长实质就是产业的增长。经济增长与产业升级之间存在一定的阶段性对应关系。即不同的经济增长阶段，产业会呈现不同的结构和升级规律；而产业结构、产业要素、产业技术、产业空间等重大变化也会导致经济增长呈现出阶段性特点。分析增长阶段转换期的产业升级，我们认为，可以从工业化阶段、技术创新阶段、资源环境、市场空间大小、体制机制特征等维度来分析。

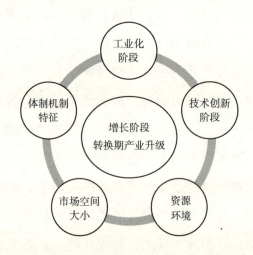

图 2.1　增长阶段转换期产业升级五大影响因素

（一）工业化所处阶段对经济增长、产业升级的影响

在工业化不同阶段，产业升级和经济增长动力机制呈现出不同的特征。钱纳里等人吸取克拉克和库兹涅茨的理论成果，采取实证

分析的方法，得出了工业化发展阶段和相应的产业结构和经济增长动力。他们将工业化阶段划分为前工业化、工业化实现和后工业化三个阶段，其中，工业化实现阶段又分为初期、中期、后期三个时期，与之相匹配的是产业结构也呈现出规律性的变化。即第一产业的比重不断下降；第二产业比重是先上升，后保持稳定，再持续下降；第三产业比重则是先略微下降，后基本平稳，再持续上升（见表2.1）。

表2.1　　　　　　　　工业化阶段产业升级的一般特征

基本指标		前工业化阶段	工业化初期	工业化中期	工业化后期	后工业化阶段
人均 GDP	1964 年（美元）	100～200	200～400	400～800	800～1500	1500 以上
	1970 年（美元）	140～280	280～560	560～1120	1120～2100	2100 以上
	1982 年（美元）	322～728	728～1456	1456～2912	2912～5460	5460 以上
	1995 年（美元）	610～1220	1220～2430	2430～4870	4870～9120	9120 以上
	2005 年（美元）	745～1490	1490～2980	2980～5960	5960～11170	11170 以上
	2010 年（美元）	827～1654	1654～3308	3308～6615	6615～12398	12398 以上
三次产业产值结构（产业结构）		A > I	A > 20%，且 A < I	A < 20%，I > S	A < 10%，I > S	A < 10%，I < S
制造业增加值占总商品增加值比重（工业结构）（%）		20 以下	20～40	40～50	50～60	60 以上
第一产业就业人员占比（就业结构）（%）		60 以上	45～60	30～45	10～30	10 以下
人口城市化率（空间结构）（%）		30 以下	30～50	50～60	60～75	75 以上

注：A 代表第一产业，I 代表第二产业，S 代表第三产业。PPP 表示购买力平价。

数据来源：陈家贵、黄群慧、吕铁等：《中国工业化进程报告》，中国社会科学出版社 2012 年版。

具体而言，前工业化阶段，农业是经济增长的主导产业。工业化初期，纺织服装等轻工业比重较高，成为经济增长的主导产业；

工业化中期，钢铁、水泥、电力等能源原材料工业比重较大，是该阶段经济增长的主要动力；工业化后期，装备制造等高加工度的制造业比重明显上升，成为经济增长的主导产业。后工业化阶段，服务业处于主导地位。从整个工业化进程看，经济增长的主要动力呈现出农业—轻工业—能源原材料工业—高加工度工业—服务业的变化轨迹。

作为后发国家，工业化起步阶段产业和经济增长的一个重要特点是：在相当落后的条件下发起的现代工业化进程，其早期阶段可能采取一种初始大推进的形式，从而显示出一种较高的工业增长率[①]。

罗斯托根据工业发展水平和世界经济发展历史，把经济增长分为起飞前的准备阶段、起飞阶段、成熟阶段、高额群众消费阶段和追求生活质量阶段等阶段，并认为各个阶段都存在着推动经济增长的主导产业。在起飞前的准备阶段，主导产业主要是食品、饮料、烟草、水泥、建材等与人们的最基本生存需求"吃"和"住"相对应的工业部门。起飞阶段的主导产业体系，以纺织工业为主，由吃转向穿，但仍属于温饱阶段。成熟阶段的主导产业体系从劳动密集型的纺织服装转向以资本密集型的重工业和制造业为主的综合体系，如钢铁、电力、通用机械、化工等。高额群众消费阶段，由资本密集型产业向资本与技术密集型产业转换，主导产业体系的代表是汽车工业综合体系。追求生活质量阶段，人们对休闲、旅游、教育等需求增加，推动经济增长的主导产业体系转向以服务业为载体的信息经济和知识经济。

---

① 亚历山大·格申克龙：《经济落后的历史透视》，商务印书馆 2012 年版。

表 2.2　　　　　　　　　工业化阶段主导部门的演变

经济发展阶段	工业化阶段	主导部门体系	主要需求
为经济起飞创造前提条件的阶段	前工业化阶段	食品、饮料、烟草、水泥、建材	最基本生存需求"吃"和"住"
起飞阶段	工业化开始阶段	纺织工业	由"吃"转向"穿"
成熟阶段	工业化中期阶段	钢铁、电力、通用机械、化工等	耐用消费品需求"用"
高额群众消费阶段	工业化中后期阶段	汽车工业综合体	由"吃"和"穿"转向"住"和"行"
追求生活质量阶段	后工业化阶段	信息经济和知识经济	对休闲、旅游、教育等服务需求增加

资料来源：冯飞主编，《迈向工业大国》，中国发展出版社 2008 年版。

罗斯托从需求角度分析了产业升级的原因，而供给和比较优势的变化也是产业升级和经济增长动力变化的重要因素。一个国家在工业化过程中，要实现经济持续增长和产业竞争力持续提升，应沿着土地、劳动力、资本、技术知识实现要素升级，逐渐摒弃建立在低端劳动力、土地、一般性设备等初级要素禀赋上建立的比较优势，转而培育高素质的人力资源、现代化的基础设施等高级要素。正如波特在《国家竞争优势》中提出的："当国家把竞争优势建立在初级和一般生产要素时，它通常是浮动不稳的，一旦新的国家踏上发展相同的阶梯，也就是该国竞争优势结束之时。"

结合形势变化，OECD 提出了新要素增长理论，即强调知识资本是经济增长的新要素。研究表明，美国 1995~2007 年间劳动生产率的提高中有 27% 来自于对知识资本的商业投资，欧洲平均劳动生产率的提高中有 20%~25% 来自于对知识资本的投资。知识资本可以被分作三大类：一是可计算信息，包括软件和数据库；二是创新产权，包括专利、版权、设计、商标等；三是经济能力，包括品牌资产、公司特有的人力资本、连接个体和机构的网络、存在于组织内部的并且可以提高效率的技术诀窍，以及广告和市场方面的一些因素等。2013 年美国将研发支出等知识资产纳入 GDP 统计，GDP 扩大了 3%。

近年来，不少专家学者对工业化理论的产业演进与经济增长动力规律提出了新的观点。如赵儒煜（2013）[①] 认为，产业结构不是一个由第一次产业向第二次产业再向第三次产业迭次为主的过程，第三产业比重的提高并非经济增长的伴生物，第三产业主导的"后工业化"经济也非经济发达的象征。从世界主要发达国家长期经济增长过程中产业结构演进与经济增长内在关系看，当前仍是第二次产业对经济增长起着决定性作用的历史阶段，仍然处于工业社会之中。李钢（2012）[②] 提出，目前主要发达国家都已进入后工业化时期，第三产业在国民经济中的比重一般都在 70% 以上，这是按照当年价计算的结果，如按照可变价格计算，比重会大大降低，像日本2007 年第三产业比重按当年价计算为 70.1%，而按可比价计算为49%，低于第二产业的比重。哈佛大学的 Hausmann 和 MIT 的 Hidalgo 等教授（2011）[③] 的研究显示，在过去 60 多年间，由工业产品复杂性所反映的一国制造业能力是所有预测性经济指标中能够最好地解释国家长期增长前景的指标，该指标甚至能够解释国家间收入差异的至少 70%。

---

① 赵儒煜："后工业化理论与经济增长：基于产业结构视角的分析"，《社会科学战线》，2013 年第 4 期。

② 李钢："服务业能成为中国经济的动力产业吗"，《中国工业经济》，2013 年第 4 期。

③ Hausmann, R. & Hidalgo, C. A. et al. . The Atlas of Economic Complexity：Mapping Paths to Prosperity，http：//www. cid. harvard. edu/documents/complexityatlas. pdf，2011.

胡国良（2009）① 提出，服务业与制造业之间的关系越来越密切，产业边界越来越模糊。吕铁（2014）② 认为，当前美国的"再工业化"战略表明，尽管服务业固然重要，但从长期角度看，工业对经济的拉动作用不能忽视，产业之间的融合使得工业对服务业的一些溢出效应容易被忽视。从产业融合的角度看，制造业具有显著的正外部性，对一个国家的创新和竞争力至关重要，美国需要复兴制造业，为长远经济繁荣和创造就业打下基础。

（二）技术创新所处阶段对经济增长、产业升级的影响

技术创新是经济增长、产业结构升级的重要推动力量。技术创新所处不同阶段，其经济增长和产业升级具有不同的特征。过去两个多世纪，全球技术创新、经济增长和产业结构升级之间基本上存在这样的规律：大致以五六十年为一个周期，在每个周期的前二三十年，具有基础意义的新科学范式、新技术门类得以确立，推动产生一个或几个新兴产业，领先于其他产业的发展，造成局部的投资过度和产能过剩，开始形成经济泡沫，泡沫积累到一定程度破灭，全球经济陷入危机和衰退，促使全球治理格局发生深刻变化，来逐步适应技术创新带来的新经济模式。在后二三十年，新技术的发展势头稳定下来，并被各个产业充分吸纳运用，使得经济全面繁荣，产生大量新发明、新技术，孕育下一个周期的技术革命。

在过去 200 多年的时间里，全球经历了 5 次技术革命。第一次

---

① 胡国良："国外现代服务业与先进制造业融合发展的现状、模式和趋势"，《新华日报》，2009 年 3 月 10 日。

② 吕铁："产业结构转型与中国经济增长：基于产业融合的视角"，内部报告，2014 年。

是 18 世纪中叶起，机器厂房代替了手工作坊，以纺织业中机器的发明和应用为重要标志。第二次是 19 世纪初，全球进入到蒸汽、钢铁和铁路的时代，以蒸汽机的发明和利用为重要标志。第三次是从 19 世纪 70 年代起，世界进入到电气及重工业时代，电力和电器、重型机械、化工业兴起。第四次是 20 世纪初期，当福特 T 型汽车出现之后，全球进入到汽车、石油、石油化工以及大规模生产的时代，以内燃机及其应用的发展为重要标志。目前，我们处在第五次技术革命时期，它始于 1971 年，当时英特尔推出微处理器，标志着信息技术革命时代的来临。以信息及通信技术为重要标志的技术革命经过了二三十年的发展，在 2000 年互联网泡沫破灭和 2008 年国际金融危机后，进入到广泛和深度应用阶段，催生了大量新技术、新产业、新业态、新模式，同时，也将孕育新一轮技术革命。

表 2.3　　　　　　全球技术创新与经济增长、产业升级

技术革命标志	前二三十年形成的新兴产业	危机	后二三十年孕育的新技术
机器工业（18 世纪后期起）	纺织业	18 世纪末期经济危机	蒸汽机
蒸汽动力（19 世纪 20 年代起）	采矿冶金、机械制造	1847 年经济危机	电力
电气及重型机械（19 世纪 70 年代起）	电力和电器、重型机械、化工业	19 世纪末期经济危机	内燃机
福特式大规模生产（20 世纪初开始）	飞机和汽车制造业、家电电器制造业	20 世纪 30 年代大萧条	计算机
信息及通信技术（20 世纪 70 年代之后）	信息技术产品制造业、互联网产业	2008 年金融危机	生物、新材料、新能源技术

资料来源：根据佩蕾斯等"长波理论"学者观点和中科院"创新 2050"整理。

根据麦肯锡的报告，到 2025 年移动互联网、高级机器人、无人驾驶汽车、下一代基因组学、能源存储、3D 打印、新材料、先

进油气勘探和开采技术、可再生能源等 12 项颠覆性技术有望对全球经济产生 14 万亿~33 万亿美元的影响。

从世界历史看，一些国家抓住了技术革命兴起的机遇，推动了传统产业的改造和新兴产业的兴起，实现了经济增长和产业升级。相反，如果没有抓住机遇，就可能使经济停滞。这从欧美国家的经验教训得到验证。如美国于 20 世纪 90 年代由于信息技术革命，推动了潜在经济增长率的上移[①]。而日本经济长期停滞的一个最大的原因就是日本没能及时赶上 20 世纪 80 年代的信息革命[②]。从这些年拉动我国经济增长的产业看，不仅重化工业出现加快增长，而且电子信息产业也获得高速增长，成为重要的支柱产业，这显然与我国处于信息技术革命兴起的阶段有关[③]。但从创新周期看，如果技术创新进入到低谷期，要靠其推动经济增长和产业结构大的调整就比较难（见图 2.2）。

作为后发国家，要实现产业升级和经济快速增长，应充分发挥后发优势，发挥主导作用的就是学习和引进先进技术。通过从先发国家引进成功的技术和经验，迅速促进本国产业技术进步，同时，由于后发国家与先发国家在发展新兴产业上机会的均等性，后发国家可以通过学习和引进国外先进技术，缩短甚至跳跃式地缩短其与先发国家的技术差距，在更高起点上推进产业和经济增长。一些具有技术创新能力的后进国家甚至可以直接选择某些处于技术生命周期成熟前阶段的技术，以高新技术为起点，在某些领域和产业实施

[①]　刘树成："未来五年我国潜在经济增长率分析"，《经济日报》，2012 年 10 月 29 日。
[②]　池田信夫：《失去的二十年》，机械工业出版社 2013 年版。
[③]　冯飞主编：《迈向工业大国》，中国发展出版社 2008 年版。

技术赶超，超过原来的先发国家①。

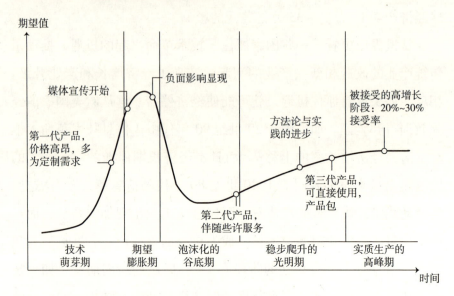

图 2.2　技术创新阶段与经济增长、产业升级的关系

数据来源：Gartner 公司提供。

　　从日本、韩国等国的经验看，这种追赶可以实现快速的经济增长，但紧跟之后的是一个慢得多的经济增长阶段。这主要是因为，随着一个国家越来越靠近知识前沿，它从模仿和消化国外技术中获得的回报是递减的，随着本土的竞争对手逐渐强大，跨国公司变得越来越不愿意通过技术转移来换取市场的准入。跟随者与领先者之间差距的缩小，模仿的成本增加，潜在可供模仿的技术数量减少，必须构建一个可行、持续的创新系统，促进本土企业不过度依赖外国知识来源进行创新②。20 世纪五六十年代日本经济保持高速增长

---

　　① 黄建康：《后发优势理论与中国产业发展》，东南大学出版社 2008 年版。
　　② 拉杰什·纳如拉：《全球化与技术相互依赖、创新系统与产业政策》，知识产权出版社 2011 年版。

主要是从后发优势中受益，但 20 世纪 70 年代以后，日本依靠引进技术、实施追赶的机会日益减少，失去了"后进性利益"，又没有从根本上将其模仿能力改造为真正自主创新的能力，经济发展失去了动力和方向①。

（三）资源环境对经济增长、产业升级的影响

资源环境是经济增长、产业升级的重要约束力量。美国学者里夫金提出，历史上的工业革命都与能源有着紧密联系。煤炭和印刷机、蒸汽机的结合推动了第一次工业革命的兴起；石油与电话、无线电通讯、电视、汽车的结合，引发了第二次工业革命。当前，全球经济危机的本质是以化石燃料及相关技术为基础的第二次工业革命已日薄西山，无法再支撑世界经济的发展，而以新能源与互联网

表 2.4　　　　　　　　三次工业革命的演变

	发生时间	能源	通讯方式	标志性产业	生产方式
第一次工业革命	18 世纪晚期英国崛起	煤炭	报纸、杂志以及书籍出现的印刷材料	铁路蒸汽机	工厂机器生产代替作坊手工制作
第二次工业革命	20 世纪早期美国、德国崛起	石油	电话、收音机、电视机	电力、汽车燃油内燃动力机	大规模流水线自动化机器生产
第三次工业革命	21 世纪多个国家崛起	可再生能源（太阳能、风能等）	互联网	3D 打印能源互联网	分散合作式、个性化、就地化、数字化生产

资料来源：冯飞、王忠宏，《对第三次工业革命的认识》，国务院发展研究中心调研报告摘要，2012 年第 105 号。

---

① 南亮进：《日本的经济发展》，经济管理出版社 1992 年版，转引自黄建康：《后发优势理论与中国产业发展》，东南大学出版社 2008 年版。

技术为特征的第三次工业革命，是摆脱经济危机的必由之路。

　　国际经验表明，能源消费的增长速度、经济发展阶段和产业结构有着直接的相关关系。从图2.3中可以发现，先行工业化国家单位 GDP 能耗的变化曲线形状呈倒 U 形。英国、美国随着工业化的发展，单位 GDP 能耗不断"爬升"，峰值出现在快速工业化的高峰期。英国的峰值出现在 1880 年左右，是英国工业革命加速发展的时期。美国的峰值出现在 1920 年前后，也是快速工业化时期。日本的峰值出现在第一次石油危机爆发的 1974 年前后，日本自 1955年起实行"重化工业化"战略，此后单位 GDP 能耗持续上升，石油危机爆发后，日本被迫放弃"重化工业化"战略，产业结构转向发展汽车、家电等高附加值的加工组装业。而发展中国家处于工业化进程中，单位 GDP 能耗的变化曲线形状呈直线型。

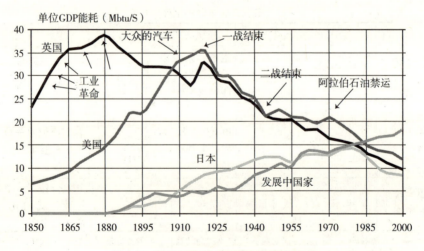

图 2.3　部分国家单位 GDP 能耗的变化

数据来源：国务院发展研究中心产业经济研究部，《"十二五"工业发展思路》。

　　一个国家在经济增长早期形成的产业类型很大程度上影响未来

能源消耗的差异。过去 50 年，英国和韩国人均 GDP 都已超过
15000 美元，两个国家遵循不同的产业发展路径。英国将产业发展
重点放在服务业，而韩国继续集中力量发展加工工业，韩国的行业
能源消耗是英国的 2 倍①。

　　从环境与经济增长、产业结构升级看，1991 年，格罗斯曼和克
鲁格提出了环境库兹涅茨曲线假设（Environmental Kuznets Curve，
EKC）。EKC 理论指出，环境问题与经济发展存在倒 U 形关系。库
兹涅茨曲线表明，当经济发展处于较低水平时，人类经济活动造成
的环境退化仅限于对资源的影响，生物退化的数量极为有限。伴随
经济发展的加速，对农业和其他资源开发强度加大以及工业腾飞，
资源消耗速率开始超过其再生能力，废物的产生量和毒性增加。经
济发展到更高水平，基于信息和知识的产品和服务在经济结构中的

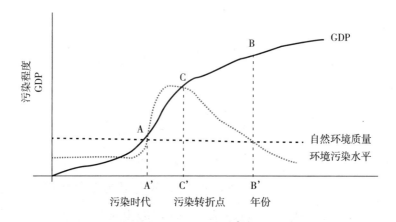

图 2.4　经济发展水平与环境质量关系示意图

数据来源：王晓明，《资源环境约束下的我国产业结构升级》，内部报告。

———————

　　①　国务院发展研究中心，壳牌国际有限公司：《中国中长期能源发展战略研究》，中国发
展出版社 2014 年版。

比重增加，加上人们环境意识的增强，法规的健全，更好的技术应用和更大的投入，环境退化问题将减缓甚至消失。

以日本为例，日本资源贫乏，资源对经济增长和产业结构调整影响较大。20 世纪 60 年代，日本 GDP 年均增速约为 10%。但 1973 年爆发了第一次世界石油危机和爆发的 1979 年第二次石油危机，对高度依赖石油进口的日本经济产生了沉重打击，日本在 70~80 年代的平均 GDP 增速显著下降到 4%。但也迫使日本由以资本密集型产业为主向以技术密集型产业为主转变，降低了资源短缺对经济发展的制约。

又如，美国近期发生的页岩气革命，降低了美国能源价格，美国天然气价格仅为中国的 1/3，推动了美国重化工业的发展和制造业复苏。2012 年美国制造业占 GDP 的比重为 11.9%，比 2009 年上升了 0.9 个百分点。

（四）市场空间对经济增长、产业升级的影响

市场空间大小对一国经济增长、产业升级的影响是不同的。波特（2002）尤其强调国内市场对产业发展的动力作用，认为庞大的国内市场可以提供丰富的产业投资机会、激励企业投资和再投资，促进经济增长。但波特也认为，庞大的国内市场也会导致企业向外拓展意愿丧失，影响产业竞争力[①]，就可能出现经济增长、但产业竞争力下降的情况。一般而言，大国与小国在经济增长、产业发展空间和机会上是有差异的。如日本、韩国地域面积较小，在经济增

---

① 迈克尔·波特：《国家竞争优势》，华夏出版社 2002 年版。

长转换阶段，主导产业的更替相当程度上是采取传统产业转移出本国的办法，而大国则可以发挥市场规模巨大、地区差异明显的特点，进行产业梯度转移，形成多层次产业并存、甚至相互协作的产业分工体系。

当然，开拓海外市场也是一国经济增长和产业升级的重要动力，尤其是在经济全球化背景下，面向国外需求、发挥比较优势、主动融入全球产业分工体系，科学确定产业和产品定位，是推动经济增长和产业升级的重要举措。但如果提供给国外市场的产品长期被锁定在全球价值链的低端环节，则经济增长和产业升级是不可持续的。

20 世纪 80 年代，日本经济学家赤松要提出了"雁型模式"，用以分析国际间产业分工和一国内产业结构变动规律 。20 世纪 60 年代开始，东亚地区出现了一个产业传递的过程，其动力直接源于日本国内产业结构的升级。40 年间，产业传递的三次转折点恰好是日本国内产业结构的三次升级点。在雁阵中，日本以下依次是"四小龙"、东盟四国（"四小虎"）、中国、越南等。而被传递的产业则依次为劳动密集型产业、资金密集型产业、技术和资本密集型产业。日本通过投资和技术转移，不断把国内丧失竞争力和比较优势沦为劣势的产业移向海外，但今天日本正在为其产业空心化感到担忧。

大国则可以利用市场规模巨大、地区经济发展水平、要素成本差异大、资源环境约束不同的特点，延缓发达地区产业向国外转移的速度，引导转向国内其他经济欠发达、要素成本更低地区，形成产业升级和产业转移良性互动的局面，形成产业层次多样化的产业发展格局。

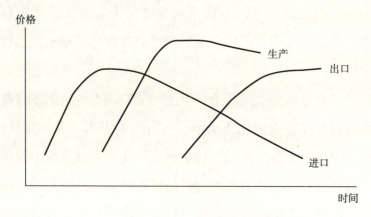

图 2.5　雁行形态理论示意图

资料来源：杨公朴，《现代产业经济学》，上海财经大学出版社 2005 年版。

（五）体制机制对经济增长、产业升级的影响

体制机制是指作用于一国经济增长和产业升级的制度因素。Daron Acemoglu and James A. Robinson（2012）在《国家为什么会失败》中提出，一些国家和地区尽管地理位置相近，但经济发展水平不一样，原因就是因为制度不同，具有"安全的私有财产、公正的法律制度、公平的交易规则"等特征的包容性制度，能够激发经济活力、推动经济繁荣和产业成长；而以"一部分人压榨另一部分人收入和财富"为特征的压榨性制度，则会导致经济失败①。诺斯认为（1994），产业革命与主导产业的更替实则是制度创新的结果。阿伯拉莫维茨（1989）提出，后发国家追赶不能自动得到保证，追

---

① Daron Acemoglu and James A. Robinson. Why Nations Fail：The Origins of Power, Prosperity, and Poverty. 电子版。

赶的潜力不只是由落后程度决定的，而且也会由社会能力所决定，社会能力包括制度建设和新技术的吸收能力[①]。徐平（2012）认为，有效的制度供给是日本赶超经济增长的关键，同样，制度供给的僵化也是日本经济衰退的原因所在[②]。

政府和市场在经济增长、产业升级过程中应该扮演何种角色一直是理论和实践中争论的焦点问题。支持政府制定实施产业政策的理论认为，由于存在市场失灵，或基于发挥后发优势、推动结构转换、推动技术开发、维护国家利益等需要，应该实施产业政策。反对产业政策的理论则强调，由于政策制定主体动机和能力的问题、实施过程中各方利益难以协调、外部环境不确定性等因素，产业政策是无效的。刘易斯认为，政府可能会由于做得太少或做得太多而遭到失败。

如拉美国家二战后到 20 世纪 80 年代，采取强化国家干预、保护国内市场、扶持幼稚产业、建立国有企业、完善基础设施等举措促进经济增长，取得了较大成效。1950～1980 年拉美国家制造业的年均增长率达到 5%。但由于忽视市场机制，过多的政府干预严重束缚了经济活力，拉美国家陷入了"失去的十年"。1980～1990 年 8 个国家的 GDP 增长率是负数，拉美人均 GDP 增长率为 -1%[③]。

从历史经验看，先发国家和后发国家对政府与市场的关系定位是不同的。先发国家比较强调市场机制的作用，后发国家比较多地重视政府的主导作用。后发国家在追赶发达国家时，很多采取了政

---

① 黄建康：《后发优势理论与中国产业发展》，东南大学出版社 2008 年版。
② 徐平：《苦涩的日本》，北京大学出版社 2012 年版。
③ 李若谷：《世界经济发展模式比较》，社会科学文献出版社 2009 年版。

府主导经济增长和产业发展的方式，运用产业政策等手段使有限的
资源得到合理的配置，并大力发展市场体系，加快实现赶超；但进
入到创新驱动阶段后，则更强调发挥市场机制的作用，强调公平公
正公开的产业竞争政策和支持创新政策。

　　一些国家在不同阶段对政府与市场关系的认识也是不同的。如
美国政府在过去相当长时间内，强调市场作用时，采纳芝加哥学派
的观点，其理论基础是经济自由主义思想，认为市场竞争过程会在
很大程度上带来消费者福利最大化，由此产生的生产效率和资源配
置效率是最优化的，政府应该尽量减少对市场竞争过程的干预。而
强调政府作用时，则采纳哈佛学派理论的观点，强调对市场结构和
市场行为进行干预、调节。

图 2.6　政府与市场关系的两大学派

　　资料来源：王忠宏，"哈佛学派、芝加哥学派竞争理论比较及其对我国反垄断的启示"，《经济评论》，2003 年第 1 期。

二、我国经济进入到增长阶段转换期的产业因素

　　改革开放以来，我国借鉴发达国家工业化和产业升级规律，充
分发挥后发、大国、区位、人口红利、要素成本低廉、工业体系比

较完整等一系列优势，通过持续的制度创新，积极承接国际产业转移，大力引进国外资本和技术，成为全球产业分工体系中的主要加工制造基地；同时适应国内需求结构的变化，通过技术模仿、产业集群、产业梯度转移等，推动产业结构不断升级，促进了我国经济的持续快速增长。

近年来，尤其是国际金融危机爆发以来，国内外环境发生了新的重大变化，我国产业升级进入到关键转折时期，正在引发经济增长速度、结构的深刻变化和阶段性转换。

（一）我国已基本进入工业化后期，推动经济增长的产业动力发生重大更替

1. 过去 30 多年我国工业化进程中的经济增长与产业升级

改革开放 30 多年来，我国经历了快速的工业化进程。1978～1984 年我国尚处于工业化前期阶段，1985～1997 年处于工业化初级阶段，1998 年进入到工业化加速阶段。在此过程中，除个别特殊年份外，我国经济均保持了快速增长，1978～2013 年我国 GDP 年均增长 9.8%，这与后发工业化国家工业化初中期阶段经济快速增长的经验是相符的，而且相比起始基础更好的日本、韩国等后发国家，持续快速增长时间更长，速度更高，这也符合阿伯拉莫维茨"追赶假说"："一国的经济越是落后，其经济增长的速度越高"。

从产业驱动力看，第二、第三产业是拉升过去 30 多年我国经济快速增长的力量，尤其是第二产业增速和 GDP 增速保持高度的正相关性，且第二产业增速基本高于 GDP 增幅，高出 2 个百分点

的达到 12 年，最高时达到 7 个百分点（见图 2.7）。正如格申克龙
在《经济落后性的历史考察》提出的，一个国家的经济越是落后，
其工业化的起步呈现出由制造业的高速成长所致的井喷式突然
启动。

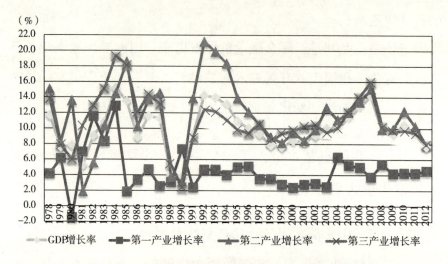

图 2.7　GDP 和三次产业增加值增长速度比较

数据来源：国家统计局，《中国统计年鉴》。

从工业内部看，过去 30 多年推动工业增长的主导产业由轻工
业转向重化工业，以及近 10 年来快速崛起的机械设备产业，同时，
呈现出后发工业化国家的产业特征，在信息技术革命推动下，电子
信息成为主导产业。1986 年我国前五位产业分别为纺织业、化学原
料及化学制品、烟草加工业、石油及天然气开采业、食品制造业；
1990 年为纺织业、化学原料及化学制品、石油及天然气开采业、烟
草加工业、电器机械及器材制造业；2007 年为黑色金属冶炼及压延
加工业、电子及通信设备制造业、化学原料及化学制品、交通运输

设备制造业、石油及天然气开采业；到 2011 年为黑色金属冶炼及压延加工业、化学原料及化学制品、交通运输设备制造业、电气及机械、电子及通信设备制造业。

表 2.5　　　　　　　　　工业内部主导产业变化

	位次	1	2	3	4	5
1986 年	行业	纺织业	化学原料及化学制品制	烟草加工业	石油及天然气开采业	食品制造业
	比重（%）	9.54	6.04	4.70	4.28	3.76
1990 年	行业	纺织业	化学原料及化学制品制	石油及天然气开采业	烟草加工业	电器机械及器材制造业
	比重（%）	9.67	7.76	6.54	5.84	4.12
2000 年	行业	石油及天然气开采业	电子及通信设备制造业	化学原料及化学制品制	纺织业	交通运输设备制造业
	比重（%）	8.70	7.18	5.58	5.01	4.84
2007 年	行业	黑色金属冶炼及压延加工业	电子及通信设备制造业	化学原料及化学制品制	交通运输设备制造业	石油及天然气开采业
	比重（%）	7.70	6.77	6.27	5.96	5.51
2011 年	行业	黑色金属冶炼及压延加工业	化学原料及化学制品制	交通运输设备制造业	电气及机械	电子及通信设备制造业
	比重（%）	——	——	——	——	——

注：国家统计局从 2008 年开始停止发布工业增加值数据，2011 年为估算。
数据来源：国务院发展研究中心产业经济部报告，国家统计局。

从服务业结构看，相比于 1978 年，2012 年房地产、金融业比重分别上升 3.3、4.6 个百分点，在服务业的比重仅次于批发零售业，而批发和零售、交通运输仓储和邮政业分别下降了 6.5、10.1

个百分点，现代服务业比重明显上升。

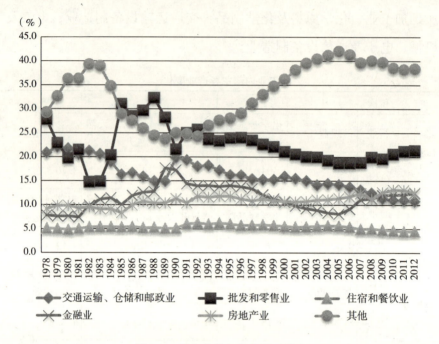

图 2.8　服务业内部结构变化情况

数据来源：国家统计局，《中国统计年鉴》。

2. 进入到工业化后期，经济增长的产业动力正在发生重大更替

近年来，我国工业化进程出现阶段性变化，已由工业化中期进入到工业化后期①。2013 年我国人均 GDP 达到 6750 美元；服务业增加值比重首次超过第二产业，高出 2.2 个百分点（见图 2.9）；第一产业增加值比重为 10%，连续 4 年稳定在 10%；城镇化率为 53.7%；第一产业就业人口占比下降到 33.6%（2012 年），服务业就业比重超过第一产业、第二产业；制造业增加值占增加值比重为

――――――

① 张辉：《中国经济增长的产业结构效应和驱动机制》，及陈佳贵、黄群慧等人："中国工业化进程报告（1995～2010）"等认为，2010 年我国已进入工业化后期。

64%；对照工业化进程标志值，多数指标显示，我国基本进入到工业化后期。

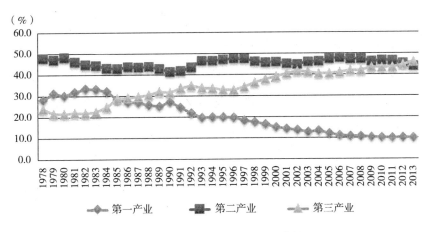

图2.9　三大产业增加值比重变化

数据来源：国家统计局，《中国统计年鉴》。

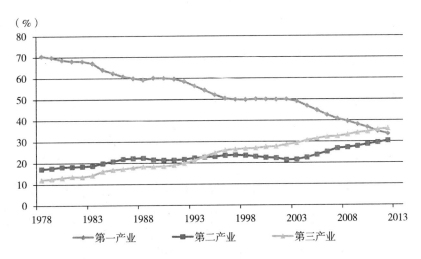

图2.10　三大产业就业人数比重变化（1978～2012年）

数据来源：国家统计局，《中国统计年鉴》。

当前推动我国经济增长的产业动力正在发生重大更替。其主要表现是：服务业增速和比重均超过第二产业。工业中，重化工业仍处于主导产业地位，但产能过剩突出，增速趋缓[①]；机械设备产业、高技术产品制造业增速快于其他行业[②]，比重提升；采掘业和以纺织服装为代表的轻型加工业增速慢于其他行业，比重下降[③]。要素成本快速上升，劳动力比较优势加快削弱，人口红利下降，2012年我国劳动力人口数量开始出现下降（见图2.11），机器替代劳动兴起，依靠低成本要素获得产业竞争优势日益难以持续。

表2.6　　　　　　　　部分重化工业产能利用率（%）

行业	2004年	2005年	2006年	2007年	2008年	2009年	2010年	2011年	2012年
黑色金属	75.57	65.62	62.23	58.51	58.51	45.72	52.77	60.14	55.66
有色金属	75.65	68.59	62.98	44.07	49.05	56.96	53.69	58.17	57.21
石化炼焦	85.98	69.02	67.05	73.3	69.15	46.31	49.24	53.42	45.22
化学原料	82.97	75.92	65.3	68.55	61.85	52.89	58.61	63.99	56.08
橡胶制品	92.73	85.31	77.13	68.72	71.88	62.23	75.77	77.02	68.10
矿物制品	73.15	71.83	72.5	75.14	70.56	54.01	62.60	69.41	60.85

数据来源：中国人民大学经济研究所，中国宏观经济与预测2013年第三季度报告，有补充。

有研究表明，第二产业快速发展与经济增长率的变动存在正相关的关系，而第三产业相反。这意味着，第三产业增速快于第二产业，经济增长率会趋缓。一个解释理由是，在重化工业阶段，投资项目资金密集，经济体量大，对经济增速拉动效应明显；而服务业主导阶段，服务业尤其是现代服务业，投资规模相对较小，对经济

[①] 另据工业和信息化部数据，2012年钢铁、电解铝、水泥、平板玻璃产能利用率分别为72%、71.9%、73.7%、73.1%，明显低于国际通常水平，企业亏损面扩大，利润下滑。
[②] 2010~2013年高技术产业增加值增速均快于六大高耗能行业。
[③] 工业行业分为采掘业、轻型加工业、原材料加工业、机械设备制造业、高技术产品制造业及其他行业六大类。

增速拉动作用不如重化工业带动作用显著。

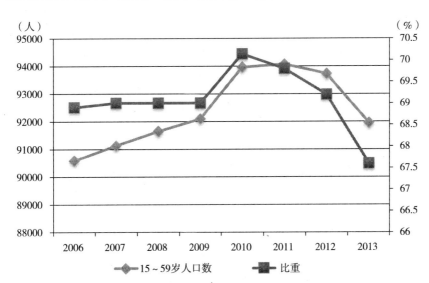

图 2.11　我国劳动力人口绝对量和比重变化

数据来源：国家统计局，《中国统计年鉴》。

（二）部分产业技术水平与发达国家差距明显缩小，引进国外技术、促进经济增长的潜力在缩小

1. 过去 30 多年我国技术创新水平提升推动了产业升级和经济增长

改革开放以来，我国发挥后发优势，加强对国外先进技术的学习和引进，加大技术创新投入，推动了产业技术水平的提升，促进了经济的快速增长。目前，我国研发投入占 GDP 比重达到 2.09%，研发支出上升到世界第 2 位，2011 年占全球的比重达到 12.7%。

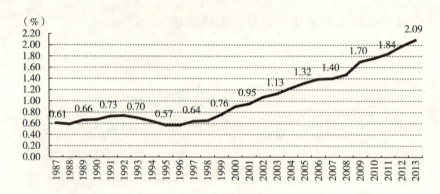

图 2.12　我国研发投入占 GDP 比重变化

数据来源：《中国统计年鉴》、《全国科技经费统计公报》。

目前我国专利申请数跃居全球第一，国际专利申请量与发达国家差距明显缩小（见图 2.13）。在影响未来研发走向的十大关键性领域中，我国有八项进入研发领先国家前五位，其中，在农业和食品生产、军事航天、国防安全、能源生产与效率、信息与通信等领域进入前三位。高速铁路、特高压输变电等系统技术应用已成为世界的领跑者。

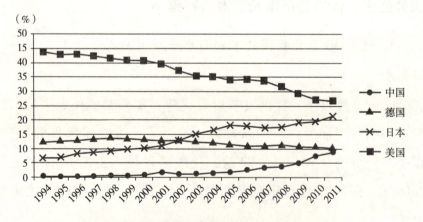

图 2.13　中国国际专利申请数量的全球份额变化

表 2.7		全球研究人员评出的研发领军国家			
行业排名	1	2	3	4	5
农业与食品生产	美国	中国	德国	澳大利亚	巴西
汽车与机动车	德国	日本	美国	韩国	中国
商用航空、铁路等	美国	法国	德国	中国	日本
军事航天、国防安全	美国	中国	俄罗斯	英国	法国
复合材料、纳米及其他先进材料	美国	日本	德国	中国	英国
能源生产与效率	美国	德国	中国	日本	英国
环境与可持续发展	德国	美国	日本	英国	瑞典
健康、医疗、生物科学与生物技术	美国	英国	德国	日本	瑞士
信息与通信	美国	日本	中国	德国	韩国
器械/其他非 ICT 电子	美国	德国	日本	中国	韩国

资料来源：Battelle，"2013 Global R&D Funding Forecast"，R&D Magazine。

2. 与发达国家产业技术差距明显缩小和新一轮技术革命尚处于孕育期，使我国经济增长的潜力有限

随着与发达国家技术差距明显缩小，我国从模仿和消化发达国家技术中获得的回报呈递减趋势。我国产业和企业要实现增长，必须由模仿向自主创新转变。但从目前看，中国自主创新能力还很薄弱，许多产业大而不强，仍处于价值链的低端，企业研发支出占工业增加值比重明显低于发达国家（见图 2.14），许多企业陷入低水平重复建设和价格战，面对快速上升的成本，缺乏核心竞争力，盈利水平明显下降，加上发达国家加强了对核心技术、关键技术的控制，支撑经济增长的潜力有限。

同时，当前全球正处于信息技术的深度应用期和新一轮技术革命孕育期，新的经济模式形成尚有一个过程，短期内对经济增长的拉动作用有限。

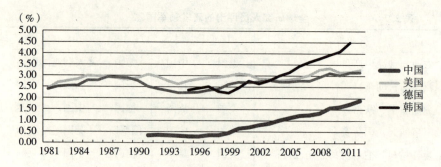

图 2.14　企业研发支出占工业增加值比重变化

数据来源：OECD 官网。

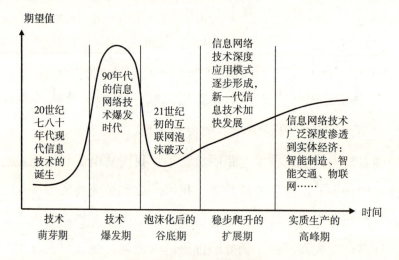

图 2.15　信息技术革命演进

资料来源：根据 Gartner 公司资料改编。

（三）产业粗放发展与资源环境约束矛盾出现"临界点"，高耗能、高污染的经济增长模式难以为继

1. 重化工业对能源的粗放利用，直接影响经济可持续增长

改革开放之初，我国经济发展水平较低，产业发展对资源环境

的影响有限。随着 20 世纪 90 年代中后期我国产业结构出现重化工
业趋势，由于其生产过程需要大量的能源资源投入，是所有产业中
耗能最高的产业①，对能源环境的影响显著增强。2010 年我国高耗
能行业能耗总和占工业能耗比重高达 78% 左右。尤其是近年来，重
化工业产能的快速扩张和对能源的粗放利用，引发资源破坏、部分
能源资源对外依存度快速上升等问题凸现，不仅影响到国家产业安
全，固化中国在全球产业分工体系中高耗能、低附加值的地位，制
约经济的可持续增长。

表 2.8　　　　　　　　　　万美元国内生产总值能耗　　单位：吨标准油/万美元

国家/地区	2000 年	2005 年	2007 年	2008 年	2009 年	2010 年	2011 年
世界	3.01	3.00	2.92	2.93	2.97	2.84	2.79
高收入国家	2.04	1.93	1.84	1.82	1.81	1.84	1.78
中等收入国家	7.34	7.07	6.59	6.53	6.48	6.46	6.32
低收入国家	11.83	10.88	10.42	10.18	9.93	9.50	9.10
中国	9.14	8.89	7.99	7.86	7.68	7.41	7.21

数据来源：中国人民大学经济研究所，中国宏观经济与预测 2013 年第三季度报告，有补充。

2. 重化工业粗放发展带来的环境破坏，使得摒弃传统发展
模式成为全民共识和自觉行动。

在可再生能源发展有限的情况下，重化工业对非清洁能源的开
采和利用有着较大的依赖性，使得重化工业发展过程产生大量污染
物。虽然这些年来国家大力推动环保技改，但重化工业增长与环境
消耗之间显著的正相关关系并没有得到改变，重化工业发展带来的

① 金碚，吕铁，邓洲："中国工业结构转型升级：进展、问题与趋势"，《中国工业经济》，
2011 年第 2 期。

环境破坏仍然是当前我国产业发展中极为严重的问题。如果说过去重化工业主要是影响局部地区环境污染的话，现在已发展到直接损害每位老百姓的切身利益，如雾霾的大范围覆盖，这种环境污染"临界点"的到来，使得摒弃这种发展模式成为全民的共识和自觉行动。

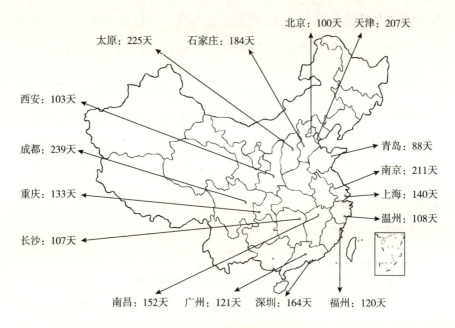

图 2.16 我国大气灰霾天数

资料来源：国务院发展研究中心资环所，《新形势下我国节能减排的难点和对策研究》课题报告，2012。

同时，我国还面临应对气候变化的新挑战。我国是二氧化碳第一大排放国，在 2030 年之前，我国的二氧化碳排放总量不大可能达到峰值后出现下降。气候变化问题既给我国带来了发展低碳产业、低碳技术的新机遇，也加大了经济发展的成本。

（四）我国产业面临发达国家"再工业化"背景下的全价值链环节竞争和新兴经济体的挤压，既有经济增长空间受限

1. 承接国际产业转移是过去30多年我国经济增长的重要动力

改革开放以来，我国充分发挥后发、要素成本低廉、工业体系比较完整等优势，大力承接国际产业转移，拓展国际市场，现已成为世界工厂和全球最大的加工制造基地，2010年我国引进外商投资总额突破1000亿美元，制造业占全球制造业增加值的比重达到19.8%，上升到世界第一位，推动了经济的持续增长。

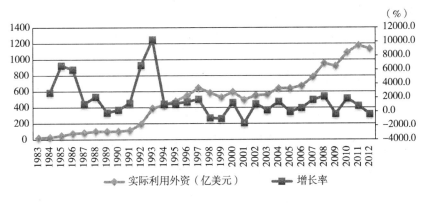

图2.17　我国实际利用外资情况

数据来源：国家统计局，《中国统计年鉴》。

2. 当前我国产业发展面临双重挤压，经济增长空间受限

随着中国经济规模的扩大和产业竞争力的提升，发达国家加大了对我国产业升级的阻击。尤其是国际金融危机爆发后，在外需下降的情况下，发达国家大力推进以数字化制造等新兴产业为重要特征的"再工业化"，力图改变"发达国家控制研发、设计、销售环节，中国等发展中国家进行加工制造"的全球产业分工格局，重塑

制造业竞争优势，加强对产业制高点的争夺，形成全价值链的产业竞争布局，对我国产业升级形成全方位的挤压。近年来，华为、中兴、三一等企业海外投资受阻就是其中典型的案例。

与此同时，随着要素成本的快速上升，我国在劳动密集型产业发展上也面临着新兴经济体的激烈竞争，不少劳动密集型产业主动转移到要素成本更低的国家进行生产，既有的经济增长空间受限。

（五）政府主导产业发展、催生冠军企业的"赶超模式"弊端充分显现，不适应自主创新阶段经济增长的要求

1. 政府"赶超型"产业政策是过去30多年我国经济规模快速壮大的重要因素

改革开放之初，为尽快摆脱落后的经济状况，缩小与发达国家的差距，我国实现了政府主导下的经济赶超模式。在产业政策上主要采取"选择主导产业、确定技术路线、催生冠军企业"的不平衡发展模式，运用行政手段配置要素资源，向重点产业、重点企业倾斜，以实现经济超常规增长。这种模式在中央政府强有力的动员组织能力和地方政府的竞争性行为推动下，我国经济规模快速壮大。

2. 政府"赶超型"产业政策使未来经济增长面临很大隐患

赶超经济一般要经历"规模扩大、效率提升、自主创新"三个阶段。政府直接主导下的赶超模式，在推动我国经济高速度增长的同时，由于扰乱了经济和产业自然成长过程，产业缺乏有效的市场

竞争，经济增长的内生机制和创新能力并没有真正形成①，并带来资源、环境、社会、政治稳定等方面的紧绷状态。同时也使得不少国人盲目自信、故步自封，满足于数字上的名列前茅，忽视经济质量和无形资产、软实力的差距，陷入对传统发展路径的严重依赖，使我国经济增长面临很大隐患。

三、增长阶段转换期我国产业升级的方向

根据经济增长转换期产业升级影响因素和我国实际，顺应产业升级规律，我国经济增长阶段转换期的产业升级方向可能呈现以下五方面特征。

1. 从工业化阶段看，经济增长动力将从重化工业等主导产业推动向现代服务业和高加工度制造业、高科技产业推动转变，从初级要素向知识资本转变

作为后发工业化国家，我国从工业化中期过渡到工业化后期阶段，阶段转换导致主导产业发生交替，产业发展内涵也更加丰富。

推动经济增长的主导产业将从重化工业等产业推动，向知识服务、文化创意、电子商务、信息服务、金融、旅游休闲、教育、健康、养老等服务业和机械设备、高科技制造业推动转变，现代服务业和高加工制造业、高科技产业成为经济主导力量，制造业信息

_____

① 波特在《日本还有竞争吗》一书中指出，日本具有国际竞争力的产业往往是政府没有扶持的产业，政府扶持的产业是没有竞争力的。

化、智能化、集约化、精致化程度提高，制造业、服务业加快融合发展，重化工业比重将下降。传统行业竞争更加激烈，大规模兼并重组不可避免，企业集团化和中小企业专业化程度加快。

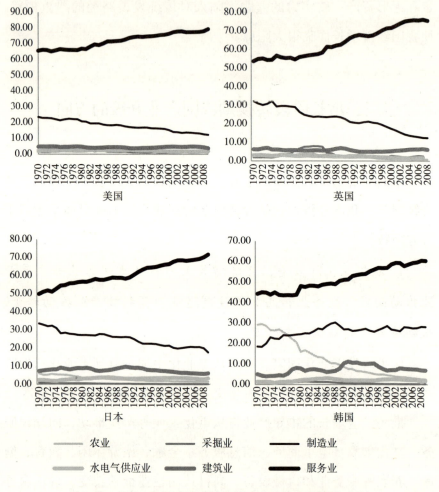

图 2.18 1970～2008 年四国分大类产业结构变化情况（%）

资料来源：吕铁等，《产业结构转型与中国经济增长：基于产业融合的视角》，内部报告，2014。

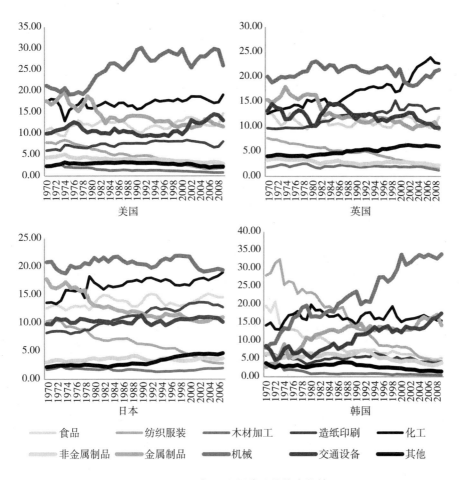

图 2.19　1970~2007 年四国制造业结构变化情况（%）

资料来源：吕铁等，《产业结构转型与中国经济增长：基于产业融合的视角》，内部报告，2014。

从经济增长要素看，简单劳动力等初级要素和一般要素对经济增长的作用下降，人力资本投入增加，技能型人才需求量明显上升，机器替代人加快兴起，品牌、专利设计、研发、科技、信息网络、软件、数据库等知识资本在经济增长中将发挥主导作用。

2. 从技术创新阶段看，经济增长主要动力将有赖于产业自主创新能力增强以及传统产业改造提升、新兴产业加快培育

当前，我国产业技术创新阶段面临两方面情况，一方面，我国与世界先进水平的差距不断缩小，特别是国外先进技术引进和扩散的增长效应日益减弱，另一方面，新一轮产业和技术革命处于孕育期，新技术、新模式、新业态、新产业层出不穷。在此背景下，推动我国经济增长的产业技术创新动力有赖于产业自主创新能力增强以及传统产业改造提升、新兴产业加快培育。

一是由模仿学习转向形成自主创新机制，增强产业自主创新能力，促进经济可持续增长。二是我国传统产业在工艺、质量、品牌、管理等基础能力上和发达国家相比还有很大差距，运用适用或先进技术改造提升有很大的增长空间，如信息化与工业化深度融合，将对经济增长有很大的推动作用。三是全球技术创新日益活跃，信息、能源、材料、生物、制造等技术的创新发展和交叉渗透，蕴含新的经济增长机遇，加快培育发展新兴产业，有利于形成新的经济增长动力。

3. 从资源环境约束看，经济增长动力将由高耗能、高污染产业向绿色低碳产业转变

面对日益尖锐的资源环境矛盾，高耗能、高污染的产业发展模式难以为继，我国将从能源资源约束强化凸显期过渡到绿色低碳循环经济加快发展期，经济增长动力将由高耗能、高污染产业向绿色低碳产业转变。

能源利用将向高效、绿色、安全的模式转型，传统能源开采和使用效率提高，新能源和可再生能源比重不断提升，节能环保产业将实现高速增长。循环经济积极推进，产业集群绿色升级进程加快。绿色、智慧技术加速扩散和应用，智能交通、智能建筑、智能电网、电动汽车等绿色产业加快发展。绿色导向的商业模式创新加快形成，绿色工业和绿色服务业兴起。

4. 从市场空间看，经济增长动力将由融入全球产业分工体系向主动重构产业链和价值链转变

面对发达国家和新兴经济体在产业升级上的双重挤压，主动进行产业链和价值链重构。一方面，在全球产业分工体系中不断提升产业分工地位，促进加工贸易升级，加快发展服务贸易，推动高技术产品占商品出口贸易总额的比重上升。另一方面，基于我国非均衡发展的现状以及超大规模国内市场的优势，产业转型升级纵深空间大、回旋余地广，引导发达地区实现"腾笼换鸟"、中西部欠发达地区较好承接产业转移，形成产业链和价值链各环节协同发展的格局，提升产业国际竞争力。基于城市差异，形成城市间良性产业分工关系。由于超大规模国内市场是大多数工业化国家所不具备的，以区域发展拉动来实现产业稳健升级是我国的独特优势。

5. 从体制机制看，经济增长动力将由政府主导下的"赶超型产业政策"向市场机制主导下的"竞争型产业政策"转变

通过全面深化改革，市场在资源配置中起决定性作用，要素自由流动，要素价格主要由市场决定，统一开放的市场体系形成。市场准入、竞争和退出秩序公平公正，企业主体作用充分发挥，不同所有制企业、不同规模企业发展的活力有效激发。

　　政府不直接干预产业的具体活动，着力于保持宏观政策稳定，保障公平竞争，加强市场监管，维护市场秩序，推动可持续发展，弥补市场失灵。政府在产业发展环境的营造上，主要是加强政策法律和基础设施建设，支持教育、研发、人才、信息等基础性能力建设，引导产业把握发展趋势。

表2.9　　　　　我国增长阶段转换期产业升级方向示意图

	当前	产业升级方向
工业化阶段	重化工业等主导产业推动	现代服务业、高加工制造业和高科技产业主导
	服务业增速和比重均超过第二产业。工业中，重化工业仍处于主导产业地位，但产能过剩突出，增速趋缓；机械设备产业、高技术产品制造业增速快于其他行业，比重提升；采掘业和以纺织服装为代表的轻型加工业增速慢于其他行业，比重下降。 要素成本快速上升，劳动力比较优势加快削弱，人口红利下降，劳动力人口数量下降，依靠低成本要素获得产业竞争优势日益难以持续。	知识服务、文化创意、电子商务、信息服务、金融、旅游休闲、教育、健康、养老等服务业和机械设备、高科技制造业成为经济增长主导力量。重化工业比重下降，制造业信息化、智能化、集约化、精致化程度提高，制造业服务业融合发展。 传统行业竞争更加激烈，大规模兼并重组不可避免，企业集团化和中小企业专业化程度加快。 人力资本投入增加，技能型人才需求量明显上升，机器替代人兴起，知识资本发挥主导作用。
创新阶段	技术差距缩小和新技术革命孕育期	自主创新、传统产业改造和新兴产业培育
	我国部分产业技术领域与发达国家差距缩小，通过学习引进国外技术、推动经济增长潜力缩小。 国际金融危机爆发后，全球处于新一轮产业和技术创新活跃期。 面对新产业和技术革命的兴起，蕴含新的经济增长机遇，但新经济模式的形成有一个过程，短期内拉动经济增长的作用有限。	加强自主创新能力建设，形成自主创新机制，但应避免狭隘的技术民族主义，加强合作创新。 传统产业在工艺、质量、品牌、管理等基础能力上和发达国家相比有很大差距，运用适用或先进技术改造提升有很大的增长空间。 信息、能源、材料、生物等技术创新发展和交叉渗透，催生新产业、新业态、新模式、新市场，形成新的增长动力。

续表

	当前	产业升级方向
能源资源约束	**高耗能高污染产业发展临界点** 我国传统的高耗能、高污染发展模式难以为继，雾霾等问题凸现导致产业粗放发展与资源环境约束矛盾出现临界点。 全球气候变化给我国产业升级带来了新的挑战和机遇。 我国能源需求持续增长，要求向高效、绿色、安全的能源发展模式转型。	**绿色低碳产业加快发展期** 节能环保产业实现高速增长，新能源和可再生能源比重提升，传统能源利用效率提高。循环经济加快发展。 绿色、智慧技术加速扩散和应用，智能交通、智能建筑、智能电网、电动汽车等绿色产业加快发展。 绿色导向的商业模式创新加快形成，绿色工业和绿色服务业兴起。
市场空间	**面临双重挤压，处于价值链低端环节** 产品多处于低附加值的加工制造环节，发达国家控制价值链高端环节，一些新兴经济体利用要素低成本优势形成劳动密集型产业竞争优势。 东部地区应对要素成本快速上升，推进低端产业转移，加快落后产能淘汰，促进产业转型升级。 中西部地区积极承接产业转移，促进产业配套，发展特色优势产业。 一些产业为贴近市场、获得高端发展要素，一些传统加工制造业为化解产能过剩，纷纷"走出去"。	**产业链和价值链重构期** 东、中、西部广阔的梯度市场为新技术的应用提供了产业化空间，加速新技术的产业化进程。 推动产业链和价值链重构，欠发达地区提升加工制造和区域性生产性服务业水平，发达地区发展先进制造业和高端服务业，不同能级城市形成合理产业分工，提升国家整体竞争力和全球产业分工地位。 更多的跨国公司形成，对全球的资源配置能力和产业布局调整能力提高。 高技术产品占商品出口贸易总额的比重上升。
体制机制	**政府主导下的赶超型产业政策** 政府为实现经济追赶，在关键资源配置中起主导作用，关键要素价格仍由政府决定。 政府对经济的管理主要通过行政审批手段来实行，直接干预、行政干预微观经济活动。 选拔和扶持冠军企业，不同所有制企业、不同规模企业待遇不一样，政府在信息服务上不足，社会中介机构作用未得到有效发挥。 地方政府主要关注自身经济总量、速度和财政收入，部门、行业和地区市场分割。	**市场机制主导下的竞争型产业政策** 市场要素自由流动，要素价格主要由市场决定，统一开放的市场体系形成。 形成公平开放有序的市场准入、竞争和退出秩序，发挥企业主体作用，充分激发不同所有制企业、不同规模企业发展的活力。 政府不直接干预产业的具体活动，着力于保持宏观政策稳定，保障公平竞争，加强市场监管，维护市场秩序，推动可持续发展，弥补市场失灵。 政府在产业发展环境的营造上，主要是加强政策法律和基础设施建设，支持教育、研发、人才、信息等基础性能力建设，引导产业把握发展趋势。

这五个方面涵盖了包括产业结构、产业组织、产业技术、产业布局、产业政策等在内的产业升级方向，形成了增长阶段转换期经济增长的产业支撑体系。

四、增长阶段转换期促进产业升级的主要思路和举措

当前，我国正处在经济增长阶段转换的关键期，既蕴含着重大的机遇，也潜藏着巨大的风险。正如哈耶克指出的："以一种惊人的速度拼命赶超的时候，我们的进步速率即使稍有降低，也可能对我们构成致命的一击"①。实施科学的产业升级路径，有利于经济增长阶段的平稳转换。反之，则会引发经济增长的大幅波动，产生一系列突出的经济社会矛盾。

（一）增长阶段转换期促进产业升级的主要思路

作为后发国家，当前我国正处于工业化进程尚未完成、传统比较优势削弱、新的竞争优势尚待培育和新一轮产业革命加快兴起的交汇期，这就决定了我国产业升级路径具有"混合型、叠加型"的复杂特征。具体包括以下三方面。

1. 产业升级阶段应由"规模扩大阶段"向"效率提升阶段"和"自主创新阶段"同步推进

后发国家要成功实现追赶，一般要经历"规模扩大、效率提

---

① 转引自徐平：《苦涩的日本》，北京大学出版社2012年版。

升、自主创新"三个阶段。对我国而言,基于我们所处的阶段、目标和已有基础,产业升级应由"规模扩大"向"效率提升"和"自主创新"阶段同步推进。一方面我国现有产业规模量大面广,附加值较低,仍有很大效率提升空间。另一方面,在一些与国外创新处于同步甚至局部领先的领域,以及一些战略性、关键性领域,通过加强自主创新能力建设,形成国际竞争优势,推动经济持续增长。如果不能形成自主创新机制,不仅使经济增长不可持续,而且会使我国在新一轮技术革命中丧失发展机遇,进一步拉大与发达国家的差距。

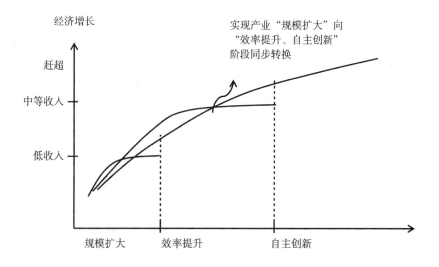

图 2.20 我国产业升级阶段的路径选择

2. 产业升级要促进制造业与服务业、传统产业与新兴产业协调发展

制造业对提升生产率的作用要高于服务业,对增强国家创新能力和竞争力也至关重要。应高度重视制造业在经济增长中的基础和

支撑作用，大力发展高端制造业，构筑有利于投资实业的政策体系，适应制造业与服务业融合的趋势，促进制造业与服务业、实体经济与虚拟经济协调发展，避免简单对照过去的主导产业更替规律，形成服务业和制造业共同拉动经济增长的局面。

培育发展新兴产业和改造提升传统产业是产业升级的两大重点，相互促进、缺一不可。新兴产业发展潜力巨大，代表了未来产业发展方向，应加快培育发展，但发展壮大尚有一个过程。当前乃至未来相当长一段时间内，一些传统产业仍是我国的支柱产业、主导产业，应通过优化结构、改善质量、加强技术改造、增强产业配套能力、淘汰落后产能，加快传统产业的升级换代。

3. 产业分工由地区间、企业间的低水平重复建设向立体式、互补型推进

我国市场空间广、经济发展水平差异大、地区间产业特色比较鲜明、就业问题突出，在产业升级上应形成"高也成、低也就"的包容共生格局，既要发展技术密集型产业，也要发展劳动密集型产业、资金密集型产业。关键是形成错位和互补分工，有效遏制低水平重复建设和产能严重过剩。

积极引导大企业适应新形势变化，主动实现转型发展。支持中小企业在专业化、高精度、深度上下功夫，改变对大企业单纯的寄生型共生或重复建设关系，通过自身发展能力提升，赢得市场的青睐，形成与大企业互利型共生的双赢格局。促进不同所有制企业之间形成健康的竞争合作关系。

综上分析，经济增长阶段转换期我国产业升级的总体思路可以概括为：理性认识已取得的成绩和实质性、无形的差距，增强危机意识，顺应新形势变化和时代要求，大力突破体制机制障碍，营造公平、公开、透明、稳定的竞争型产业政策环境，激发企业发展活力，提高创新质量，更加重视对人力资本和知识资本的投入，优化产业布局，完善新型基础设施，大力发展绿色低碳循环经济，妥善处理好产业升级、社会就业和收入分配的关系，促进由初级要素优势向综合成本优势和中高级要素优势转变，形成有利于"效率改进、创新驱动、包容共生、协调发展"的产业生态，增强产业的控制能力、创新能力、协同能力、快速反应能力和避险能力，进一步提高我国在国际市场上的产业分工地位。

（二）增长阶段转换期促进产业升级的主要措施

1. 下大力气改革体制机制，营造公平竞争环境，提升社会能力

所谓社会能力，是指包括政治、经济、文化、教育、财政、资金等方面的制度建设能力，这是产业升级的内在和基础性因素。要提升社会能力，应处理好政府与市场的关系，转变政府职能，减少政府审批，减少对企业的直接补贴，不该管的坚决不管，该管的不能相互扯皮、推诿，避免减少审批出现的管理真空和不协调。对一些可以由市场机制发挥积极作用但出现扭曲的领域，政府应推进改革，引导市场机制的发挥，促进国有企业、民营企业、外资企业共同发展和大中小企业协调发展，激发各类企业的活力。

建立新型准入和退出机制。消除或明或暗的所有制歧视，对各

种所有制企业实行同等的市场准入条件。改变以往依靠规模经济取胜的观念，吸引高科技、高附加值、创新型的中小企业参与到产业发展中来。淡化经济业绩、企业人数、注册资本等经济性准入标准，适应资源节约、环境友好、社会责任、消费者权益保护、质量、安全等要求，强化对市场准入的社会性准入管制。在企业退出上，建立优胜劣汰、规范有序的退出激励约束机制，降低退出成本，妥善处理各种社会矛盾，促进落后企业、落后产能的平稳退出。

营造公平、透明的竞争环境。推进垄断行业政企分开、政资分开、政事分开，解决好行政性垄断以及自然垄断与市场垄断不分的问题。鼓励和引导社会资本通过多种形式参与垄断行业业务重组与公平竞争。强化信息公开和产业预警，打破地区市场分割和垄断。加快金融等服务业开放，形成金融支持实体经济的良好制度环境，形成企业不是通过垄断而是通过创新获取利润的发展机制。

加快要素市场化改革。按照市场定价、比价合理、监管有效的原则，建立促进绿色发展的能源资源价格体系，深化电力、成品油、天然气、水价和利率市场化改革。逐步建立城乡统一的建设用地市场。

2. 大力实施创新驱动战略，将国家创新、区域创新与草根创新紧密结合起来，提高产业创新质量

继续加大研发投入，处理好短期增长和长期能力提升的关系，健全创新的倒逼机制，使企业真正形成创新的动力和压力，完善产学研合作机制，鼓励产业联盟等新产业组织发展，加快突破关键核心技术，将技术创新的成果渗透到所有企业和社会的创新中，加快形成产学研用紧密结合、产业链协同创新、国家区域创新和大众创新良性互动、开放式创新的格局，促进产业竞争力不断提升。

加快建立企业为主体、市场为导向、产学研用紧密结合的技术创新体系。进一步完善财政、税收、金融、业绩考核、人员流动、公共平台、市场应用等政策，大力培育"鼓励创新、宽容失败"的文化和社会氛围，有针对性地增强不同所有制、不同规模企业的创新动力，引导企业自觉增加研发投入，加强技术研发和技术战略储备。积极搭建创新平台，建立创新资源和利益共享机制，加强产学研用合作。

鼓励和激发大众创新。加强国民的科学教育、科普工作以及创新的宣传力度。努力建立新型的科学与公众的关系，从公众被动接受科学知识转向科学家与公众交流互动，使公众对科技发展和创新有更多的知情权，理解创新，支持创新，参与创新，监督创新，并不断完善制度，激发大众创新、草根创新的积极性。

加强区域创新和开放式创新。结合区域特色和优势，积极依托创新载体，加快构建涵盖制度创新、技术创新、管理创新、服务创新在内的区域创新体系，培育若干个区域创新特色区，发挥集聚辐射作用，形成特色产业和优势产业。充分依托我国的市场、人才等优势，借力全球创新资源，推进智力、资本和市场的深度合作，共同创造和分享国际创新成果。

大力推进商业模式创新。鼓励企业围绕市场需求，加强合作创新。组织商业模式创新竞赛，发挥奖励基金的杠杆作用，开发企业家智慧，促进技术成果产业化，创造更多的社会有效需求。

3. 加大人力资本投入，有序推进机器替代劳动，推动"人口红利"向"人才红利"转变

加大人力资本投入，发挥市场机制和政府引导的共同作用，营造良好环境，立足全球资源，加大高素质创新人才和创新团队的培养、引进和使用力度，实现"人口红利"向"人才红利"的转变。

进一步完善人才激励政策。在坚持市场导向的前提下，充分发挥政府引导作用，不仅强化企业是创新的主体，还要强化人才是企业创新的主体。适应多数创新型企业"轻资产"的特点，改革"重设备不重人"的不合理研发管理体制，让资金更多地向激励人才创新的方向倾斜。完善政策，推动建立科研机构和高校人才与企业人才的双向流动机制。加大吸引海内外优秀人才创新创业力度。完善人才柔性合作机制。尤其要重视从事原始性创新和创业人才团队的引进。

实施产业导向的教育和培训制度。加强人才队伍培养，进一步发挥高校和科研院所的支撑和引领作用。建立企校联合培养人才的新机制，促进创新型、应用型、复合型和技能型人才的培养。倡导产业报国，加强对企业家的培训、服务，创新职业培训模式。

顺应自动化、数字化、网络化、智能化等新趋势，加快发展机器人、3D打印等数字化制造、智能化制造。培育数字服务，促进信息技术在设计、研发、生产、流通、销售、服务、管理中的应用。通过信息技术的深入应用，依托服务平台，推广在线服务、个性化服务、互动服务和集成服务，推动制造业能力的提升。

4. 加大无形资产投资，完善新型基础设施建设，实施新要素增长战略

借鉴发达国家高度重视专利、版权、设计和商标、软件、数据库、品牌等无形资产的经验，积极实施新要素增长战略，在引导各地重视有形资产投资的同时，更加重视无形资产的投入，推动经济增长动力由土地、劳动力、资源等有形资产向研发、设计、品牌、软件等无形资产转变，使无形资产成为我国产业竞争力提升的新驱动力量。

加强无形资产的培育。大力实施知识产权和标准战略。提高基础通用、强制性、关键共性技术、重要产品标准研制的质量，健全标准体系。加大设计、研发、品牌、文化等其他无形资产的投入。推进文化与产品、技术的融合，强化无形资产保护和利用的体制和制度支撑。

加强信息网络、新能源、电动汽车等基础设施投资，构建智能基础设施体系，促进智能楼宇、智慧工厂、智能物流、智能电网、智慧城市等建设。

支持企业收购和使用好国外优质无形资产。鼓励有实力的企业收购兼并国外企业和相关机构的专利、版权、设计和商标、软件、数据库、品牌、专有人力资本、人员机构网络等无形资产，或者形成紧密的合作关系，提升产业竞争力。

5. 促进产业梯度转移，重构价值链，提升产业整体竞争力

立足国家战略高度，谋划全局，把产业转移作为提升国家产业竞争力的重要举措。统筹各地区比较优势，注重整体规划，加强分

类指导，实施差别化的产业政策，积极探索东部沿海发达地区产业向价值链高端攀升、产业链向经济欠发达地区延伸的产业转移思路，形成合理的产业分工格局。

进一步提升发达地区产业集群竞争力。实施国家"产业集群竞争力计划"，引导科技、人才、文化、信息、教育等高端要素集聚，增强产业集群的黏性、根植性和创新能力，提高产业国际竞争力。针对产业链发展上的"短板"和瓶颈，引导产业由加工制造环节向研发、设计、品牌、网络等中高端价值链环节攀升，加快形成强大、成熟的产业链条。加强中介服务组织的培育和发展。

在承接产业转移中促进欠发达地区产业升级。立足自身基础和特色，依托园区、开发区，引导产业集聚，增强产业配套能力，提高劳动力素质，大力改善物流、交通、通讯、能源等基础设施建设，构建稳定、阳光的政务环境，吸引东部发达地区产业转移。坚持节能环保，切实把生态保护理念贯穿于承接产业转移的过程中。同时，将承接产业转移与推进新型工业化结合起来，通过发挥后发优势引进新产业、新设备、新工艺，实现产业升级，形成自我积累和内生发展良性循环的机制和能力。

参考资料

[1] 亚历山大·格申克龙. 经济落后的历史透视，北京：商务印书馆，2012

[2] 赵儒煜. 后工业化理论与经济增长：基于产业结构视角的分析. 社会科学战线，2013（4）

[3] 李钢. 服务业能成为中国经济的动力产业吗. 中国工业经济，2013（4）

[4] 胡国良. 国外现代服务业与先进制造业融合发展的现状、模式和趋势. 新华日报，2009 –

[5] 吕铁. 产业结构转型与中国经济增长：基于产业融合的视角. 内部报告，2014

[6] 刘树成. 未来五年我国潜在经济增长率分析. 经济日报，2012 – 10 – 29

[7] 池田信夫. 失去的二十年. 北京：机械工业出版社，2013

[8] 冯飞. 迈向工业大国. 北京：中国发展出版社，2008

[9] 黄建康. 后发优势理论与中国产业发展. 南京：东南大学出版社，2008

[10] 拉杰什·纳如拉. 全球化与技术相互依赖、创新系统与产业政策，北京：知识产权出版社，2011

[11] 南亮进. 日本的经济发展. 北京：经济管理出版社，1992. 转引自黄建康. 后发优势理论与中国产业发展. 南京：东南大学出版社，2008

[12] 国务院发展研究中心，壳牌国际有限公司. 中国中长期能源发展战略研究. 北京：中国发展出版社，2014

[13] 迈克尔·波特. 国家竞争优势. 北京：中信出版社，2007

[14] Daron Acemoglu and James A. Robinson. Why Nations Fail：The Origins of Power, Prosperity, and Poverty

[15] 黄建康. 后发优势理论与中国产业发展. 南京：东南大学出版社，2008

[16] 徐平. 苦涩的日本. 北京：北京大学出版社，2012

[17] 李若谷. 世界经济发展模式比较. 北京：社会科学文献出版社，2009

[18] 张辉. 中国经济增长的产业结构效应和驱动机制. 北京：北京大学出版社，2013

[19] 金碚，吕铁，邓洲. 中国工业结构转型升级：进展、问题与趋势. 中国工业经济，2011（2）

[20] 陈佳贵，黄群慧，吕铁等. 中国工业化进程报告. 北京：中国社会科学出版社，2012

[21] 冯飞，王忠宏. 对第三次工业革命的认识. 国务院发展研究中心调研报告摘要，2012 年第105 号

[22] 王晓明. 资源环境约束下的我国产业结构升级，内部报告

[23] 杨公朴. 现代产业经济学. 上海·上海财经大学出版社，2005

[24] 王忠宏. 哈佛学派、芝加哥学派竞争理论比较及其对我国反垄断的启示. 经济评论，2003（1）

第三章
增长阶段转换期的需求结构变动趋势与增长潜力

　　本章旨在分析世界各国需求结构变动趋势，并重点分析日韩等经济体在增长阶段转换期的变动特点，进而研究我国需求结构的变动趋势、未来潜力与对策。研究对象包括总需求中的内外需结构、内需中的消费投资结构、消费需求中的政府居民结构、居民消费需求中的八大类结构、投资需求中的四大类结构等。

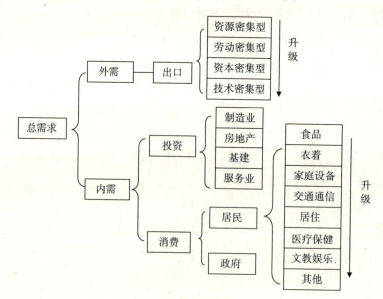

图 3.1　需求结构

一、增长阶段转换与需求结构升级

增长阶段转换期面临的经济减速主要是结构性的而不是周期性的，是由于支撑经济高速增长的需求、要素、产业等结构发生趋势性改变而导致的。近年国内外学者对追赶型经济体起飞后如何实现降落问题的研究拓展，完善了发展经济学和制度经济学理论，具有重大的政策意义。刘世锦带领的国务院发展研究中心课题组从人均收入水平衡量的发展阶段及其决定的需求峰值出发，认为我国正处于增长阶段转换期，我国经济潜在增长率将由过去的10%下降到6%~7%左右；蔡昉从劳动力供求的"刘易斯拐点"出发，认为中国经济潜在增长率已经下降。

当前不同学者从不同角度得出了我国经济潜在增长率下降的判断，实际上这些观察只是视角和层面不同，逻辑是内在统一、完全自洽的：从增速的视角，表现为由高速向中速增长阶段转换，这是最表面也是最直观的表现；从产业的视角，产业结构由重化工业为主向高端制造业和服务业为主升级；从需求的视角，居民消费由生存型向发展享受型升级，政府支出由投资性向公共民生性倾斜；从要素供给的视角，劳动力由人口数量优势向人力资本优势升级，技术由模仿到创新升级；从制度的视角，需要完成由政府主导的追赶型模式向市场起决定性作用和更好发挥政府作用的成熟市场经济模式转型，这是最深层次的体现。只有完成最深层次的制度转型，才能够实现要素优势转变，满足需求升级，培育出新兴主导产业集群，进而实现增长阶段转换。

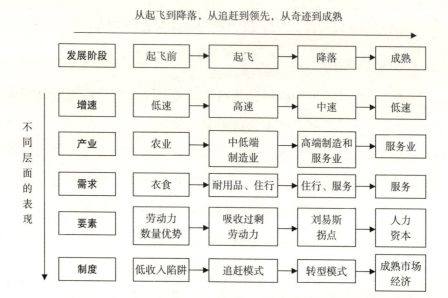

图3.2　从起飞到降落：增长阶段转换在不同层面的表现

　　追赶经济体的需求结构变动具有共性，高速追赶期的经济高增长主要是由于高投资、高出口和低消费，增长阶段转换期的经济减速主要是由于投资、出口增速减缓和消费比重上升。从外部发展潜力看，经济不断发展带来人均收入水平提高和劳动力供求关系由松转紧，劳动力成本趋于上升，劳动密集型产品出口竞争力逐渐削弱，资本和技术密集型产品出口竞争力有待培育，并导致传统制造业投资增速放缓、占比下降；从内部发展潜力看，随着居民收入水平上升，消费比重提高，在消费内部住行消费空间逐步缩小并开始向服务类消费升级，并导致房地产和基础设施投资增速放缓。

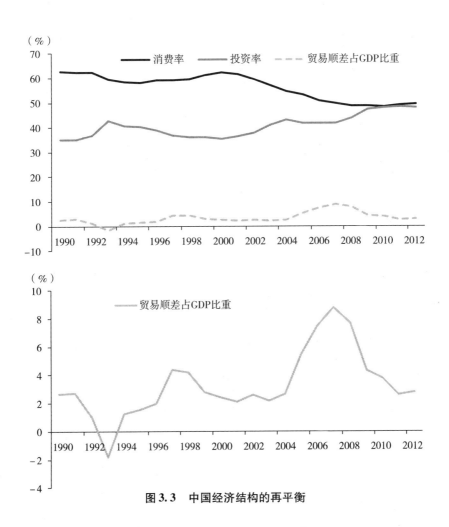

图3.3 中国经济结构的再平衡

二、内外需结构和内需结构变动趋势

(一) 内外需结构变动趋势

从国际经验看，内外需结构演变有两个显著特点。

一是过去几十年，内需比重下降和外需比重上升是世界各国

（或地区）的普遍现象，这是全球化的结果。过去50年，大部分经济体的内需比重从80%～90%左右下降到70%～80%左右。随着关税壁垒降低、信息技术发展，经济全球化带来市场一体化、生产过程分散化，跨国公司大量出现，产业内贸易迅猛发展，生产要素全球配置，国际贸易在过去50多年快速增长。根据研究，1970～1990年的20年里，在经济合作与发展组织（OECD）国家，国际贸易占GDP的比重都翻了一番，贸易的增长速度远远超过全世界GDP的增长。

但无论是发达经济体内部，还是发展中经济体内部，各国（或地区）内需比重相差很大，比如在发达经济体中，2011年美国高达88.1%，日本86.9%，而韩国低至63.2%，德国65.4%；在发展中经济体中，巴西高达89.4%，印度81.2%，而马来西亚低至47.9%，越南54.9%。这反映了各国经济增长的需求动力结构差异，其原因包括开放度、经济规模、国际分工等。

二是采取出口导向模式和挤压式增长的成功追赶型经济体，在增长阶段转换期前后存在内需比重先升后降的特点，即在高速追赶期由于出口的快速增长而引起内需比重下降，进入增长阶段转换期由于出口增速放缓而引起内需比重转为上升，当经济转型为中低速增长期后受全球化影响外需比重再度上升的同时内需比重再度下降。比如，韩国内需比重从追赶期的1960年97.2%持续下降到1987年的70.6%，然后上升至1996年的78.7%，之后持续下降到2011年的63.2%；日本内需比重从追赶期的1960年90.3%下降到1984年的86.9%，然后上升到1995年的91.6%，之后持续下降到2011年的86.9%。日本由于更大的人口规模、更广阔的国内市场空间以及所处不同发展阶段，对内需的依赖程度明显高于韩国。

表3.1 1960~2012年各国（地区）国内需求占总需求的比重（%）

		1960年	1965年	1970年	1975年	1980年	1985年	1990年	1995年	2000年	2005年	2010年	2012年
中国		100	100	97	96	90	92	86	83	81	72	76	78
发达经济体	美国		80	94	92	91	93	91	90	90	91	89	
	加拿大		58	81	82	78	78	79	72	67	72	78	
	日本	90	90	90	89	88	87	91	92	90	87	87	
	韩国	97	93	89	80	77	75	78	78	72	71	65	
	澳大利亚	88	88	88	87	86	87	87	85	84	85	84	82
	中国香港	56	60	50	53	53	46	41	42	40	31	30	31
	英国		52	82	80	78	77	81	78	79	79	77	76
	德国			86	85	84	80	80	81	75	70	67	65
	法国		0	86	84	83	81	82	81	77	79	80	79
	瑞典	0	56	81	78	77	73	77	70	67	66	65	66
	荷兰		0	69	66	66	61	63	61	57	57	54	51
	挪威		47	73	74	68	68	70	71	64	66	69	68
	芬兰		61	81	83	76	78	82	72	68	70	71	72
	西班牙			89	89	87	82	86	82	78	80	79	75
	葡萄牙			85	87	84	78	78	80	79	80	77	72
	意大利		62	86	84	83	82	84	79	79	79	79	77

续表

	1960年	1965年	1970年	1975年	1980年	1985年	1990年	1995年	2000年	2005年	2010年	2012年
印度	96	97	97	95	95	95	94	91	89	84	83	81
俄罗斯							85	77	64	71	76	75
巴西				93	92	89	92	93	91	86	90	89
南非	75	79	82	79	73	75	80	81	78	79	79	78
土耳其	97	94	95	95	95	84	89	84	84	83	83	82
阿根廷	93	94	94	95	95	89	90	91	90	79	81	84
墨西哥	92	93	93	94	91	86	84	76	77	79	77	74
埃及		86	88	86	79	85	85	82	87	77	83	83
伊朗	86	86	84	68	88	92	88	81	81	73		
印尼	87	95	88	80	72	82	79	79	69	74	80	76
马来西亚	63	69	69	69	63	63	57	52	40	41	47	50
新西兰			82	82	78	78	79	78	74	79	77	
泰国	86	86	88	85	82	82	76	72	57	58	57	56
越南							75	77	65	60	59	53

（左侧纵向分类标签：发展中经济体）

数据来源：世界银行数据库，《中国统计年鉴》。

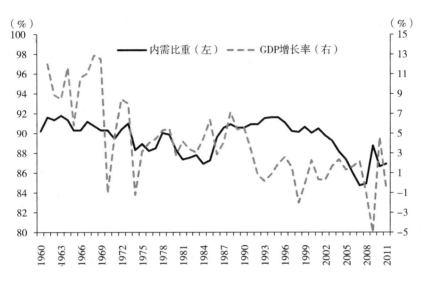

图 3.4 韩国内需比重变化

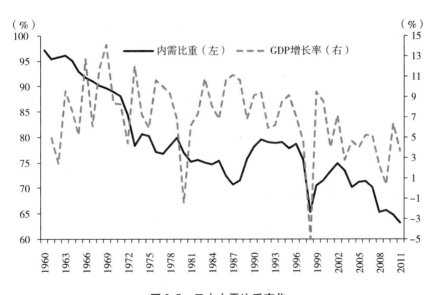

图 3.5 日本内需比重变化

从国际比较看，中国内外需结构演变具有以下特点：①内外需
结构演变符合世界各国的基本趋势，但内需比重明显偏低。从趋势

上，改革开放30多年来，随着我国日益融入全球化，内需比重由
1978年的93.8%下降到2007年的70.4%，这是符合近几十年世界
经济演变基本方向的。但是，从比重绝对值上，我国低于同期绝大
多数主要经济体，与德国（66.4%）、韩国（70.1%）相当，但大
大低于美国（89.8%）、日本（84.7%）、英国（79.2%）、法国
（79.1%）、印度（83.7%）、俄罗斯（74.9%）、巴西（88.1%）、
南非（76.6%）、墨西哥（78.3%）等国。这可能跟我国汇率、劳
工、外贸等政策导致出口竞争力虚高有关。②金融危机之后由于世
界经济低迷和我国出口竞争力削弱，我国内需比重明显上升，2012
年升至78.4%，已经接近世界主要经济体的平均水平。

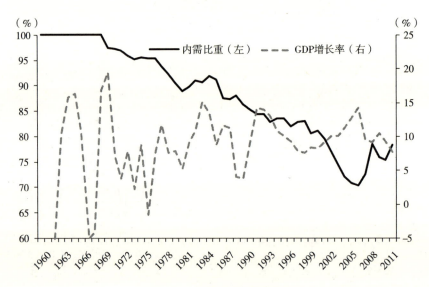

图3.6 中国内需比重变化

综合判断，在增长阶段转换期，未来我国内需还存在一定上升
空间，但重要变化不仅发生在内外需比重调整上，而且发生在内外
需结构升级上。

（二）内需结构变动趋势

从国际经验看，内需结构演变具有以下两个特点。

一是经济增速较快的国家普遍高投资、低消费，比如越南、印尼、印度。主要发达经济体最终消费占内需比重普遍在80%以上，比如，2011年美国85.6%、日本80.2%、英国85.3%、法国79.8%、德国80.8%，只有韩国（69.4%）、澳大利亚（72.6%）等少数国家较低。

二是成功追赶经济体在增长阶段转换期以及进入新增长平台以后，消费比重趋于上升，即在高速追赶期投资比重上升、消费比重下降，在高速追赶期过后投资比重下降、消费比重上升。比如，日本消费占内需比重由1960年的66.3%下降到1970年的60.4%，然后上升到2011年的80.2%；韩国由1960年的89.3%下降到1991年的61.1%，然后上升到2011年的69.4%。

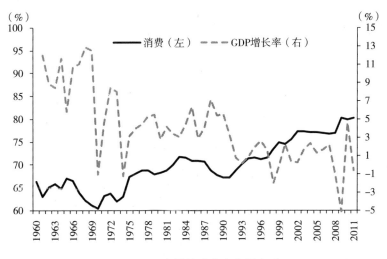

图3.7　日本最终消费占内需比重

表 3.2   1960～2012 年各国（地区）最终消费占国内需求的比重（%）

		1960 年	1965 年	1970 年	1975 年	1980 年	1985 年	1990 年	1995 年	2000 年	2005 年	2010 年	2012 年
	中国	63	76	71	70	65	63	64	59	64	56	50	51
发达经济体	美国			82	82	80	80	83	82	80	81	86	
	加拿大			78	75	77	79	79	81	79	77	78	
	日本	66	67	60	67	68	71	67	72	75	77	80	
	韩国	90	86	77	74	70	69	63	63	69	70	69	
	澳大利亚	68	67	67	73	73	73	72	75	75	73	73	72
	中国香港	74	66	78	76	65	76	70	67	71	76	75	74
	英国			80	81	82	82	80	83	83	84	85	86
	德国			71	78	76	79	77	78	78	82	81	82
	法国			74	77	77	82	79	82	80	80	81	81
	瑞典			73	74	78	78	76	82	80	81	80	80
	荷兰			72	77	77	78	76	78	77	79	80	81
	挪威			68	66	71	72	76	76	75	74	74	71
	芬兰			69	67	70	74	72	80	77	77	81	81
	西班牙			73	72	77	79	75	78	75	72	78	80
	葡萄牙			74	82	70	79	74	78	74	78	81	84
	意大利			74	76	74	77	77	79	79	79	80	82

续表

		1960年	1965年	1970年	1975年	1980年	1985年	1990年	1995年	2000年	2005年	2010年	2012年
发展中经济体	印度	87	85	85	83	83	78	76	74	76	67	65	66
	俄罗斯							70	74	77	77	76	72
	巴西			86	74	77	80	80	82	82	83	80	79
	南非	78	73	73	70	69	78	82	82	84	82	81	81
	土耳其	87	85	81	79	80	80	76	76	80	81	82	79
	阿根廷	77	77	76	71	75	81	85	82	84	77	77	82
	墨西哥	82	80	78	77	73	78	77	79	77	76	76	74
	埃及		83	87	72	76	76	74	81	82	82	82	81
	伊朗		73	71	75	71	79	66	68	65	64		
	印尼	91	92	84	76	72	72	68	68	75	74	67	65
	马来西亚	84	81	79	77	71	73	67	58	67	71	72	71
	新西兰			77	75	80	75	80	77	78	76	80	
	泰国	85	80	76	75	73	73	61	60	75	69	72	68
	越南							89	75	71	66	65	69

数据来源：世界银行数据库，《中国统计年鉴》。

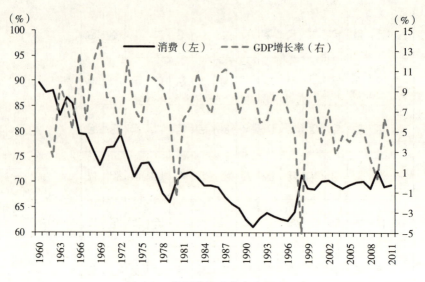

图3.8 韩国最终消费占内需比重

从国际比较看，中国内需结构具有以下特点：①中国消费占内需比重明显偏低，2011 年只有 49.5%，相应的投资比重明显偏高，

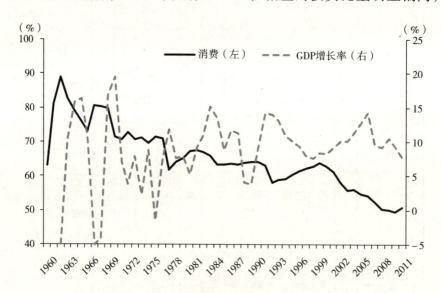

图3.9 中国最终消费占内需比重

高于世界上绝大多数经济体，可能原因包括消费统计低估、增长模式等。②中国消费占内需比重正处在拐点上，2009～2011年稳在底部后，2012年比2011年有所上升。

我国消费率偏低主要表现为居民消费率偏低，除了受高投资率的挤压外，主要原因在于居民收入增速低于经济增速，收入分配格局不合理，收入分配调节效果不理想。2009年以来，消费率降幅趋缓，并逐渐走平。

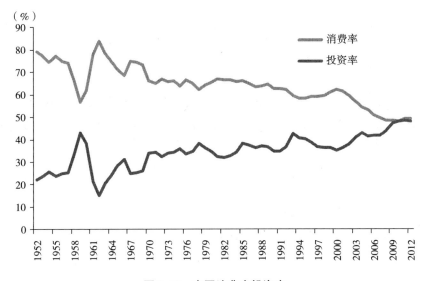

图 3. 10　中国消费率投资率

具体分析，我国消费率偏低的原因主要有以下几个方面。

第一，初次分配中，劳动者报酬占比不断下降，居民收入相对减少。国民储蓄率的上升主要是受企业储蓄率上升拉动。2009年以来，劳动者报酬占比上升，企业盈余占比下降。

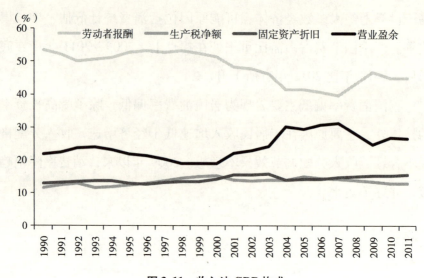

图 3.11　收入法 GDP 构成

表 3.3　　劳动者报酬在 GDP 中占比的国际比较（2005~2008 年）（%）

国家	劳动者报酬	固定资产折旧	生产税净额	营业盈余
美国	56.6	12.7	13.6	24.5
英国	53.8	11.2	6.2	23.1
德国	49.5	14.7	11.9	24.6
法国	51.8	13.2	11.2	21.4
日本	55.1	18.7	13.6	19.3
韩国	51.8	13.6	7.0	20.2
中国（2007）	39.7	14.8	14.2	31.3

数据来源：OECD 数据库，联合国国民核算年鉴。

　　第二，二次分配没有使收入差距得到有效调节，城乡间、行业间、人群间收入差距扩大，以及体制弊端带来的收入分配不公平等问题，影响了居民消费的增长。2009 年以来，农村居民收入增速反超城镇居民收入增速，城乡居民收入差距缩小。

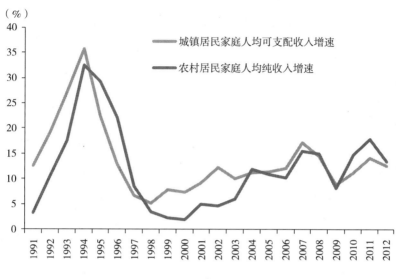

图 3.12　城镇农村收入

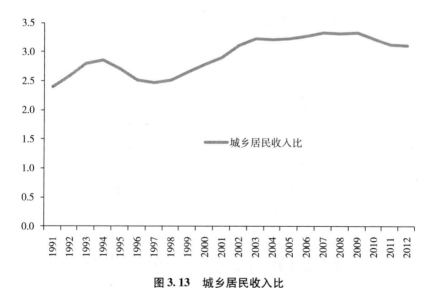

图 3.13　城乡居民收入比

　　第三，政府公共服务支出总体不足，迫使居民用自身的收入来支付快速增长的教育、医疗、社保等费用，不仅挤压了居民的其他消费增长，而且强化了居民的谨慎预期，降低了居民消费倾向。

表3.4　不同发展阶段医疗、教育和社保占政府支出的比重（%）

人均GDP（美元）组别	医疗卫生占政府支出比重	教育占政府支出比重	社会保障占政府支出比重	三项之和
0～3000	8.7	13.2	20.8	42.7
3000～6000	12.2	12.6	29.2	54.0
6000～10000	12.7	11.4	31.5	55.7
10000～20000	13.8	12.9	27.7	54.4
20000 以上	13.4	12.7	32.7	58.9
中国（2007）	4.0	14.3	10.9	29.2

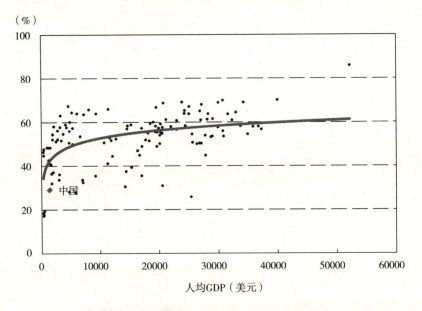

图3.14　公共服务支出比重与发展阶段的关系

第四，从绝对量上看，我国居民消费近年呈现持续快速增长态势，实际增速高于发达国家，只是相对于我国更快速的经济增长而言，消费显得相对偏慢。扩大居民消费也要注重合理和适度。

表 3.5　　居民消费实际增长率与 GDP 增长率：国际比较（%）

1990~2007 年	居民消费平均增长率	GDP 年均增长率	增幅差（百分点）
中国	7.6	10.0	-2.4
美国	3.2	2.9	0.3
日本	1.7	1.6	0.1
英国	2.0	2.4	-0.4
德国	1.5	1.9	-0.4
法国	2.6	1.9	0.7
俄罗斯	3.6	0.3	3.3
巴西	3.4	2.4	1.0
印度	5.0	6.3	-1.3
世界平均	2.9	2.9	0.0
低收入国家	3.7	4.1	-0.4
中等收入国家	4.6	4.6	0.0
高收入国家	2.6	2.5	0.1

综合判断，预计未来我国投资比重将逐步下降，消费比重将逐步上升，相应地，经济增速将放缓。

三、消费结构的变动趋势与增长潜力

增长阶段转换期，消费和投资关系将进行再平衡，消费结构和投资结构内部将进一步升级，以实现供给水平和结构与新的需求水平和结构相匹配、相适应。

（一）消费结构变动趋势

从国际经验看，消费结构演变有以下三个特点。

一是过去几十年，政府消费比重上升和居民消费比重下降是世

界各国（或地区）的普遍现象，这反映了近几十年对政府职能和公
共产品的需求上升。只有越南等少数经济体例外。

二是发达经济体政府消费比重普遍高于发展中经济体，这是由
发展阶段决定的。进入高收入社会以后，政府开始越来越多地承担
公共和民生职能，以协调外部性和福利分配问题。平均而言，发达
经济体消费结构中政府、居民的比例为25∶75。但是，由于社会福
利模式、经济发展模式、政治意识形态等方面的差别，各国政府消
费比重差异很大，比如像美国这样的自由主义思想盛行的国家，政
府消费比重较低，2011年只有19.5%；而北欧国家的政府消费比
重较高，瑞典35.6%，挪威34.3%，芬兰30.5%。

三是日韩等成功追赶经济体在高速追赶期，政府消费比重较
低、居民消费比重较高；而在增长阶段转换期及以后，政府消费比
重上升、居民消费下降。

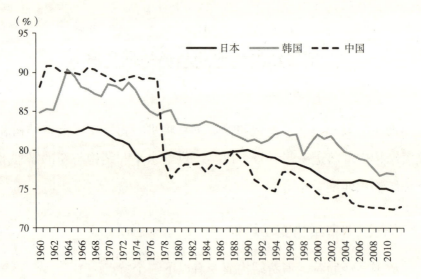

图3.15　追赶经济体居民消费占最终消费的比重

表3.6　1960～2012年各国（地区）居民消费占最终消费的比重（%）

		1960年	1965年	1970年	1975年	1980年	1985年	1990年	1995年	2000年	2005年	2010年	2012年
	中国	88	90	89	89	78	78	78	77	75	73	73	73
发达经济体	美国			78	78	79	79	80	82	83	82	80	
	加拿大			73	71	72	72	72	73	75	74	73	
	日本	83	82	82	79	80	80	80	78	77	76	75	75
	韩国	85	89	88	86	83	83	81	82	82	80	77	
	澳大利亚	84	83	80	77	76	75	76	77	77	77	75	75
	中国香港	90	92	92	92	91	90	89	89	86	86	87	88
	英国			77	73	73	74	76	77	78	75	74	75
	德国			78	74	74	74	75	75	75	76	75	75
	法国			76	74	73	72	73	71	71	71	70	70
	瑞典			70	67	63	64	64	65	66	65	65	64
	荷兰			73	69	68	68	68	68	70	67	62	62
	挪威			76	73	71	72	70	70	69	68	66	65
	芬兰			79	75	74	72	70	70	71	70	69	
	西班牙			86	85	82	80	78	77	78	76	73	
	葡萄牙			85	86	84	83	81	79	77	75	75	
	意大利			79	79	78	76	74	77	77	75	74	

续表

		1960年	1965年	1970年	1975年	1980年	1985年	1990年	1995年	2000年	2005年	2010年	2012年
发展中经济体	印度	93	90	90	89	89	87	85	85	84	84	83	83
	俄罗斯							70	73	75	75	74	75
	巴西			83	86	88	87	75	75	77	75	74	74
	南非	87	84	83	79	78	75	76	77	78	76	73	73
	土耳其	87	84	83	84	84	89	86	87	86	86	83	89
	阿根廷	90	89	87	82			96	84	84	84	79	93
	墨西哥	93	92	91	87	87	87	89	87	86	86	85	83
	埃及		77	73	72	82	80	86	88	87	85	87	89
	伊朗		80	75	63	71	79	83	75	77	77		
	印尼	88	94	91	88	83	84	87	89	90	89	86	93
	马来西亚	86	81	79	77	76	78	79	79	81	79	80	78
	新西兰			80	78	75	76	76	77	78	77	75	
	泰国	89	88	86	87	84	82	86	84	83	83	81	81
	越南							87	90	91	91	91	92

数据来源：世界银行数据库、《中国统计年鉴》。

从国际比较来看，中国消费结构具有以下特点：①过去几十年，我国政府消费比重持续上升、居民消费比重持续下降，这符合世界的普遍趋势，也同时反映了我国发展型政府、居民收入占国民收入分配份额较低等自身特点。2012年这一现象发生逆转。②我国居民消费比重偏低，2011年只有72.4%，相应地政府消费比重偏高，2011年高达27.6%。如果考虑到当前我国整体社会福利保障水平较低，这一数字说明了政府支出规模过大、效率偏低、结构不够优化，以及居民收入份额有待提升、收入分配状况有待改善等问题。

综合判断，预计未来我国居民消费比重将趋于上升；政府消费支出将进行结构优化，在压缩经常性和投资性支出的同时，扩大民生性支出。

（二）居民消费结构变动趋势

居民消费结构升级理论有两个著名规律：一是马斯洛需求层次论，马斯洛把人的需求分成生理需求、安全需求、归属与爱的需求、尊重需求和自我实现需求五类，在低层次需求满足后人类将追求高层次需求。二是恩格尔定律，随着家庭和个人收入的增加，收入中用于食品方面的支出比例（恩格尔系数）将逐渐减小。

从国际经验看，各国（或地区）居民消费结构变动呈以下趋势。

一是从三大类支出看，从非耐用品向耐用品和服务类升级，从可贸易产品向不可贸易产品和服务升级。随着收入水平上升，在居民消费支出结构中，非耐用品支出大幅下降，耐用品支出先上升然后稳定在10%左右，服务类支出先保持低位，到达一定阶段后快速上升。服务类支出比重的上升虽然部分是因为数量增长效应，但相当大程度上是因为价格上涨效应。

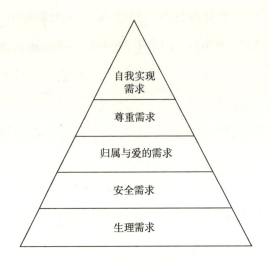

图 3.16　马斯洛需求层次论

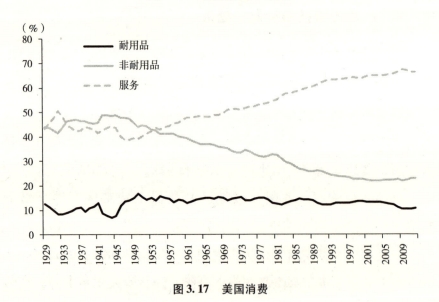

图 3.17　美国消费

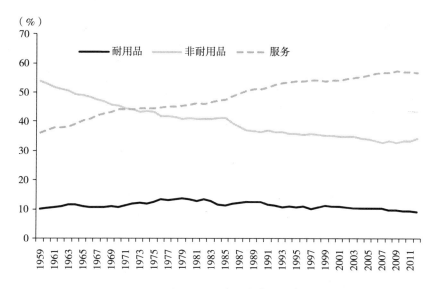

图 3.18 法国消费

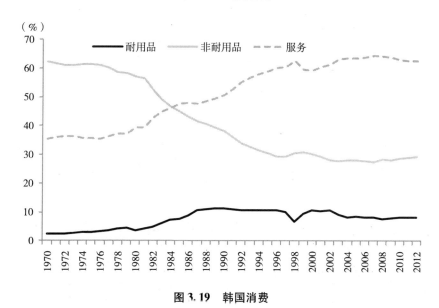

图 3.19 韩国消费

二是从八大类消费内容看，从生存型向发展享受型升级，更具体地讲，居民消费沿着衣食—耐用品—住行—服务的路径升级。比如韩国在 1970 ~ 2012 年间，食品支出比重从 46% 下降到 15.7%；
家庭设备用品及服务比重从 12.5% 快速上升，在 1998 年达到峰值
后稳定在 20% 左右；交通通信支出比重从 6.4% 快速上升，在 2001
年达到峰值后稳定在 16% 左右；医疗保健支出比重从 3.1% 上升到

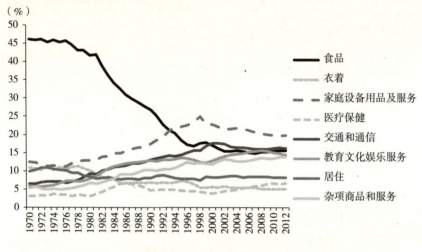

图 3. 20　韩国消费

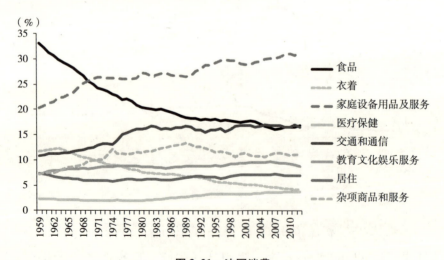

图 3. 21　法国消费

6.6%，还有进一步上升趋势；教育文化娱乐服务支出比重从 5.9%
上升到 14.4%，还有进一步上升趋势。

从美国的居民消费支出结构变动趋势看，1929~2012 年间，非
耐用品中的食品和服装支出比重大幅下降，汽油燃油及其他能源产
品基本稳定；耐用品中的机动车辆及零件先升再稳后降，家具和家
用设备先升后降，娱乐商品和车辆持续上升；服务类支出中的医疗
护理大幅上升，娱乐、金融保险明显上升，食品和住宿先升后降，
交通运输基本稳定。

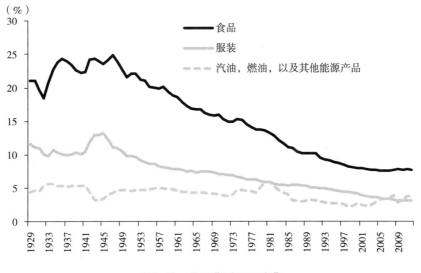

图 3.22　美国非耐用品消费

三是增长阶段转换期发生在居民消费由耐用品和住行消费向服
务类消费升级的阶段。这在韩国、日本等均有明显表现。由于生产
投入方式和产业关联方面的原因，住行和耐用品消费对经济增长的
带动能力明显强于服务类消费。

从国际比较来看，中国居民消费结构具有以下特点。

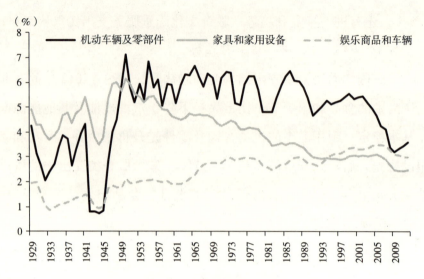

图 3.23　美国耐用品消费

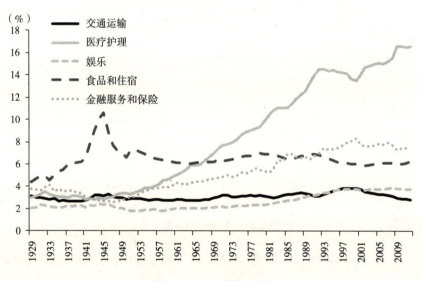

图 3.24　美国服务消费

第一，随着居民收入水平上升，居民消费升级沿着衣食—耐用品—住行—服务的路径升级，这符合世界的基本规律。

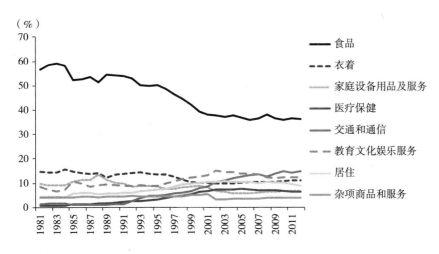

图 3.25 中国城镇居民消费支出结构

表 3.7　　　　　中国经济发展阶段转换与结构变动

时期	20世纪80年代	20世纪90年代	21世纪初	2013年以后
内需阶段	衣食	耐用品	住行	服务
外需阶段	设立特区 对外开放	汇率超贬 出口导向	加入世贸 融入全球化	自贸区 服务业开放
增长较快的行业	农业	电气	汽车	消费电子
	住宿餐饮	电子	房地产	汽车
	批发零售	交运设备	建材	装备制造
	金融	纺织	机械	仪器仪表
	金属制品	食品	冶金	科技研发
		化工	煤电	文化教育
		冶金	化工	医疗保健
		交通通信	金融	金融保险
			电子	节能环保
			电气	居民服务

　　第二，目前居民消费处于住行消费向服务消费升级的转换期，住行消费已处于峰值阶段。

由于劳动年龄人口达到峰值、目前城镇户均住房已达 1 套左右，我国房地产长周期峰值临近，预计我国房地产消费和建设增速将趋于减缓。

汽车需求增长可以划分为孕育期、普及期和饱和期三个阶段。我国汽车消费已进入普及期，千人汽车拥有量从 2005 年突破 20 辆开始，到 2012 年达到 80 辆，共经历了 8 年时间。估计千人汽车拥有量增速将会在 2015 年前后回落至 11% ~ 12% 的中高速增长区间，这一周期将延续到 2022 年前后。

表 3.8　　　　　中国千人汽车拥有量增长与国际经验比较

千人汽车拥有量（辆）	人均 GDP（1990 年国际元）		年均增长率（%）		历时（年）	
	国际经验	中国	国际经验	中国	国际经验	中国
5 ~ 20	3500 ~ 4500	2100 ~ 5200	18 ~ 21	11 ~ 12	7 ~ 9	13
20 ~ 100	4500 ~ 9000	5300 以上	19 ~ 20	18 ~ 19	8 ~ 9	8
100 ~ 200	9000 ~ 11000	—	11 ~ 12	—	5 ~ 7	

第三，食品、衣着等生存型支出比重偏高，发展享受型、服务类支出比重偏低。2011 年我国城镇居民食品类支出比重高达 36.2%，明显高于美国居民的 8.7%，英国 12.8%，德国 14.7%，法国 16.6%，加拿大 13.3%（2010 年），澳大利亚 13.7%，日本 16.7%，韩国 15.6%。在新兴经济体中也属于较高的，比如印度 33.7%（2009 年），俄罗斯 39%，土耳其 26.5%，南非 25.9%，墨西哥 26.9%。

综合判断，预计未来我国食品、衣着等生存型支出比重将大幅下降，家庭设备、交通通信等耐用品支出比重将趋于稳定，教育文化娱乐、医疗保健等发展享受型、服务类支出比重将不断上升。

（三）释放消费潜力的政策与改革

当前我国扩大内需的重点是扩大消费需求。消费领域有两个主要方面：一是我国居民消费占比偏低，生存型向发展享受型升级受到制约；二是政府支出规模过大、效率较低、结构不合理，经常性和投资性支出比重过大，民生性支出比重偏低。

因此，调整消费结构和释放消费潜力的主要政策：一是提高居民收入，扩大居民消费需求，促进消费升级；二是优化政府支出结构，在压缩经常性和投资性支出的同时，扩大民生性支出。

涉及的改革领域包括：调节收入分配，推进城镇化，促进农民工市民化，推动土地和户籍制度改革，完善社保体制等。

相关政策建议：①加快推进一揽子综合政策。不失时机地推进资源和要素价格改革，充分发挥价格机制在促进要素间合理分配中的作用；大力促进就业，稳步提高劳动保障水平；推进垄断行业改革，规范国有企业分配机制；有效增加财产性收入，完善财产权保护制度；加大二次分配调节力度，增加政府货币转移性支出，有效提高低收入人群的可支配收入；打破壁垒，公平准入，通过供给侧改革，激活需求潜力；调整优化政府支出结构，切实改善公共服务供给；加快完善社会保障体系，建立健全社会安全网；强力规范收入秩序，积极发挥"第三次分配"作用。②短期内的工作重点。收入分配政策调整，涉及各方利益，根据当前的紧迫性和现实可操作性，短期内在增加居民收入和缩小收入差距两方面，可优先考虑以下政策重点：尽快推进要素价格改革；完善最低工资制度，稳步推进工资集体协商机制；建立完善国有企业利益分配机制；强化税收对收入分配的调节作用；积极推动农民工市民化。

四、投资结构的变动趋势与增长潜力

固定资产投资主要包括基础设施、房地产、制造业和服务业投资四大块，2012 年四大块投资占固定资产投资比重 92.8%。其中，房地产、基础设施投资与消费、出口一样属于终端需求，制造业投资属于引致的中间需求。

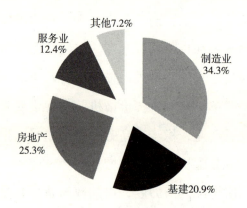

图 3.26　2012 年固定资产投资各行业比重

（一）分行业固定资产投资：结构性衰退与成长

投资快慢表明行业的产能扩张或收缩，主要受利润前景驱使，并受资产负债情况约束。从趋势上看，可分为三类。

第一类近年固定资产投资增速大幅下滑，主要是重化工行业，包括煤炭、铁矿石、化工、钢铁、有色、电力等。主要原因包括需求萎缩、产能过剩、利润下滑、负债率高企等。

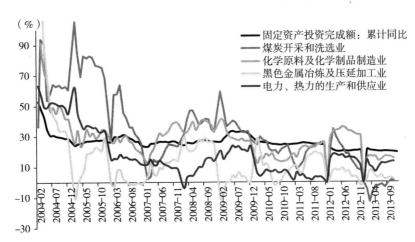

图 3. 27　固定资产投资增速明显下降行业：主要是重化工业（%）

数据来源：WIND。

第二类固定资产投资增速基本稳定，主要是传统优势制造行业和传统居民服务业，包括纺织、服装、皮革制品、家具、金属制品、家电、住宿餐饮等行业。

图 3. 28　固定资产投资增速基本稳定的行业：主要是传统优势产业和传统居民服务业（%）

数据来源：WIND。

第三类固定资产投资增速有上升趋势或保持较高水平，主要是高端制造业和现代服务业，包括医药、环保、文化体育、租赁和商务服务、批发零售、公共设施管理等。

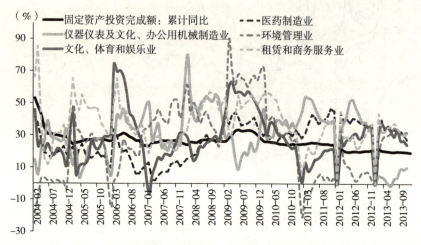

图3.29 固定资产投资增速有上升趋势或保持较高水平的行业：主要是高端制造业和现代服务业（%）

数据来源：WIND。

从横向比较看，2013年1～11月份固定资产投资增速较低的主要是重化工业和传统居民服务业，依次为：公共管理和社会组织、建筑、煤炭、钢铁、电气、水上运输、金融、仪器仪表、铁路运输、铁矿石开采、居民服务、电力等，增速在15%以下，明显低于固定资产投资累计同比增速。

固定资产投资增速适中的行业主要是传统优势制造行业、传统居民服务业、房地产等，包括金属制品、食品制造、印刷业和记录媒介复制、造纸、专用设备、科研技术、教育、卫生、石化、木材加工、房地产、纺织、烟草、通信电子、有色、住宿餐饮等，能够保持15%～25%左右的增速。

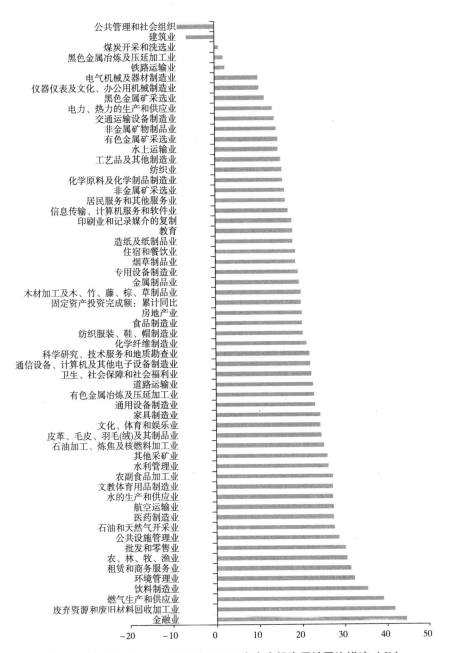

图 3.30　2013 年 1~11 月份分行业固定资产投资累计同比增速（％）

数据来源：WIND。

固定资产投资增速较高的行业主要是高端制造业、生产性服务业和社会服务业，依次为循环经济、燃气、饮料、航空运输、医药、环保、租赁和商务服务、批发零售、农林牧渔、公共设施管理、农副食品价格、文教体育用品、水利、文体娱乐等，近年能够达到30%左右的增速。

总体看，近年重化工业固定资产投资增速较低，且明显下滑；传统优势制造业、传统居民服务业、房地产业等固定资产投资增速适中，且较为稳定；高端制造业、生产性服务业、社会服务业等固定资产投资增速较高，且保持较快水平。

近年各类行业在利润、利润率、资产负债率、产能投资、设备利用率等方面出现明显分化，以重化工业为代表的传统产业集群增速日益放缓，以高端制造业和现代服务业为代表的新兴主导产业集群快速成长。国际经验表明，这种分化反映了我国产业结构演变的长期趋势，是追赶型经济体在增长阶段转换期的共同特征。

（二）我国制造业投资发展趋势与未来潜力

1. 制造业结构变动趋势：国际比较

根据国际经验，随着人均 GDP 上升，制造业比重先升后降，工业化率、投资率和经济增速几乎同时达到峰值。

从典型工业化国家的经验看，随着人均 GDP 上升，制造业由劳动和资源密集型产业向资本和技术密集型产业升级，制造业各部门达到峰值的时点并不相同。在制造业结构升级过程中，各行业比重达到峰值的先后顺序与技术和资金密集度有关。

表3.9		典型工业化国家工业化率的峰值水平		
国别		工业化率		
		峰值水平（%）	年份	当时人均 GDP（1990 年国际元）
领先国家	美国	39	1952	10414
	英国	48	1957	8003
早期追赶国	德国	53	1960	7693
	法国	48	1960	7449
后期追赶国	日本	46	1970	9662
	韩国	43	1991	9404
均值		46		8771

数据来源：国务院发展研究中心"工业化与经济增长"课题组数据库。

以纺织业、食品工业等为代表的劳动和资源密集型产业占制造业比重回落时点最早。

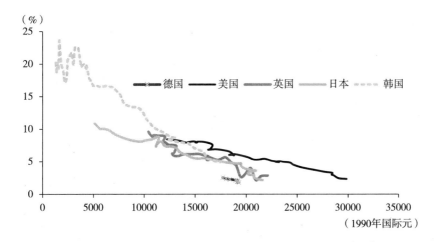

图 3.31　纺织业增加值占制造业比重变化

数据来源：数据来自联合国工业发展署（United Nation of Industrial Development Organization，UNIDO）和国务院发展研究中心数据库，由王金照研究员（2010）整理。

以钢铁行业为代表的资本密集型重化工业比重达到峰值时所对应的人均 GDP 大致在 11000 国际元左右。

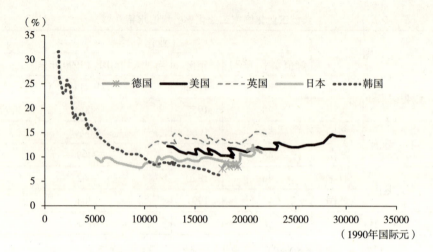

图 3.32　食品工业增加值占制造业比重变化

数据来源：数据来自联合国工业发展署（United Nation of Industrial Development Organization，UNIDO）和国务院发展研究中心数据库，由王金照研究员（2010）整理。

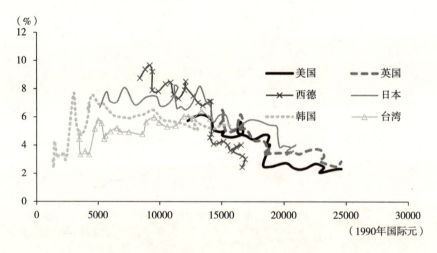

图 3.33　钢铁行业增加值占制造业比重变化

数据来源：数据来自联合国工业发展署（United Nation of Industrial Development Organization，UNIDO）和国务院发展研究中心数据库，由王金照研究员（2010）整理。

以金属制品、电器制造、交通运输设备制造等为代表的资本和技术密集型产业占制造业比重持续上升，大约在人均 GDP 达到

15000 国际元左右时趋于稳定，且没有明显回落。

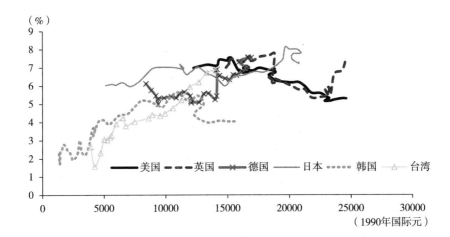

图 3.34 金属制品行业增加值占制造业比重变化

数据来源：数据来自联合国工业发展署（United Nation of Industrial Development Organization，UNIDO）和国务院发展研究中心数据库，由王金照研究员（2010）整理。

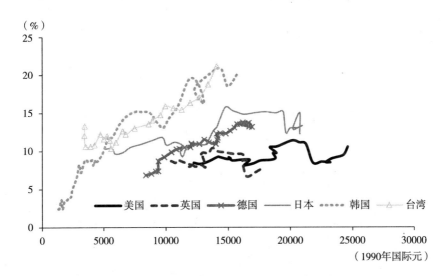

图 3.35 电器制造业增加值占制造业比重变化

数据来源：数据来自联合国工业发展署（United Nation of Industrial Development Organization，UNIDO）和国务院发展研究中心数据库，由王金照研究员（2010）整理。

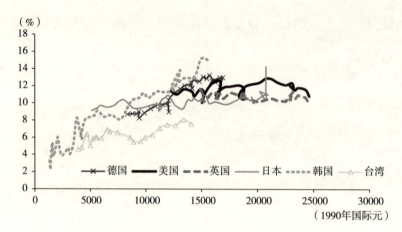

图3.36　交通运输设备制造业增加值占制造业比重变化

数据来源：数据来自联合国工业发展署（United Nation of Industrial Development Organization，UNIDO）和国务院发展研究中心数据库，由王金照研究员（2010）整理。

2. 2013～2022年我国制造业发展趋势预测

纺织缝纫皮革工业、造纸及文教用品工业、食品工业、森林工业等劳动密集型产业延续了回落态势，这些行业在工业化早期就已经达到了行业比重的峰值。

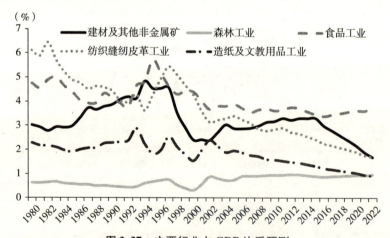

图3.37　主要行业占GDP比重预测

数据来源：DRC行业景气监测数据库，作者预测。

冶金工业、电力工业、煤炭工业、建材及其他非金属矿制造业、石油工业、化学工业等重化工业所占比重将在 2015 年前后（即人均 GDP 达到 11000 国际元左右时）出现峰值，之后逐步回落。

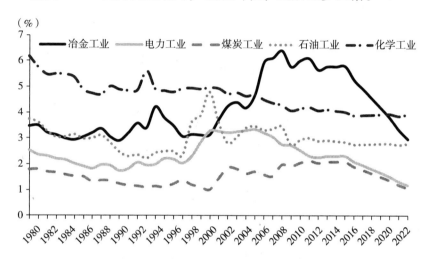

图 3.38　主要行业占 GDP 比重预测

数据来源：DRC 行业景气监测数据库，作者预测。

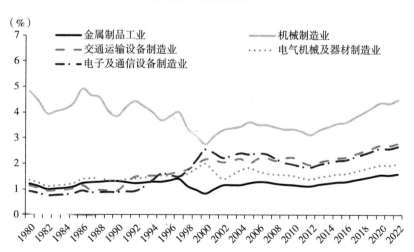

图 3.39　主要行业占 GDP 比重预测

数据来源：DRC 行业景气监测数据库，作者预测。

金属制品工业、机械制造业、交通运输设备制造业、电气机械及器材制造业、电子及通信设备制造业等资本和技术密集型行业所占比重继续上升，大约在 2020 年前后（即人均 GDP 达到 15000 国际元左右时）趋于稳定。

（三）我国基础设施投资发展趋势与潜力测算①

1. 基础设施投资现状、未来需求与国际比较

2012 年我国基础设施投资 7.6 万亿元，占固定资产投资比重的 20.9%，其中四大类（电力、铁路、公路、公共设施）投资占基础设施投资比重的 79%。因此，本部分重点测算四大类基础设施投资潜力。

表 3.10　　　　　　　　　我国基础设施投资构成

年份	基础设施建设投资（亿元）	基础设施投资占固定资产投资比重（%）	四大类占基础设施投资比重（%）	电力、热力的生产和供应业（%）	铁路运输业（%）	道路运输业（%）	公共设施管理业（%）
2004	17102	29.0	81.1	34.7	5.9	31.8	27.6
2005	22245	29.6	82.2	35.5	6.9	30.5	27.0
2006	26992	28.9	81.1	33.2	9.0	29.6	28.2
2007	31362	26.7	79.4	31.7	10.0	27.8	30.4
2008	38469	25.9	79.6	29.5	13.3	24.2	33.1
2009	54696	28.2	78.3	26.0	15.6	24.7	33.8
2010	64808	26.8	77.7	23.7	15.1	25.4	35.8
2011	66404	22.0	76.6	22.8	11.6	27.2	38.3
2012	76129	20.9	79.0	21.3	10.1	28.5	40.1

数据来源：WIND。

---

① 本部分参考了王金照副研究员、邵挺助理研究员的相关研究成果。

公路：东部地区的公路密度已超过了跟其人口密度类似的发达经济体，中部和西部的公路密度跟其人口密度类似的发达经济体相比，仍有较大差距。

铁路：跟人口密度相似的发达经济体相比，东部地区的铁路密度差距不大，中部和西部仍存在较大差距。

表3.11　　　各区域铁路、公路密度的国际间比较（2010年）

指标	人口密度	铁路密度	公路密度	对应经济体（人口密度）	铁路密度	公路密度
东部	0.541	2.329	103.683	韩国（0.501）	3.160	79.404
中部	0.259	1.876	82.411	英国（0.253）	6.740	137.626
西部	0.054	0.544	23.733	美国（0.034）	1.516	27.194

注：人口密度单位是千人/平方公里，铁路、公路密度单位是公里/100平方公里。

城市公共设施：2013年我国城镇化率53.73%，未来还有较大发展空间，同时城镇化质量还有待提高。

电力：尽管重化工业的电力需求放缓，但服务业、居民生活以及加工工业的电力需求将持续增长，电力需求总体将保持较为强劲的增长，增长速度明显高于一次能源需求的增长速度。

2. 我国未来基础设施投资潜力测算

根据国务院发展研究中心"未来十年中国经济发展展望"课题组对电力需求、铁路里程、公路里程、城镇化率等指标的预测，依照2012年投资成本，测算出2013～2022年间新增基础设施投资需求75万亿元，相当于2012年GDP规模的1.4倍。其中，铁路、公路、电力、公共设施等四大类新增投资需求分别为7.9万亿、18.3万亿、16.5万亿、16.6万亿元。如果考虑到未来投资标准、建设质量提高因素，计算结果会更大些。

　　总体来看，未来我国基础设施投资需求跟过去相比有一定下降，但也还有相当可观的潜力，重点在铁路、城市基础设施、新能源、环保等领域。

表 3.12　　　　　　　　　我国基础设施投资潜力估算

参考指标		2010 年	2012 年	2022 年	年均增长率	2013～2022年新增
人口数量（百万人）		1341	1357	1408		
城市化率（%）		50	52.2	60.8		
GDP 增速（%）		10.3	7.8	5.8		
人均 GDP（G－K 国际元）		7896.3	9059.1	16223.8		
基础设施投资潜力估算	铁路营运里程数（万公里） 国际经验	9.12	9.8	14.12	3.8%	4.3
	铁路建设投资（亿元）	7622.2	6056.3			78860.2
	公路营运里程数（万公里） 国际经验	401	419	512.0	2.0%	92.7
	公路建设投资（亿元）	12764.5	17134.9			182508.9
	电力需求量（万亿千瓦时） 国际经验	4.14	4.96	9.8	6.9%	4.9
	电力建设投资（亿元）	11915.2	12815.2			165203.9
	公共设施投资（亿元）	18035.7	24138.8			165567.5
四大类基础设施投资合计（亿元）		50337.6	60145.3			592140.5
基础设施投资总计（亿元）		64808.0	76129.2			749504.1

　　注：①测算结果为在不考虑基础设施建设质量提高情况下，由于规模扩大带动的新增投资。
　　②1 公里铁路建设投资额＝年度铁路固定资产投资完成额/年度新建里程数，按 2012 年标准计算。公路、电力等投资测算方法相同。城市公共设施投资根据新增城镇人口测算。

（四）我国房地产投资发展趋势与潜力测算[①]

　　长期来看，房地产投资周期主要跟人口年龄结构和收入水平有关，即主要跟购买需求和购买能力有关。由于各国人地关系紧张程

───────────

① 本部分参考了许伟副研究员的相关研究成果。

度、土地制度、对农业保护程度和农产品进口限制程度等存在差异，城市化率峰值水平差异较大，房地产投资的峰值时点与城市化率峰值时点关系不大。

表 3.13　　　各典型工业化经济体住宅建设阶段转变的大致
时间点以及相应的特征

典型经济体	住宅建设增速阶段转变时间点	人均 GDP（1990 年国际元）	城市化率（%）	人口出生率（%）
美国	1959 年	11230	70.0	2.4
英国	1968 年	10410	77.0	1.7
德国	1973 年	11966	72.5	1.1
日本	1973 年	11434	55.0	1.9
韩国	1993 年	10232	76.0	1.6
中国台湾省	1995 年	13354	67.4	1.6
中国大陆	2010 年	8400	49.7	1.19

注：中国大陆 2010 年的人均 GDP 为推算数据（按照麦迪森的统计，2008 年，中国大陆人均 GDP 为 6725 元（1990 年国际元），按照 Maddison 的估计方法并利用 2009 年和 2010 年公布的数据估计得到）。人口出生率 2010 年的值（来自《中国统计年鉴》）。

表 3.14　　　各典型工业化经济体住宅建设阶段转变的大致
时间点以及相应的投资特征

典型经济体	年份	人均 GDP（1990 年国际元）	转折之前的十年		转折之后的十年		变动幅度	
			住房开工量年均增速（%）	住房投资的年均增速（%）	住房开工量年均增速（%）	住房投资的年均增速（%）	住房开工量年均增速百分点	住房投资的年均增速百分点
日本	1973	114734	10.7	15.7	−5.0	−1.7	−15.7	−17.4
韩国	1993	10232	11.9	11.6	−1.7	2.5	−13.6	−9.1
中国台湾省	1995	13354	N/A	5.7	N/A	−2.4	N/A	−8.1

数据来源：根据 CEIC 和各国统计数据整理。

1. 驱动房地产投资的主要因素：收入水平与人口结构

在经济快速发展和城市化快速推进阶段，住房建设或投资与经济增速和收入水平增速关联度较高。在经济高速发展和城市化进程快速推进阶段基本结束之后，出生人口数量和人口年龄结构对住房建设的影响更为显著。不同年龄阶段对住房的需求有所不同，住房需求的快速增长主要集中在 20 ~ 50 岁之间，之后逐步平稳，甚至出现下降。

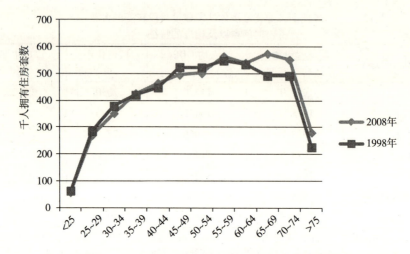

图 3.40　日本不同年龄阶段人群对应的住房保有情况

数据来源：根据日本社区和房屋调查的数据整理。

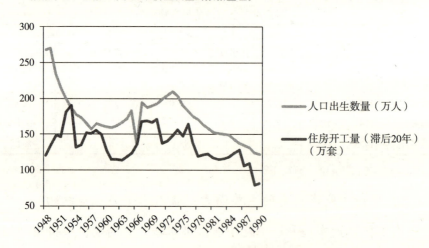

图 3.41　日本的人口出生数量和住宅新开工量

数据来源：CEIC。

根据国际经验，每年人口出生数量变化领先住房建设高峰约17～20年，而20～50岁年龄人口与同期的住宅建设关系密切。

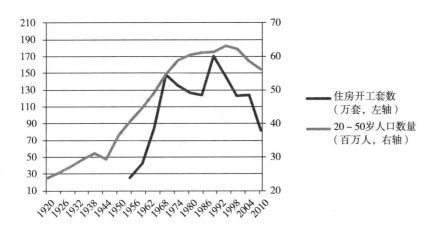

图 3.42　日本 20～50 岁年龄人口与住宅建设的关系

数据来源：CEIC。

2. 未来我国城镇住房供给和投资测算

根据 2010 年第六次人口普查数据，城镇家庭户（户籍人口口径）拥有住宅建筑总面积为 179 亿平方米，住房已达户均 0.95 套。

到 2022 年，我国城镇住房总量预计将达到 3.4 亿套左右，在 2010 年的基础上净增加 1.22 亿套，户均套数接近 1.05。2013～2022 年住宅投资增速将明显回落，2015 年前后住宅建设可能接近或达到峰值。具体到每年的发展速度，"十二五"期间城镇竣工住宅面积年均增速降至 10% 以下，"十三五"期间城镇竣工住宅面积年均增速降至 1% 以下。

表 3.15　　　　　　　2013～2022 年我国城镇住宅竣工量预测

年份	城镇人均住宅建筑面积（平方米）	城镇常住人口（亿人）	城镇住宅存量（亿平方米）	每年竣工量（亿平方米）
2010	26.7	6.7	178.8	8.7
2011	27.1	6.9	187.2	9.4
2012	27.8	7.1	197.1	11.1
2013	28.6	7.3	208.1	12.3
2014	29.4	7.5	219.2	12.7
2015	30.2	7.6	230.5	13.0
2016	30.9	7.8	241.6	13.1
2017	31.7	8.0	252.6	13.1
2018	32.4	8.1	263.7	13.3
2019	33.1	8.3	274.7	13.5
2020	33.8	8.5	285.5	13.4
2021	34.4	8.6	296.0	13.3
2022	34.9	8.8	306.1	13.1

注：城镇人均住宅建筑面积＝城镇住宅存量/城镇常住人口。

图 3.43　未来十年房地产投资增速预测

注：假设未来十年住房投资价格指数每年上涨 3%。
数据来源：作者估计。

（五）我国服务业投资变动趋势与增长潜力

服务业是组织生产要素满足消费需求的产业供给形态。根据前面对消费的分析，未来我国消费需求存在上升潜力，同时消费结构内部将发生深刻变化，居民消费需求将由生存型向发展享受型升级、由非耐用品向耐用品和服务类升级、由衣食向住行并进一步向服务类消费升级，政府消费结构将缩小投资性和经常性支出并扩大民生性支出。

受益于居民消费扩大和升级以及政府支出结构调整，并考虑到各类服务业发展对固定资产投资的依赖程度，未来服务业领域投资潜力较大的行业主要是信息传输、商务服务、批发零售、节能环保、城市公共设施管理、文化教育娱乐等。

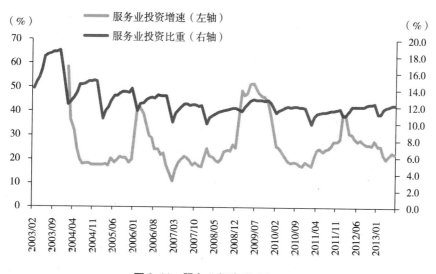

图3.44　服务业投资增速与比重

（六）释放投资潜力的政策与改革

在增长阶段转换期，虽然投资总体增速将放缓，但投资结构内部将明显分化。释放投资潜力的全局性改革主要是：①转变政府职能。进一步简政放权，深化行政审批制度改革，最大限度减少中央政府对微观事务的管理；直接面向基层、量大面广、由地方管理更方便有效的经济社会事项，一律下放地方和基层管理。②深化投资体制改革，确立企业投资主体地位。企业投资项目，除关系国家安全和生态安全、涉及全国重大生产力布局、战略性资源开发和重大公共利益等项目外，一律由企业依法依规自主决策，政府不再审批。③深化财税体制改革。完善地方税体系，推进营改增，加快房地产税立法并适时推进改革；合理调整中央和地方事权与支出责任；逐步推动市政债规范发行。

1. 释放基础设施投资潜力的改革

铁路运输体制改革：支线铁路、城际铁路、资源开发性铁路所有权、经营权率先向社会资本开放，通过股权置换等形式引导社会资本投资既有干线铁路。建立公益性运输合理补偿和经营性铁路合理定价机制，为社会资本进入铁路领域创造条件。

石油、电力等能源体制改革：发展双边电力合同市场，引入大用户直购电机制，开展竞价上网，探索电网输配分开的有效实现形式。发展石油期货市场，放开原油、成品油、天然气进口限制，放宽非常规油气资源勘探开发市场准入。

推动三网融合：实现电信、互联网、广电业务的相互开放、相互进入。理顺电信和广电管理体制，推动信息基础设施共建共享、互联互通和集成播控有序开放。推动行业重组，促进电信、广电业务的有效竞争。

2. 释放房地产投资潜力的改革

土地制度改革：加快推进农村承包地、宅基地、林地、草场、房屋等资源确权、登记、颁证到农户，保障农民土地承包经营权、宅基地使用权、集体收益分配权，赋予农民集体土地处置权、抵押权和转让权。

户籍制度改革：推进农业转移人口市民化，逐步把符合条件的农业转移人口转为城镇居民。创新人口管理，加快户籍制度改革，全面放开建制镇和小城市落户限制，有序放开中等城市落户限制，合理确定大城市落户条件，严格控制特大城市人口规模。

社保体制改革：按照基本公共服务均等化的要求，重新整合碎片化的社保制度，提高统筹层次，建立健全统一、公平、便携、可持续的社保体系。

3. 释放制造业投资潜力的改革

建立全国统一的要素市场；鼓励企业创新，鼓励企业加速折旧，加大知识产权保护力度；加快生产性服务业发展。

4. 释放服务业投资潜力的改革

加快发展服务业，主要是解决有效供给不足和有效需求不足并存的问题，促进新需求、新市场的产生和繁荣，有利于增加就业和扩大内需。主要措施包括：一是放宽投资准入。面对"玻璃门"、"弹簧门"等问题，统一内外资法律法规，保持外资政策稳定、透明、可预期。推进金融、教育、文化、医疗等服务业领域有序开放，放开育幼养老、建筑设计、会计审计、商贸物流、电子商务等服务业领域外资准入限制。二是加快自由贸易区建设。改革市场准入、海关监管、检验检疫等管理体制，加快环境保护、投资保护、政府采购、电子商务等新议题谈判。

第四章
推动对外经济转型，培育国际竞争新优势

过去三十多年，对外开放对拉动中国经济增长发挥了巨大作用，但是，在低成本劳动力优势弱化、外部需求增长放缓、国际竞争加剧的情况下，以利用外资和制造业加工组装为特征的中国对外经济，已经面临发展瓶颈，原有的发展模式已无法维持出口的高增长。不过，中国的对外经济远非无路可走。通过与日本、韩国这两个成功的追赶型经济体的比较，不难发现中国的对外经济仍然具有巨大的发展潜力。首先，较高附加值的资本技术密集型产品在中国非加工贸易出口中的比重还比较低，产业结构和产品结构的升级可以为中国制造业出口的增长提供新的强大动力。其次，近年来蓬勃兴起的对外直接投资也有望成为中国对外经济的又一个新的重要新增长点，它既有利于后发国家加快技术进步，也有利于通过在全球配置资源提高企业的综合竞争力，而经济增长带来的本币升值也将刺激对外投资的增长。再次，与其他新兴经济体相比，中国的投资环境仍具有明显的综合优势，有条件更好地发挥外商直接投资的技术外溢效应，推动产业结构和出口结构的升级。因此，当前中国对

外经济的发展任务就是要推动发展模式的转型，即从出口劳动密集型产品为主转变为出口资本技术密集型产品为主，从利用外商直接投资为主转变为跨境直接投资双向平衡流动，从而将参与国际竞争的优势由廉价的低附加值产品变为高附加值产品。这既是中国对外经济自身持续发展的必然要求，也是中国整体经济转型的重要组成部分。为此目的，中国需要积极维护自由公平的国际贸易投资环境，主动放松对海外投资的管制，进一步加强知识产权保护，推动科技园区转型升级，加快服务业的对内对外开放。

一、对外开放对推动中国经济持续高速增长发挥了至关重要的作用

（一）国际贸易创造了巨大的外部需求，大大增强了国内生产能力，扩大了就业，并为经济建设提供了宝贵的外汇

当前测算出口对经济增长的贡献主要有两种方法。一种是简单地采用支出法 GDP 核算恒等式，即直接用净出口来表示外需。但是，中国 2007 年投入产出表应用分析课题组（2010）指出，直接用净出口来表示外需是不准确的。由于最终消费支出与资本形成总额都包括了一部分进口产品，这部分进口需求不是由国内生产来满足，应从内需中扣除。将全部进口从出口中扣除，会低估外需对 GDP 的拉动作用，同时高估内需对 GDP 的拉动作用。李善同等（2010）也认为，净出口的变动是消费、投资、出口等共同作用的结

果，不能将其看作反映外部需求强弱的指标。据李善同等（2010）基于非竞争型投入产出模型的测算，出口对中国名义 GDP 增长的贡献率在多数年份都超过20%，在1990年和2005年都接近50%。

除了创造外部需求，国际贸易也从供给角度对中国经济增长产生了巨大的促进作用。进口稀缺资源产品可以弥补国内资源不足，优化资源配置和产业结构；进口先进设备等投资品，可将资本转化为生产能力，提高国内生产效率和技术水平；进口消费品则可以产生消费的示范效应，并传导到生产环节，从而促进生产的发展。据李善同等（2010）的测算，进口对中国名义 GDP 增长的贡献率在1992年和2000年都超过20%，在2005年超过30%。进出口合计来看，国际贸易对中国名义 GDP 增长的贡献率在计算的 8 个年份中有 7 年都超过30%，其中1990年和2000年都超过50%，2005年达到80%。

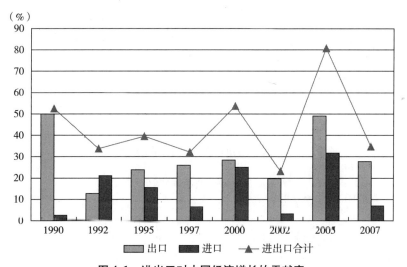

图4.1 进出口对中国经济增长的贡献率

数据来源：李善同等（2010）。

国际贸易还为中国创造了大量就业机会，使大量农民得以从效率较低的农业部门转入效率更高的工业部门，提升了整个社会的劳动生产率。同时，农民转变为农民工，也大大提高了收入水平，从而有利于增加消费需求。据李善同等（2010）的测算，1987年中国外贸带动就业人数约为5000万，2005年达到1.23亿。

根据钱纳里的两缺口理论，"储蓄缺口"和"外汇缺口"是限制发展中国家经济增长的两大原因，而通过出口赚取的外汇，极大缓解了中国在改革开放初期的外汇短缺状况[①]，使其能够引进国外先进技术和设备，加快工业化进程。1978～1989年，中国的货物贸易基本都是逆差，但1990年以后则基本都是顺差。

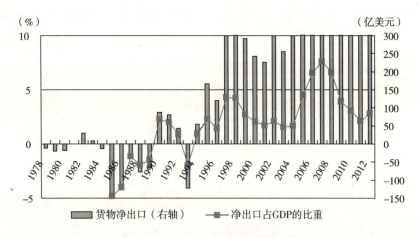

图4.2　净出口占中国GDP的比重

注：在计算比例时根据年平均汇率将美元折算为人民币。
数据来源：《中国统计年鉴》。

---

① 2001年以前，中国实行强制结售汇制度，企业出口获得的外汇收入必须卖给国家指定的金融机构。

（二）外商直接投资对推动中国经济增长发挥了重要作用

从需求角度看，外商投资企业直接拉动了中国的货物贸易出口。随着外国直接投资流量占中国 GDP 的比重从 1981 年的 0.1%一路增长到 1994 年的 5.8%，外商投资企业占中国出口的比重也从 0 一路猛涨到 29%，其后在 2001 年突破 50%，最高曾达到 58%（2005 年）。上述比例还只考虑了外商投资企业的贸易额。实际上，内资企业所从事的加工贸易①在很大程度上也是由外国跨国公司主

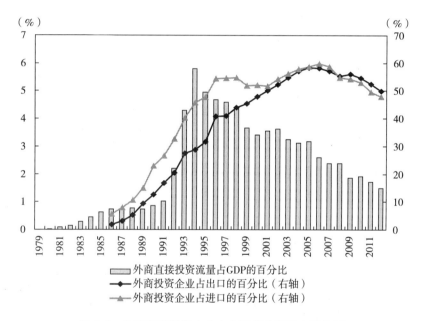

图 4.3　外商直接投资企业在中国货物贸易中的作用

数据来源：FDI 流入存量来自 UNCTAD STAT，外商投资企业占进出口比重来自《中国外资统计》。

———————

① 即主要依靠保税进口的生产设备和关键零部件，在国内完成劳动密集型的加工组装环节后，将产品或半成品出口。

导。如果算上这部分，外国跨国公司对中国货物出口的贡献率还会更高。据张小济（2010）估算，外商投资企业出口（包含一般贸易和加工贸易）加上本土企业加工贸易出口，中国三分之二的货物出口都由外国跨国公司完成。

从供给角度看，外商直接投资为中国的工业化提供了宝贵的资本、技术和管理经验。1985年，中国实际使用外资额为20亿美元，占当年全国投资的比重还只有1.7%，1994年实际使用外资额就达到338亿美元，占比达到14.3%。也就是说，1994年中国国内投资总额的七分之一都来自外国跨国公司。值得指出的是，在中国实现外贸盈余之前，外商直接投资所带来的外汇更显得弥足珍贵。1986～1989年，中国的货物贸易逆差合计达450亿美元，而同期的外商直接投资合计达131亿美元，成为进口先进技术和设备所需资金的重要来源。跨国公司进入中国，也带来了较为先进的生产管理模式，并通过外溢效应带动了内资企业生产效率的提高。

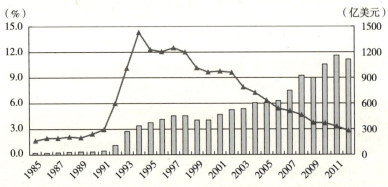

图4.4 外商直接投资对中国投资的贡献

注：在计算比例时根据年平均汇率将美元折算为人民币。
数据来源：《中国统计年鉴》。

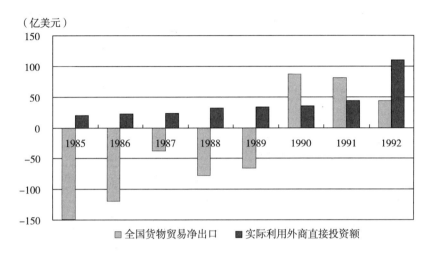

图4.5　外商直接投资与净出口额的比较

数据来源：《中国统计年鉴》。

（三）国际贸易和外商直接投资共同促进了中国制造业的发展

2007年，中国制造业的出口依存度达到21%。国际贸易对制造业发展的促进作用突出表现在电子工业的发展上。1980~2007年，电子及通信设备制造业占中国制造业销售收入的比重从1.6%提高到11.2%，在26个制造业部门中的排名从第十六位跃居第一位，而该部门在2007年的出口依存度高达68%，说明其生产规模的迅速扩张主要得益于出口的高速增长。出口也极大地促进了中国轻纺工业的发展。2001年，服装及其他纤维制品制造业、皮革毛皮羽绒及其制品业、文教体育用品制造业的出口依存度分别高达54%、58%和65%。

表 4.1　　　　　　　　出口对中国制造业发展的贡献（%）

	销售收入占制造业的比重				出口依存度	
	1980 年	1990 年	2001 年	2007 年	2001 年	2007 年
电子及通信设备制造业	1.9	3.6	11.0	11.2	43	68
黑色金属冶炼及压延加工业	8.0	8.1	7.0	9.8	4	7
机械制造业	11.6	10.2	7.0	8.2	13	15
交通运输设备制造业	4.5	4.6	7.9	7.8	9	14
化学原料及化学制品制造业	9.1	9.2	7.6	7.6	10	9
电气机械及器材制造业	3.7	4.7	6.6	6.8	21	25
食品加工制造业	7.5	8.2	6.9	6.7	11	9
纺织业	17.8	13.4	6.7	5.3	29	22
有色金属冶炼及压延加工业	2.6	2.4	2.8	5.2	10	7
石油加工及炼焦业	4.8	3.8	5.6	5.2	4	2
非金属矿物制造业	5.1	5.4	4.8	4.4	10	9
金属制品业	3.0	3.1	3.4	3.3	25	25
塑料制品业	1.7	2.1	2.5	2.3	24	23
服装及其他纤维制品制造业	2.5	2.4	3.1	2.2	54	43
造纸及纸制品业	2.2	2.3	2.2	1.8	7	8
医药制造业	1.8	2.2	2.4	1.8	10	11
皮革、毛皮、羽绒及其制品业	1.3	1.2	1.9	1.5	58	43
饮料制造业	1.7	2.6	2.2	1.4	3	4
仪器仪表及文化办公用机械制造业	1.0	0.7	1.1	1.2	50	47
化学纤维制造业	1.1	2.0	1.2	1.2	7	9
烟草加工业	2.1	3.6	2.1	1.1	1	1
木材加工及竹、藤、棕、草制品业	0.8	0.6	0.9	1.0	15	17
橡胶制品业	2.2	1.7	1.1	1.0	22	25
家具制造业	0.5	0.5	0.5	0.7	38	44
印刷业、记录媒介的复制	1.0	1.0	0.9	0.6	8	11
文教体育用品制造业	0.6	0.6	0.8	0.6	65	61

注：2001 年和 2007 年为工业销售产值；出口依存度为出口交货值与工业销售产值之比；机械制造业为将通用设备和专用设备合并后的数据。

数据来源：《中国工业统计年鉴》。

　　外商直接投资对制造业发展的作用更为显著。2007 年，外商投资企业贡献了制造业销售收入的三分之一强。在电子及通信设备制造业，外商投资企业贡献了销售收入的84%；在交通运输设备制造业（第四大制造业部门），外商投资企业贡献了销售收入的46%；在电气机械制造业（第六大制造业部门），外商投资企业贡献了销售收入的37%。外商投资企业在中国轻纺工业中也占据突出位置。2000 年，在服装及其他纤维制品制造业、金属制品业、塑料制品业、皮革毛皮羽绒及其制品业、家具制造业、文教体育用品制造业，外商投资企业占销售收入的比重分别高达49%、39%、44%、57%、46%和60%。

表 4.2　　　　外商直接投资对中国制造业发展的贡献（%）

	销售收入占制造业的比重				外资企业占销售收入的比重	
	1980 年	1990 年	2000 年	2007 年	2000 年	2007 年
电子及通信设备制造业	1.9	3.6	10.4	11.2	72	84
黑色金属冶炼及压延加工业	8.0	8.1	6.9	9.8	7	14
机械制造业	11.6	10.2	6.9	8.2	19	27
交通运输设备制造业	4.5	4.6	7.4	7.8	31	46
化学原料及化学制品制造业	9.1	9.2	7.7	7.6	21	28
电气机械及器材制造业	3.7	4.7	6.4	6.8	34	37
食品加工制造业	7.5	8.2	6.8	6.7	29	31
纺织业	17.8	13.4	6.8	5.3	21	24
有色金属冶炼及压延加工业	2.6	2.4	3.0	5.2	14	16
石油加工及炼焦业	4.8	3.8	6.5	5.2	5	15
非金属矿物制造业	5.1	5.4	4.8	4.4	18	18
金属制品业	3.0	3.1	3.4	3.3	39	35
塑料制品业	1.7	2.1	2.5	2.3	44	40

续表

	销售收入占制造业的比重				外资企业占销售收入的比重	
	1980 年	1990 年	2000 年	2007 年	2000 年	2007 年
服装及其他纤维制品制造业	2.5	2.4	3.0	2.2	49	45
造纸及纸制品业	2.2	2.3	2.1	1.8	32	35
医药制造业	1.8	2.2	2.3	1.8	22	25
皮革、毛皮、羽绒及其制品业	1.3	1.2	1.8	1.5	57	50
饮料制造业	1.7	2.6	2.3	1.4	30	37
仪器仪表及文化办公用机械制造业	1.0	0.7	1.2	1.2	57	63
化学纤维制造业	1.1	2.0	1.7	1.2	35	29
烟草加工业	2.1	3.6	2.0	1.1	1	0
木材加工及竹、藤、棕、草制品业	0.8	0.6	0.9	1.0	33	19
橡胶制品业	2.2	1.7	1.0	1.0	36	36
家具制造业	0.5	0.5	0.5	0.7	46	47
印刷业、记录媒介的复制	1.0	1.0	0.8	0.6	33	31
文教体育用品制造业	0.6	0.6	0.8	0.6	60	61

注：2007 年为工业销售产值；出口依存度为出口交货值与工业销售产值之比；机械制造业为将通用设备和专用设备合并后的数据。

数据来源：《中国工业统计年鉴》。

（四）中国参与国际竞争的优势主要源自低成本制造

如前所述，过去三十多年来，对外开放对中国经济的巨大推动作用表现在诸多方面。这一巨大推力之所以能实现，正确的政策选择、广阔的国际市场需求、经济全球化的快速推进都是不可或缺的重要条件，但是，最根本的原因还在于中国具有数量巨大的低成本劳动力。正是凭借这一基本优势，中国才得以通过开放吸引到海外的资本、技术、管理经验，生产出具有竞争力的劳动密集型产品，成功地在全球获得了巨大的市场份额，从而加快了自身的工业化进程。

长期以来，中国参与国际竞争的主要渠道是对外贸易，出口增长主要依靠制造业。从图4.6中可见，货物出口占中国GDP的比重最高曾达到35%，服务出口占GDP的比重则最高不超过3.5%。

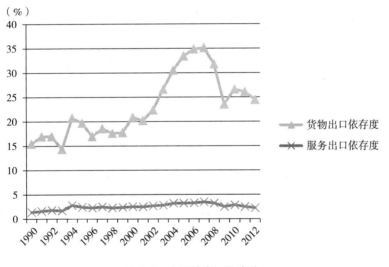

图4.6　中国的出口依存度

数据来源：《中国统计年鉴2013》，中国商务部。

在制造业出口中，劳动密集型的轻纺工业和电子及通信设备制造业又占据了绝对主导地位。据《中国工业统计》，2000年以来这两个行业合计占中国制造业出口的比重基本都保持在60%以上。轻纺工业属于传统的劳动密集型产业，出口竞争力主要源自廉价的劳动力。电子及通信设备制造业本身属于资本技术密集型产业，但中国电子产品的出口以加工贸易为主（2005年的比重达87%），尽管资本密集度较高，相应拉高了劳动生产率，但产品的附加值率却明显低于纺织服装，因此总体上也是一个劳动密集型的生产部门。据《中国工业统计》，2005 年通信及电子设备制造业的全员劳动生产率（即人均工业增加值）为 13 万元，是纺织服装及鞋帽制造业（4.1 万元）的三倍多，但是前者的工业增加值率（即工业增加值与工业产值之比）只有21%，明显低于后者的29%。

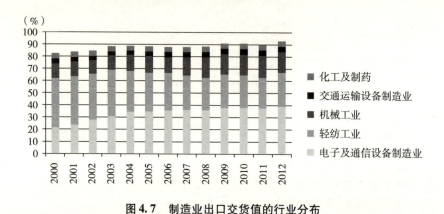

图 4.7　制造业出口交货值的行业分布

注：轻纺工业主要包括纺织、服装、橡胶和塑料制品、金属制品、非金属矿物制品、皮革毛皮羽绒、食品、造纸、文教体育用品、家具等制造部门。

数据来源：《中国工业统计》。

二、原有的对外经济发展模式已经面临挑战

虽然对外经济在中国过去三十年的发展中功勋卓著，但是近年来的一系列证据表明，以利用外资和低成本加工组装为特征的对外经济发展模式正在面临严峻挑战。

（一）出口增长显著放缓

从货物出口月度同比增长率的 12 个月移动平均值看，中国的货物出口在经历了国际金融危机中的急跌及其之后的反弹后，2011年以来一路下滑，目前增速已跌至 10% 左右并保持在低位，远低于2003～2007 年期间 30% 左右的水平。

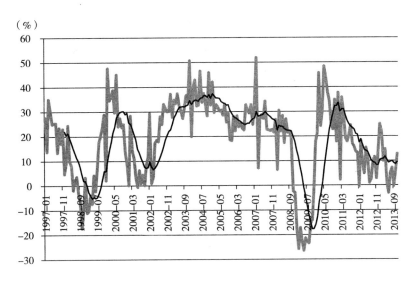

图 4.8 中国货物出口月度同比增长率（%）

注：细线为 12 个月移动平均值。
数据来源：中国海关总署。

随着出口增长放慢，中国的货物出口依存度也显著下降。中国的货物出口依存度在 2007 年达到 35.1% 的峰值后，近年来明显下降，2012 年为 24.4%，比 2007 年下降了 10.7 个百分点。

（二）制造业外商直接投资下降

长期以来，流入中国的直接投资主要集中在制造业，2006 年以前，制造业占外商直接投资流入额的比重基本都在60%以上，最高曾达到71%（2004年），但是从2009年以来，虽然整体上外商直接投资仍在增长，但流入制造业的外商直接投资增速已经明显下降，2011年和2012年都只有5%左右，2012年和2013年甚至出现了连续负增长，2013年制造业占外商直接投资流入额的比重已降至39%。

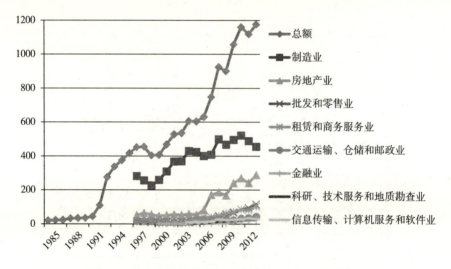

图4.9 外商直接投资分行业绝对额（1997～2013年）

数据来源：WIND。

在制造业外商直接投资减少的同时，制造业外商投资企业的出口增速也在大幅度下降。2000～2007年的年均复合增长率高达29%，但2008～2012年仅为7%。2013年前八个月同比增速更是只有3.5%。

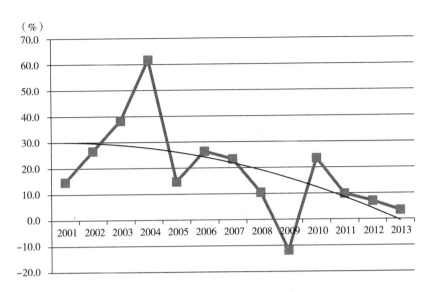

图 4.10　外商投资企业的出口交货值增速

注：2013 年为 1～8 月累计同比增速。
数据来源：《中国工业统计》。

伴随着制造业外商直接投资增长放缓和制造业外资企业出口减速，外商投资企业在中国货物贸易中的地位和在制造业中的地位均显著下降。外商投资企业占中国货物出口的比重已从 2005 年的最高点 58% 降至 2012 年的 50%，占进口的比重也从 60% 降至 48%（参见图 4.11）。外商投资企业占制造业主营业务收入的比重已从 2004 年的 36% 降至 2013 年前八个月的 26%，其中，电子及通信设备制造业从 83% 降至 73%，纺织服装鞋帽制造业从 48% 降至 33%。

一方面出口增速大幅下滑，另一方面外商投资企业占出口的份额显著降低，这说明外资企业出口动力的减弱是导致中国出口减速的重要原因。

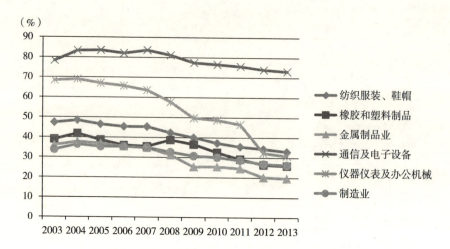

图 4.11　外商投资企业占行业销售产值的比重

注：2013 年为 1～8 月数据。
数据来源：《中国工业统计年鉴》。

三、低成本制造优势弱化动摇了对外经济 原有发展模式的根基

　　不可否认，2008 年全球金融危机之后发达国家需求增长的放缓是近年来中国出口增长大幅度减速的一个重要原因。从图 4.12 中可见，美国、欧洲和日本的进口需求虽然在 2010 年出现了短暂反弹，但此后持续减速，2012 年下半年全部陷入负增长。

　　但是，目前中国对外经济之所以遭遇发展瓶颈，根本原因还在于长期以来中国参与国际竞争的基本优势，即低成本制造，已经发生动摇。这方面最重要的证据，就在于中国的国际市场份额已经出现下降苗头。

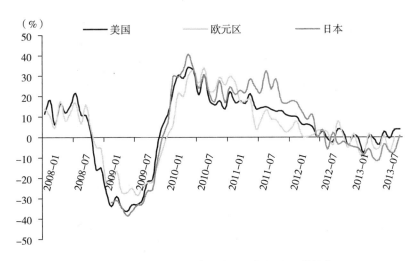

图4.12 发达经济体的月度同比货物进口增长率

注：美国、日本的进口额均以美元计价，欧元区以欧元计价。
资料来源：WIND。

有两种方法计算中国货物出口在全球的市场份额，第一种是依据出口国的统计数字，即计算中国的出口在全球所有国家出口总额中的比重。照此计算，中国货物出口的市场份额目前仍保持着上升势头。第二种是依据进口国的统计数字，即计算全球所有国家从中国的进口之和占所有国家进口总额的比重。照此计算，中国货物出口的市场份额在近年来（特别是最近三年）已经由原来的持续上升转为在高位徘徊。

不论是哪种算法，中国国际市场份额增长的幅度在2002~2007年期间每年都在0.6个百分点左右，而在2008年和2011年则都跌到了0.2个百分点以下（甚至出现负值）。这说明，2000年以来中国货物出口国际市场份额持续增长的趋势已经面临改变。

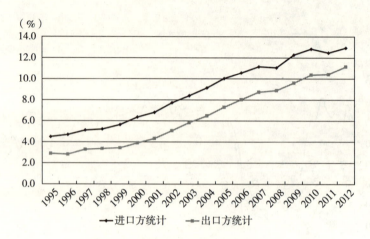

图 4.13 中国在全球市场的份额（%）

资料来源：UNCTAD。

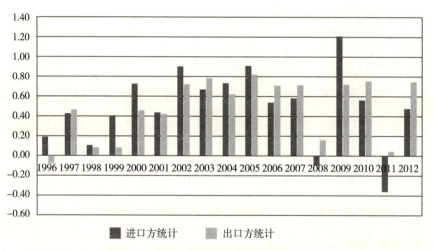

图 4.14 中国国际市场份额变动情况（%）

资料来源：UNCTAD。

　　根据最新月度数据，中国工业品在美国和欧盟的市场份额已停滞不前。2001 年以来，中国工业制成品在欧盟和美国进口中的比重一直在快速提高，但从 2011 年以来，中国工业品市场份额的增长出现了明显的停滞，在欧盟的份额甚至还略有下滑。

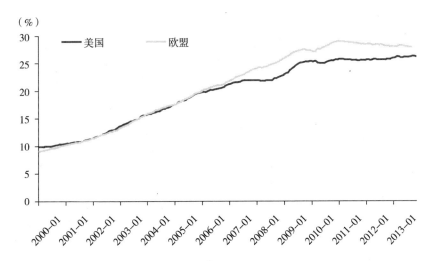

图 4.15 中国工业制成品在美国和欧盟进口中的比重（截至 2013 年 9 月）

注：①根据美国和欧盟从中国的进口额计算。
②根据月度进口额 12 个月移动平均值算出的市场份额。
③在欧盟的份额是指中国产品在欧盟从区外进口总额（不含欧盟内部贸易）中所占的比重。
数据来源：美国国际贸易委员会，欧盟统计局。

不仅是传统劳动密集型产品份额下降，以加工贸易为主的机械和电子设备的份额也已停滞不前。而与此同时，我国的主要竞争对

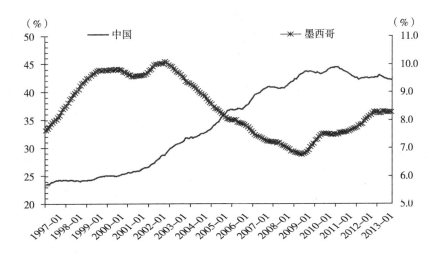

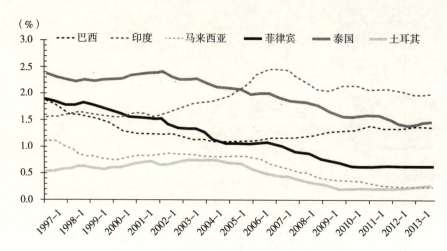

图 4.16　中国和主要竞争对手在美国的市场份额：
劳动密集型产品（SITC 8）（至 2013 年 9 月）

手（其他一些出口制成品的发展中国家）的市场份额则在上升。这说明中国货物出口的总体竞争力在下降。

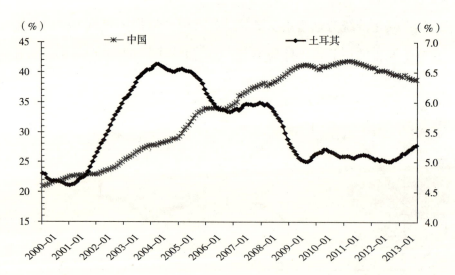

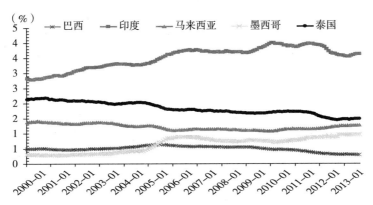

图 4.17　中国和主要竞争对手在欧盟的市场份额：
劳动密集型产品（SITC 8）（至 2013 年 8 月）

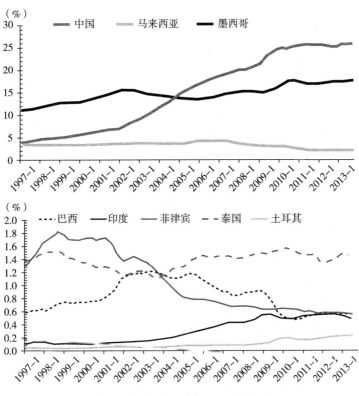

图 4.18　中国和主要竞争对手在美国的市场份额：
机械设备和电子产品（SITC 7）（至 2013 年 9 月）

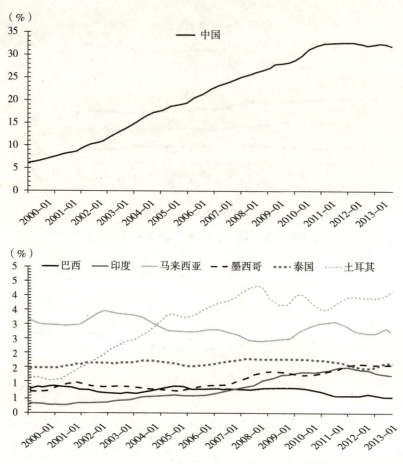

图 4.19　中国和主要竞争对手在欧盟的市场份额：
机械设备和电子产品（SITC 7）（至 2013 年 8 月）

注：①根据美国和欧盟从中国的进口额计算。
②根据月度进口额 12 个月移动平均值算出的市场份额。
③在欧盟的份额是指中国产品在欧盟从区外进口总额（不含欧盟内部贸易）中所占的比重。
数据来源：美国国际贸易委员会，欧盟统计局。

　　中国制造业竞争力下降的根本原因，在于劳动生产率增长已赶不上工资的增长，导致单位产出的劳动力成本上涨。如果以人均 GDP 作为衡量劳动力成本的一个近似指标，那么中国的绝对劳动力成本已经高于亚洲的许多制成品出口国。中国的人均 GDP 早在 1991 年就超过了印度，在 2001 年又超过了菲律宾、印度尼西亚和斯里兰卡。2010 年中国的人均 GDP 达到 4382 美元，是印度的 3.5 倍，是菲律宾的 2.2 倍，是印度尼西亚的 1.5 倍。另据任泽平（2012）的研究，2008 年中国制造业的月平均工资为 290 美元，已明显高于泰国（217 美元）、越南（96 美元）、印尼（90 美元）、印度（78 美元）[①]。

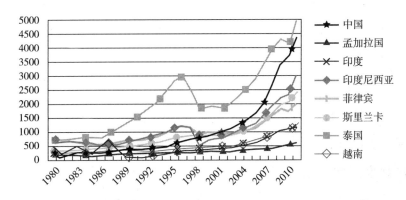

图 4.20　人均 GDP 的国际比较（美元，现价）

数据来源：IMF。

　　之所以能在劳动力成本提高的情况下继续保持出口竞争力，是由于中国的劳动生产率提高也很快。在 2000 年以前，中国工业的全员劳动生产率（人均增加值）增速都高于制造业平均工资的涨幅，因而单位产出的劳动力成本是下降的。但是，从 2001 年以来，这一情况已经明显改变。工业的全员劳动生产率增速在绝大多数年份都低于制造业平均工资的增速。

---

　　① 泰国、越南、印度为 2007 年数字。

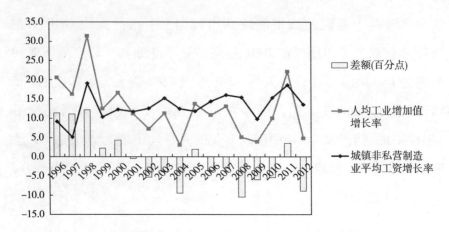

图4.21　中国工业的全员劳动生产率和制造业平均工资的增长率比较

数据来源：作者根据《中国统计年鉴》和《中国劳动统计年鉴》数据计算。

根据2006年国务院发展研究中心课题组对2749个村庄的调查，74%的村庄认为本村能够外出打工的青年劳动力都已外出。另据国际货币基金组织（IMF）的报告，适合从事劳动密集型工作的农村剩余劳动力已从2007年的1.2亿人降至2500万人，到2015年，剩余劳动力将完全枯竭①。根据上述情况，无论中国是否已经来到了"刘易斯拐点"，低成本劳动力优势正在弱化应该可以被看作一个事实。

四、中国的对外经济仍有充分的发展空间

（一）中国可通过发展技术密集型产业形成新的国际竞争优势

国际经验表明，随着经济发展水平的提高，劳动密集型产业的

---

① 转引自《美国企业在中国2011年白皮书》，中国美国商会。

竞争优势弱化不可避免，但从劳动密集型产业向技术密集型产业的
升级有助于保持一国的出口竞争力。

　　日本的经验就表明，产业结构升级将带动一国国际市场份额的
进一步提高。日本货物出口的国际市场份额在20世纪50年代和60
年代均持续上升，但在70年代曾有所停滞，徘徊在6%～7%。这
主要是由于当时处于出口增长点的转换期，劳动密集型的纺织服装
占出口的比重已降至10%以下，资本密集型的金属产品占出口比重
正从21%的峰值回落，而资本技术密集型的电动机械和汽车占出口
的比重虽然在提高，但还没有超过钢铁。随着20世纪80年代电动
机械、汽车的出口比重先后超过金属，出口的新增长点完成对老增
长点的替代，日本的国际市场份额再次大幅度增长，进一步提高到
10%。日本的这一更替期，也就是国际市场份额增长的停滞期，大
约持续了九年（1972～1980年）。

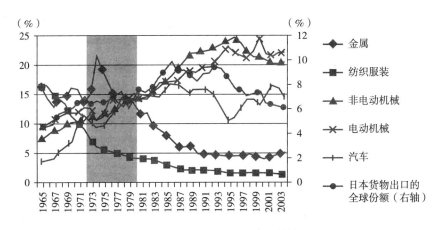

图4.22　日本的货物出口结构

数据来源：日本统计局，WTO。

　　韩国的经验与日本类似。韩国货物出口的全球市场份额在20

世纪 80 年代均持续上升，但在 90 年代出现停滞，徘徊在 2% 左右。当时，纺织服装占韩国出口的比重已从 32% 的峰值降至 20%，钢铁产品的比重也已从 15% 降至 10% 以下，而机械的出口比重虽然已大幅上升，但只刚刚超过 15%，汽车的出口比重还只有 5%。之后，随着机械、电子及通信设备、汽车的出口比重相继在 1995 年、2003 年和 2007 年达到峰值，韩国的货物出口的全球市场份额从 90 年代下半期开始进一步提高，并在 2010 年达到 3.1% 的新高。韩国新老出口增长点的更替期大约持续了五年（1988 ~ 1992 年）。

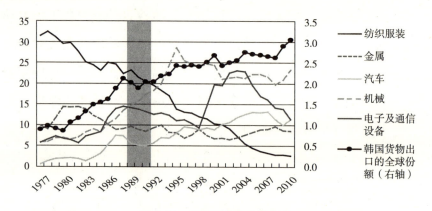

图 4.23　韩国的货物出口结构

数据来源：韩国统计局，WTO。

中国的货物出口结构远非表面上看起来那样高级化，实际上还有很大升级空间。总体看，技术密集型的机械和电子产品占中国全部货物出口的比重已达 42%（2011 年），已经接近韩国的峰值水平（45%），距离日本的峰值水平（50%）也已不远。但是，从非加工贸易出口看，中国的出口仍是以劳动密集型产品为主，纺织服装鞋帽和杂项制品（玩具、文体用品）合计占 29%，机械和电子产品的比重还只有26%，运输设备的比重仅为4%。

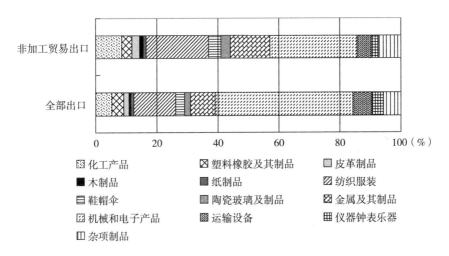

图4.24　中国的货物出口结构：全部贸易和非加工贸易（2011年）

数据来源：中国海关总署。

　　从机械和电子产品占非加工贸易出口的比重看，目前中国货物出口的技术密集度只大致相当于日本在1977年的水平、韩国在1987年的水平。如果按日本的发展历程，中国机械和电子产品占出口的比重还需要19年才会达到峰值；按韩国的发展历程，也还需要16年才达到峰值。

　　汽车是另一种具有代表性的技术密集型产品。从汽车产品占非加工贸易出口的比重看[①]，目前中国货物出口的技术密集度只大致相当于日本在1967年的水平、韩国在1986年的水平。按日本或韩国的发展历程，中国汽车产品占出口的比重都还需要19年后才会达到峰值。

---

①　用运输设备代表汽车产品，比重有一定的高估。

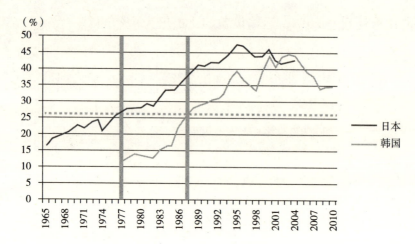

图4.25　日韩两国机械电子产品占货物出口的比重

注：水平虚线代表2011年机械电子产品占中国非加工贸易出口的比重。
数据来源：日本统计局，韩国统计局。

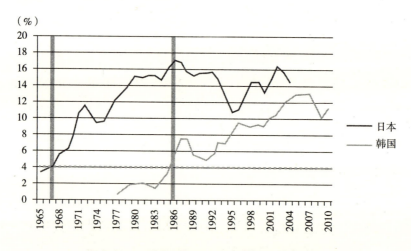

图4.26　日韩两国汽车产品占货物出口的比重

注：水平虚线代表2011年运输设备占中国非加工贸易出口的比重。
数据来源：日本统计局，韩国统计局。

OECD、WTO 和 UNCTAD 最新发布的出口增加值数据也表明，中国货物出口在提高产品的技术含量和附加值方面还有很大潜力。

从贸易总值看，中国已经是全球第一大货物贸易出口国，2012年占全球货物出口额的比重已经达到11.1%，已超过日本的历史最高水平（1986年的9.9%），距离德国的历史峰值（1990年的12.2%）

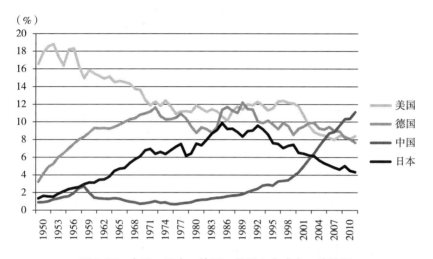

图4.27　中国、日本、德国、美国占全球出口的份额

数据来源：WTO。

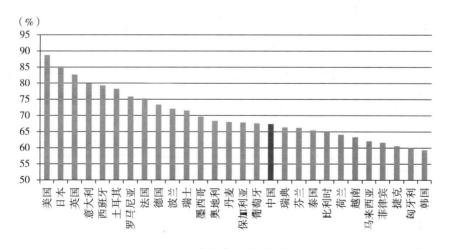

图4.28　货物出口的增加值率

数据来源：根据OECD－TiVA数据库计算。

也已不远。但是，由于大量的加工贸易，中国出口额中实际上包含了相当部分的进口品的价值，真正由国内创造的增加值较少。与发达国家相比，中国货物出口的本国增值率还不高，2009 年为 67%，而美国为 89%，日本为 85%，意大利为 80%，德国为 73%。如果从货物的增加值出口、而非货物出口总值的角度看，中国占全球的比重还明显低于美国，2009 年中国为 8.3%，美国为 12.4%。

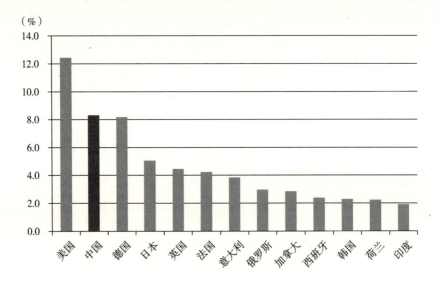

图 4.29　主要国家在全球货物增加值出口中所占比重（2009 年）

数据来源：根据 OECD – TiVA 数据库计算。

（二）中国可利用海外直接投资加速技术进步和促进出口

过去三十多年，中国奉行的是"引进来"为主的策略，是通过"筑巢引凤"吸引外国的跨国公司进驻中国。但是从技术进步的角度来看，"引进来"还是一种相对被动的方式，外国跨国公司提供什么技术，我们就只能利用什么技术。在这种模式下，是难以实现技术赶超的。在中国低成本劳动力优势逐步弱化的情况下，要想实现产业结构和出口结构的升级，就必须在进一步发挥外国跨国公司技术溢出效应的同时，加快培育本土的跨国公司，主动走出国门去寻找、发现和整合国际创新资源，缩短技术追赶的进程。

培育中国本土的制造业跨国公司也是增加出口的有效途径。联合国贸发组织（2013）的一项研究发现，2010 年，全球贸易的80%都由跨国公司主导。虽然这部分需求当中有相当部分是由海外生产来满足的，但也有相当部分是从母国出口的。以韩国三星集团为例，2012 年三星全球销售额约为 3800 亿美元[①]，其中从韩国的出口额为 1567 亿美元[②]，占比超过 40%。国内则有华为公司的例子。2012 年，华为 349 亿美元的营业额中有 66%，即 230 亿美元来自海外市场，而这其中又有至少超过一半（121 亿美元[③]）是从国内出口的。

目前，虽然中国已有若干制造业企业已经成长为真正有能力在全球范围内组织生产经营的跨国公司，但这样的企业还太少，中国制造业企业的国际化程度总体上还很低，本土跨国公司对拉动国内出口的作用还相当有限。在 2012 年全球非金融类跨国公司 100 强中，有 46 家属于制造业，但其中没有一家中国大陆的企业。在2012 年全球发展中国家非金融类跨国公司 100 强中，有 40 家属于制造业，其中也仅有联想和中兴两家是中国大陆企业。直到 2010

[①] "三星集团 2012 年销售额达到 1.7 万亿元人民币"，全球营业额 380 万亿韩元，按 1 美元＝1000 韩元折算。

[②] "是韩国的三星，还是三星的韩国？一个令人感到畏惧的三星共和国"，华盛顿邮报2012 年 12 月 11 日。

[③] 华为技术和华为终端合计，二者分列 2012 年中国外贸出口 200 强的第 7 位和第 25 位。

年，在中国外贸出口 200 强中，外商投资企业还占了 152 家，接近八成。

近年来，中国的制造业对外直接投资已经进入快速发展期，说明企业主动整合国际资源的动力正在增强。2009 年之前，中国的制造业对外投资基本都在 20 亿美元以下。但 2010 年以来，已连续突破 40 亿美元、70 亿美元和 80 亿美元关口，2012 年达到 87 亿美元。从结构看，在中国非金融类对外直接投资中，制造业的比重已经仅次于采矿业和批发零售业。

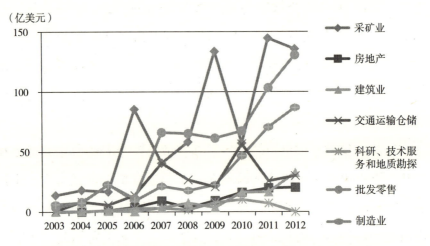

图 4.30 中国非金融类对外直接投资净额的主要行业分布（金额）

从日本的经验看，该国的对外直接投资早期也是以采矿业为主导，但之后就以制造业为主导。由此估计，制造业在中国对外直接投资中的地位还将继续提高。此外，日本和韩国的经验表明，本币升值与一国的对外直接投资有很强的正相关关系，而目前人民币正处于升值通道，预计这也将继续刺激中国对外投资的增长。

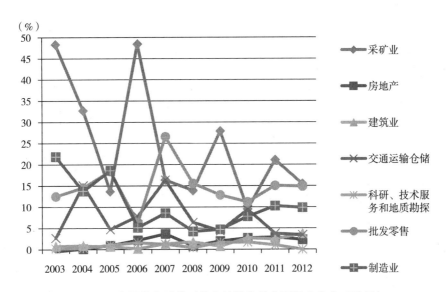

图 4.31 中国非金融类对外直接投资的主要行业分布（比重）

数据来源：WIND，国家统计局。

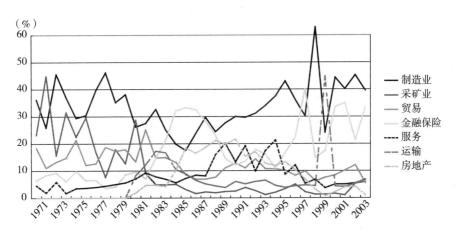

图 4.32 日本对外直接投资的行业分布

数据来源：日本统计局。

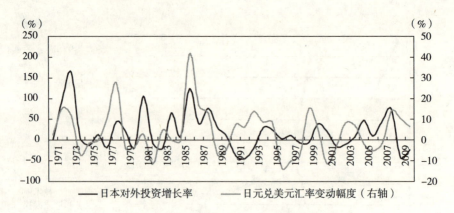

图4.33 日元对美元汇率与日本对外直接投资的关系

注：正值表示日元升值。
数据来源：CEIC。

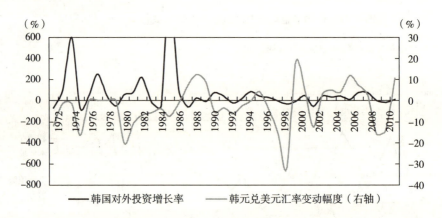

图4.34 韩元对美元汇率与韩国对外直接投资的关系

注：正值表示韩元升值。
数据来源：CEIC。

（三）中国可更好地利用外商直接投资溢出效应以促进技术进步

2011年国务院发展研究中心课题组对394家企业的问卷调查显

示，虽然过去五年中国传统的劳动力、土地、水、电等生产要素的低成本优势明显弱化，但在交通、电信、产业配套等一些新领域的成本优势正在逐步提升。与其他新兴经济体相比，中国的投资环境仍具有明显的综合优势。未来将有更多的企业把中国定位为重要的市场和研发基地，这有利于中国进一步发挥外商直接投资的技术外溢效应，推动比较优势从低成本的劳动密集型产品向技术密集型产品升级。

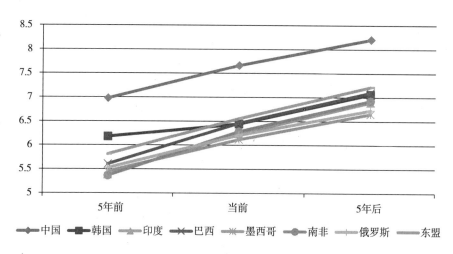

图 4.35 中国与主要新兴经济体投资环境比较

注：本图为问卷调查结果。受访企业对中国及主要新兴经济体的总体投资经环境按优势程度进行打分，10 分为非常重要，0 分为不需要。课题组对企业的分数进行了加权平均，权重为各分数段的企业占比，共有 270 家企业参与了本项调查。

数据来源：国务院发展研究中心对外经济研究部（2012），《中国比较优势的新变化与对策》，国务院发展研究中心内部研究报告。

五、结论和政策建议

由于劳动力成本优势的弱化，依赖外商直接投资和低成本制造的旧有模式已经无法支撑中国对外经济的进一步发展。这意味着持续了 30 年的出口高增长期已经结束。展望未来，中国如果能成功实现从劳动密集型产业向技术密集型产业的升级，货物出口仍有可能保持较快增长，国际市场份额将进一步上升。但是，新老出口增长点的交替以及与之相伴随的市场份额停滞期可能历时 5～10 年。

为了加快培育参与国际竞争的新优势，必须积极推动中国对外经济发展模式的转变，即从出口劳动密集型产品为主转变为出口资本技术密集型产品为主，从利用外商直接投资为主转变为跨境直接投资双向平衡流动。为此目的，政策重点应包括以下几个方面。

（一）积极维护自由公平的国际贸易投资环境

中国是全球多边贸易体系的重要受益者。这一体系的稳定存在对于中国对外经济转型的顺利完成至关重要，因此中国应当积极参与并推动全球贸易投资自由化的进程，敢于主动提出新议题，甚至率先采取新的单方面的贸易投资自由化措施，同时也需要努力遏制贸易投资保护主义。同时，中国也应积极参与区域贸易投资一体化进程，大胆推进自身的自由贸易区战略，防止或减小国际上新出现的排他性经济集团对中国的贸易和投资产生负面影响。

（二）加快推进对外投资的自由化

对外投资是一国主动整合国际创新资源、加快技术进步的重要手段，也是一个企业利用外部资源加快自身发展的重要途径。中国实施"走出去"战略已经有十多年时间，虽然政府对企业对外投资的审批手续有所简化，部分审批权限从中央政府转移到了地方政府，但到目前为止企业对外投资的自主决策权仍然没有落实，严重影响了企业国际资本运作的效率和成功率，而同时审批又并不能有效甄别企业对外投资项目的风险。为此，应当下决心尽早取消政府审批。

（三）加强知识产权保护

产业结构的升级不会自动完成，其成功与否关键在于企业创新动力的强弱，而后者的决定因素不是政府科技经费投入的多少，而是知识产权能否得到有效保护。目前中国对侵权行为的处罚力度过轻、执法不严的问题依然突出，企业往往因维权成本大大高于可能获得的赔偿而放弃维权，进而放弃创新。为此，需要尽快修订知识产权法，大幅度提高对违反侵权行为的处罚力度和赔偿标准，同时通过机制建设强化执法力度。

（四）推动科技园区转型升级

科技园区是中国吸引国外先进企业和研发型企业落户中国的主要基地，同时也是国内创新型企业的重要聚集地，是发挥外商投资企业技术溢出效应的绝佳区域。但是目前，各园区在外商投资项目审批、融资便利、吸引高端人才、知识产权保护、创新服务体系等方面与国际先进水平相比还存在明显不足。下一步应当选择重点园区开展转型试验，试行新的创新政策并尽早向全国推广。

（五）加快服务业开放

制造业生产离不开研发、通信、运输、融资等一系列服务的支撑，因而高效率的服务业是一国制造业竞争力的重要支撑。目前，中国服务业的开放程度明显低于制造业，较低的竞争程度妨碍了服务业生产效率的提高。随着全球制造业和服务业融合的趋势日渐明显，这一不利条件给中国制造业竞争力带来的负面影响还将进一步显现。为此，加快服务业对外资和民营资本的开放就成为当务之急。在这方面，中国（上海）自由贸易试验区的设立是一个良好的开端，应积极加以推进。

参考文献

[1] 张小济. 人民币汇率升值对进出口贸易的影响. 中国发展研究基金会《人民币汇率制度改革影响评估》课题分报告二，2010

[2] 李善同，何建武，胡枫. 外贸对中国经济社会发展作用的定量分析. 经济研究参考，2010（29）

[3] 中国2007年投入产出表分析应用课题组. 正确认识出口贸易对中国经济增长的贡献. 统计研究，2010（11）

[4] 国务院发展研究中心对外经济研究部. 中国比较优势的新变化与对策. 国务院发展研究中心内部研究报告

[5] 任泽平. 制造业：踏上升级之路. 中国经济增长十年展望（2013–2022）. 北京：中信出版社，2013

[6] 联合国贸发组织. 世界投资报告（2013）

[7] OECD, WTO, UNCTAD. IMPLICATIONS OF GLOBAL VALUE CHAINS FOR TRADE, INVESTMENT, DEVELOPMENT AND JOBS. Prepared for the G–20 Leaders Summit Saint Petersburg (Russian Federation)，2013

第五章
建设创新体系，培育经济增长新动力

　　创新是经济增长的重要驱动力。创新促进增长的机制，不同经济学流派的解释有所不同。在新古典主义理论框架下，创新促进增长是通过全要素生产率、公共知识资本和产品质量的提高，以及通用技术的扩散、产品多样性和干中学等途径实现的。另外，创新在国家间的传导也可以促进增长。这种传导包括国际贸易、国家间的质量竞争、跨国公司、专利许可制度和技术模仿等。

　　演化经济理论（新熊彼特主义）则认为，在基于持续技术进步的现代经济增长机制中，决定经济绩效的关键机制是选择和创新，而多样性则是维持增长活力的重要保障。经济系统的演化就是多样化和选择不断相互作用的结果。即，一方面，随着时间的推移，持续不断的选择机制降低了经济系统内的多样性。另一方面，创新又不断地为经济系统提供多样化的发展路径。经济增长在选择和创新的相互作用下得以实现。

　　我们还可以从创新的分类中看到创新促进增长的多种途径。例如，按照创新的对象，可以分为产品创新、工艺创新和组织创新等。产品创新增加了收入和就业，工艺创新提高了生产效率，组织创新降低了交易成本。这些创新活动都可以不同程度地促进增长。总之，知识的创造、转移、应用和扩散都会促进增长。各种创新方式往往是共存的，相互促进的。所谓增长贡献度大的创新方式（如突破性创新）需要其他方式（如渐进性创新）匹配才能发生或扩散。

此外，创新的时间累积性和地理集聚性也是影响经济增长的重要因素。创新的时间累积性表现在：随着知识基础和创新能力的渐进提升，突破性创新和原始创新会从无到有，逐渐增多。创新的地理集聚性是指创新在地理上不是均匀分布的。创新总是在一些国家或地区更活跃，创新要素也向这些地方集聚。创新时间累积性和地理集聚性的背后是国家或地区间的制度差异。一言以蔽之，制度决定了创新，继而决定了增长绩效。一个经济体能否实现创新驱动增长，是否具备适宜创新的制度是关键。

理解了创新方式和机制的多样性、广泛性和相互依赖性，就可以更客观地看待创新在中国经济增长中的作用。认识到制度对创新的重要性，就可以抓住培育竞争新优势、实现增长动力转换的关键所在。

一、创新在中国经济增长中的作用与发展

创新在中国经济发展中始终存在，其表现形式和驱动作用经历了一个升级过程。中国的创新并没有从一开始就以原始创新和突破性创新的形式出现。而是在技术追赶过程中，从技术学习、积累、

引进、模仿、吸收到自主开发；从简单加工、技术改进、质量提高、标准提升到新产品开发；从完全依赖模仿，到个别领域出现原始创新；从只在产品和生产工艺领域创新，到逐步涌现出管理、组织、商业模式创新；从主要在传统产业创新，到进入新兴产业实现创新。

经过近30年的发展，中国在创新领域的表现优于其他金砖国家，甚至在某些方面超越了一些发达国家。如果以指标衡量，中国的创新整体水平虽然与主要发达国家仍有较大差距，但一些总量指标已经位居世界前列。

中国创新发展变化的基本特点就是技术进步、区域集聚、产业和企业分化同时发生。在技术进步、创新能力提升，以及创新要素区域布局优化等因素的共同作用下，中国经济增长中的创新动力在不断增强。

（一）　中国创新在渐进发展中呈现周期性跃升

在经济高速发展的过程中，中国的技术发展进程始终持续进行。过去30年，技术的不断进步是支撑中国经济高增长的重要动力。从以下的分析可以看到，中国技术发展的规律是在渐进进步中实现周期性"跃升"，也就是通常所说的"上台阶"。技术发展总是经历一个从大幅增加研发投入形成技术积累，到产品质量提高、技术含量增加、获得创新回报，同时技术供需活跃、高技术部门出口竞争力提升的过程。在这一过程中，每个环节的水平或能力都是渐进式上升的，这既体现了技术累积性的特点，也受到国内市场需求逐步发展和升级的影响。在渐近进步的同时，技术发展还有一个由量变到质变的跃升，每个环节都在经历了几年的渐近积累后有一个质的飞跃。整个过程就形成了一个技术发展周期。

表5.1以8个指标显示了这种技术跃升①。受数据可得性限制，表5.1只显示了1998年以后的技术变化情况。从中可见，中国近十多年来的技术发展有以下特点。

第一，自1990年代末期以来发生了4次技术跃升②。这四次跃升分别发生在1998～2001年，2001～2004年，2005～2006年，2008～2010年。每个技术跃升周期的时间跨度约为3年，为技术积累的时间。在此期间，企业研发投入、产品质量、技术产出和技术交易等持续快速增加，技术渐近进步。从产业发展角度看，每个技术跃升周期是企业从加大技术投入到从市场获得创新回报的过程。首先，企业研发支出率先出现爆发式增加；其次，企业质量意识大幅提高，产品优质率上台阶；然后，技术需求和供给高涨，交易额上台阶；最后，前期投入开始产生回报，创新产品成为企业的重要收入源。以专利和发明专利上台阶为标志的产品和企业技术水平大幅提升。企业实现技术积累、消化吸收、推出创新产品并获得回报的整个过程需要3年多的时间。

①　所谓"跃升"是指某项指标当年增量的绝对值出现大幅变化，突破了此前若干年的变化幅度。如，从年增2000～3000个专利申请，突然跃升到7000个专利申请。该年份就是发生跃升的年份，本报告认为是发生了从量到质的变化。
②　多数指标的最早统计数据是从1995年开始，因此无法判断此前的情况。

表 5.1　近十多年中国技术发展的四次跃升

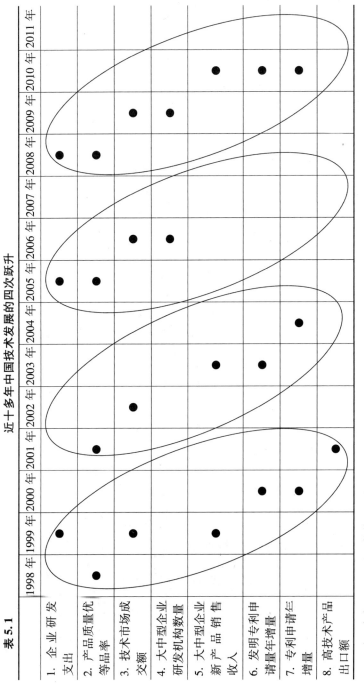

注：大中型企业研发机构数量统计从 2003 年起。
资料来源：国家统计局网站。

第二，技术跃升周期之间基本是连续的，本次技术跃升周期结束，新的技术跃升周期随即开始。据此推测，最近一轮技术跃升的起点应在2012年左右，约到2015年构成一个完整周期。从2015年到2020年还将发生两次技术跃升。一个例外是2005～2006年的跃升没有形成一个完整周期。在这两年，企业表现出较强的创新意愿，研发投入再上台阶，技术供需活跃，一次新的跃升已经启动。但周期后半段的创新市场回报没有形成，很可能是受到2008年国际金融危机的影响。尽管企业没有能从这一波创新投入中获得市场回报，但企业技术能力仍然得到提升。下一波跃升从2008年如期开始，并形成了从前期投入到市场回报的完整周期。

第三，从2005年开始，企业研发机构数量发生了质变。这种质变标志着中国制造业已经进入研发活动正式化、组织化和常规化的新阶段。

第四，高技术产品出口额只在2001年发生了一次跃升。说明中国高技术产品竞争力虽然持续上升，但10多年间没有发生质变。

以上分析表明，中国经济增长并非仅仅通过资本和劳动投入实现。技术进步不仅始终在发生，而且会周期性地发生质变①。技术周期性跃升已经成为中国技术和产业发展规律，推动着中国经济增长。从表5.2可见，几乎每次技术跃升的背后都有重大的体制变革或市场冲击。可以说，中国的技术发展已经进入周期性上升的轨

---

① 这里的分析仅考虑了产品技术，如果考虑资本化的技术（如机器设备），技术对增长的贡献更大。

道，外部环境的变化可能会产生正面或负面的影响，但都难以出现技术发展脱轨的结果。

表 5.2　　　　　　　　中国技术跃升周期中外部环境的重大变化

技术跃升周期	制度（外部环境）特征
1985 年前	计划经济特征的科研—生产体系
1985 年	1985 年第一次科技体制改革 1997 年亚洲金融危机
第一波（1998 ~ 2001 年）	1999 年第二次科技体制改革 2000 年互联网泡沫破裂
第二波（2001 ~ 2004 年）	2002 年正式加入世贸
第三波（2005 ~ 2006 年）	/
第四波（2008 ~ 2010 年）	2008 年国际金融危机

资料来源：作者整理。

（二）产业创新能力在快速提升中加剧分化

1. 制造业创新能力快速提升

1990 年代中期以来，中国制造业对研究开发活动投入了更多的资金和人力。研发投入强度和企业技术积累明显提升，企业创新能力大幅提高。根据对制造业创新能力指数的测算（马名杰、杨超，2012），从 1995 年到 2008 年，我国制造业创新能力提高了 4 倍多（见图 5.1）。但创新能力的提升是波动的：有 3 个年份的增速高达 40% ~ 50%，6 个年份的增速在 20% 以内，4 个年份出现了负增长。这一现象从 2004 年开始改善，虽然增速下降到 20% 以内，但创新能力增长的稳定性明显提高。

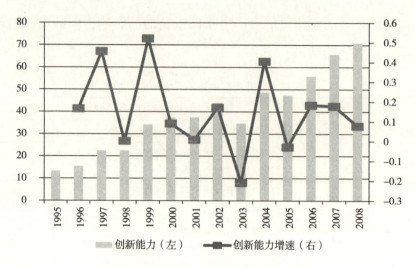

图5.1　制造业创新能力指数及其增速

2. 创新能力提升的进展、途径和面临的问题

从行业层面看，不同技术密集度的行业创新能力提升的进展差异较大。中高技术产业增长最稳定且增速最快，高技术产业增幅最小但波动最大，低技术和中低技术产业创新能力提高相对平稳。

不同技术密集度的行业提升创新能力的途径也不尽相同（见图5.2）。高技术产业创新主要依靠效率提升；中高技术产业创新兼顾了高创新投入与高创新效率；中低技术产业创新主要以创新投入驱动；低技术产业的科技投入和效率提升不明显。

高技术产业创新效率高但科技投入乏力，研发投入强度和技术积累不足的问题突出。中高技术产业开始步入依靠"高科技投入、高创新效率"实现产业升级的良性发展轨道，创新能力提升潜力大。中低技术产业以高投入推动着创新能力增长，但创新效率提升缓慢。低技术产业虽然在科技投入和积累方面较落后，但仍保持着较快的增长速度（马名杰、杨超，2012）。

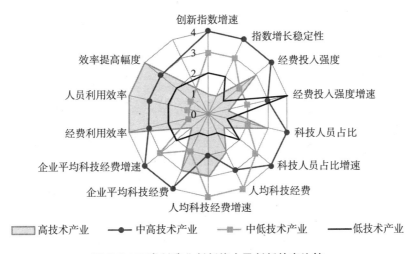

图 5.2 四类制造业创新能力及创新效率比较

注：从 4 到 1 排序，数字越大表示某行业的该项指标表现越好。

3. 同行业中的企业创新分化现象越来越明显

同一行业中，高强度创新活动集中于少数企业，龙头企业创新尤其活跃。从而形成了少数领先企业向中高端升级，部分跟随型企业向中端升级，大量中小企业简单模仿的金字塔形格局。这一现象无论在通信设备制造等高技术行业，还是在纺织和制鞋等传统产业中普遍存在。此外，在过去 30 年中，规模、竞争力和创新能力迅速成长的主要是行业中的主机企业（总装和集成企业），配套企业发育相对迟缓，龙头企业的供应链带动作用不强。换而言之，中国制造业的集成能力得到大幅提升并成为竞争优势，但关键部件和基础技术发展相对滞后。此外，这种创新分化现象还表现为 ICT、生物技术等新兴产业的小企业创新活跃，以及民营企业创新活跃等。

（三）创新要素在区域间优化配置促进了经济增长

近二十多年来，中国区域经济发展的一个重大变化就是形成了新的区域创新格局。主要表现在四个方面。

一是创新要素向少数发达地区集聚。在从计划经济向市场经济转轨的过程中，以中心城市和三线建设为核心的计划式科技资源布局已经被打破。技术、人才、资金等创新要素在市场选择和政府干预的双重作用下实现了重新布局。其中，市场成为决定创新要素新布局的主要力量。市场经济体制下的创新要素新版图基本形成。创新要素分布重心的调整与国家经济重心的变化方向一致，即从内陆向沿海发达地区转移。已经觉醒并日渐活跃的创新活动开始呈现出不平衡发展的特征。

二是多中心的区域创新格局正在形成。各地区凭借自己在科技资源、产业集群、商业环境和区位等优势，对创新要素的竞争更加激烈。北京、上海、深圳、广州、杭州、武汉等长期重视创新投入、创新环境更好的城市，吸引了人才、科技、知识密集型企业的集聚，这些地区的创新活动更加活跃。

三是区域创新向特色化方向发展。近5年来，产业集群和领先企业向创新要素密集区迁移的趋势愈加明显。向少数地区聚集的不仅是知识密集度高的产业，还包括产业中的价值链中高端活动；不仅是在高端制造环节，还包括研发、设计、营销等高附加值服务环节。在创新集聚化的过程中，上海和广州正在成为时尚之都，吸引了服装和服饰设计等产业和机构进驻；深圳正成为信息通信、生物医药等新技术的研发和产业化基地。北京依据自身在信息、文化和人才等方面的优势，信息服务和创意文化产业等智密型产业得到了较快发展。

四是部分传统产业密集区显现技术锁定和路径依赖征兆，产业转型和升级陷入困境。这些地区一方面传统的低要素成本优势大幅下降，另一方面基于创新的新优势未培育形成。由此导致领先企业或价值链中高端环节大量向创新要素密集区迁移，中高端要素外流，缺少制造业支撑的生产性服务业更是难以发展。这一现象在一些沿海开放地区已经不同程度存在，并已波及中西部地区。

五是区域创新环境优势成为吸引创新要素、激发创新活动的重要因素。深圳和杭州等具备"创新中心"雏形的地区，并非拥有先天的创新要素优势。其集聚创新要素和创新活动的能力来自长期以来政府改革创新所形成的区域制度优势。

国际经验表明，创新资源和创新活动在区域间的分布不仅是不平衡的，而且其不平等程度要高于其他经济活动。这种现象已经在我国出现，而且将继续分化下去。

二、中国当前创新水平及其阶段特征[①]

在过去30年的经济高速增长期，中国较好地利用了后发优势，以较少的R&D投入获得了技术水平的较快提升。中国自20世纪90

[①] 本部分摘自马名杰、石光：《创新指数国际比较和中国创新体系运行特征》，调研报告2013。

年代以来的创新表现比同处于追赶阶段的其他金砖国家进步更快，尤其是专利和论文等创新成果总量的超高速增长，是先行工业化国家和其他发展中国家很少出现的。这种高增长趋势与日本和韩国在追赶时期的表现较为相似。但日本和韩国在该发展阶段所打下的人才和资金基础更加扎实，知识产权盈利能力上升得更快，创新水平提升的质量更高。

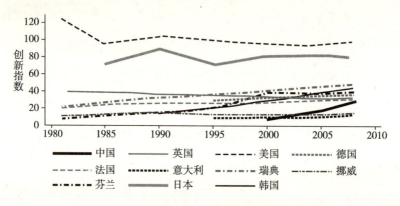

图5.3　以创新指数度量的各国创新水平历史变化

注：以美国2008年创新指数为100。

（一）创新水平与发展阶段基本相符但与发达国家仍有很大差距

中国目前的创新水平超过了韩国在1990年的水平，与欧洲国家在20世纪80年代初的水平相近，但远低于美国和日本在这一时期的水平。从创新指标国际比较看，中国当前创新水平与主要发达国家相比落后约30年。但从以人均GDP衡量的发展阶段看，中国创新水平与一些发达国家在历史相同阶段的创新水平基本相当，创新产出等方面还有明显超越。

在追赶过程中，中国创新水平与发达国家的差距在缩小，以专利申请和论文为代表的科学技术产出甚至超越了多数发达国家，步入领先行列。但基础性的创新指标与主要发达国家相比落后约三十年。从增长阶段来看，多数创新指标相当于甚至超过了发达国家在相同发展阶段的水平。

然而，面对当前激烈的国际竞争，中国的研发投入强度、研发人员储备水平以及研发人员和经费的利用效率严重偏低，知识产权附加值不高。国家创新体系发展不均衡问题突出，创新效率和转化应用尤其薄弱，制约了创新对经济增长促进作用的发挥。

表 5.3　　　　　　　　　　　中国创新指标的发展水平

高于多数发达国家当前和历史可比阶段水平的指标	①专利申请量 ②论文发表数量 ③R&D 投入的专利产出率
低于多数发达国家当期水平，但与其历史可比阶段基本相当的指标	①R&D 投入强度 ②知识产权收入支出比
低于多数发达国家当前和历史可比阶段的指标	①研发人员比重 ②研发人员人均专利数 ③研发人员人均论文数 ④R&D 投入的论文产出率

资料来源：马名杰，石光。

（二）技术发展处于从中低端向高端迈进的阶段

对一国技术发展阶段①的判断涉及技术能力、技术水平、技术

---

① 韩国学者李金炯等认为，韩国从 20 世纪 60 年代至 90 年代的工业化过程中，技术发展经历了三个阶段。即，模仿阶段（1960 年代~1979 年）、内化阶段（1980~1989 年）和创造阶段（1990 年后）模仿阶段，对外国技术的模仿是获得技术能力的主要手段。当本土工程师有能力开发新产品或通过本土自己的努力建立新工厂，或国内生产的产品在技术上优于国外制造的产品时，就进入内化阶段。当国家有能力推出市场领先的产品和尖端技术时，即进入创造阶段。

轨道、企业升级等多个方面。各方面的发展是不同步或不平衡的。如，技术能力等可能变化较快，周期较短；而技术来源和技术轨道等变化较慢，周期较长。本报告认为，中国技术发展正处于从中低端向高端迈进的技术追赶过程中，这一过程将持续较长时间。虽然仍处在追赶过程中，但与前二三十年相比，技术发展的内涵、结构和水平都发生明显变化。

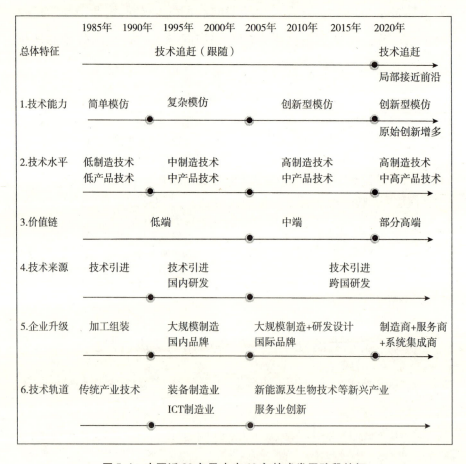

图 5.4　中国近 30 年及未来 10 年技术发展阶段特征

注：①本报告认为创新型企业的成长能够代表中国技术发展特征。
②图中标注的年份表示发生转变的大致时点。

　　经过若干次"上台阶式"的技术跃升，中国技术发展正迈上新台阶。在这段时期，中国接近国际前沿的技术领域将逐步增多。但随着国内外技术差距的大幅缩小，以低成本享受国外先进技术溢出红利的时代接近尾声，掌握领先技术的学习成本将大幅上升。

　　1. 以低成本分享发达国家技术溢出红利的时代正在接近尾声，向前沿追赶需要付出更高成本

　　随着与领先技术的差距明显缩小，中国以低成本分享发达国家技术溢出红利的时代正在接近尾声。无论是自主研发还是消化吸收国外先进技术，都需要更扎实的科学技术基础和人才基础支撑，创新的资金需求和成本会更高。

　　2. 创新型模仿和渐进创新是主要创新模式

　　技术、产品、管理以及商业模式上的原始创新还较少。研发、生产和管理效率将明显提高。这一阶段，局部领域的技术接近前沿，某些产业领域实现突破创新的可能性增大。在信息技术、互联网和电子商务等高技术服务业，以及信息技术与制造业融合方面，商业模式的原始创新将率先快速增加。

　　3. 从价值链中端环节向高端环节过渡将是一个长期挑战

　　中国制造业正经历从简单产品生产向中高端精密产品制造、从低成本工厂向高质高效工厂的转变。更多的领先企业将进入风险、复杂度和盈利水平更高的升级阶段。在领先企业的带领下，越来越多的企业将开始实施竞争优势的升级。未来十年，部分企业的产品质量、可靠性和设计能力将显著提升，在高端制造领域确立优势地位，对国际巨头造成更大的竞争压力。但多数龙头企业仍将依托于

国外技术平台，突破性技术进步少，高端精密制造领域的竞争力仍然有限。

4. 中国企业的技术来源已经发生重要变化

新兴产业成长、价值链提升、产业转型是这一时期产业发展的基本趋势，对技术尤其是中高端技术的需求将明显增长。由于国内高端技术供给严重短缺，企业从全球获得领先技术的趋势从 21 世纪初开始形成，这种领先企业研发国际化的趋势将在未来十年更加明显。

5. 中国技术发展轨道的多样化趋势正在形成，陷入技术锁定的风险不大

主要表现为产业结构的持续优化和多样化。在传统劳动密集型产业和装备制造业升级的同时，高新技术产业和新兴产业快速发展。尽管同样处于价值链中低端，但更具活力的新经济部门已基本形成。未来十年，新经济部门的发展是形成经济新增长点的关键。新经济部门主要来自信息通信、新能源、新材料等新兴技术扩散与产业化的推动。随着中国服务业比重的上升，服务业创新对提高生产率和保持经济快速增长更加重要。

6. 从创新第四梯队向创新第三梯队迈进

在创新的国际地位上，中国正从第四梯队向第三梯队的西欧国家和韩国靠近，但距离美国甚至日本的创新水平都还有很大差距。从创新第三梯队向创新第二梯队迈进是更为长远的目标。

（三）中国已进入创新为增长主要动力的转换期

未来十年是中国经济转型的关键期。创新能否成为中国经济增

长的主要驱动力，从而促进增长方式的顺利转变？我们可以从增长阶段的角度对比先行国家的发展轨迹。

世界经济论坛（以下简称"WEF"）从增长动力角度将经济增长划分为五个阶段：要素驱动阶段、要素驱动向效率驱动转换阶段、效率驱动阶段、效率驱动向创新驱动转换阶段和创新驱动阶段。按照 WEF 的标准，一个国家人均 GDP 超过 17000 美元（2006年现价美元）就进入了创新驱动增长阶段。如果以国际元计算，美国、德国、日本和韩国分别在 1962 年、1973 年、1976 年和 1995年进入创新驱动阶段（如表 5.5 所示）。如果以 8518 国际元为起点（即中国 2011 年的人均 GDP 水平），这些国家进入创新驱动阶段大致用了 5 ~ 13 年的时间，而且越是后发国家，所用的时间就越短。即，按照这些先行国家的经验，中国可能最早在 2016 年前后，最晚在 2020 年前后，进入到创新驱动阶段。

表 5.4　　　　　　　世界经济论坛对增长阶段的划分

增长阶段	人均 GDP		典型国家
	2006 年现价美元	国际元	
要素驱动阶段	< 2000	< 1351	越南、印度
要素驱动向效率驱动转换阶段	2000 ~ 2999	1351 ~ 2026	埃及、菲律宾
效率驱动阶段	3000 ~ 8999	2027 ~ 6080	中国、马来西亚、南非
效率驱动向创新驱动转换阶段	9000 ~ 17000	6081 ~ 11486	巴西、智利、俄罗斯
创新驱动阶段	> 17000	> 11486	美国、日本、德国

数据来源：世界经济论坛。

以人均 GDP 衡量增长阶段，从而判定增长动力转换仅能作为一种参考。事实上，创新很难在短短 3 ~ 5 年内就成为中国增长的主要动力。但这一国际比较却提示我们，从经济发展水平看，创新在中国经济增长中发挥重要作用的时代正在临近。我们应该从制度和政策上做好准备，保证增长动力的顺利转换，实现经济可持续发展。

表5.5 进入创新驱动年份的国际比较

国别	与中国可比阶段		进入创新驱动年份		转换时间（年）
	开始年份	当年人均GDP（国际元）	开始年份	当年人均GDP（国际元）	
美国	1949年	8944	1962年	11905	13
德国	1964年	8822	1973年	11966	9
日本	1969年	8874	1976年	11669	7
韩国	1990年	8704	1995年	11850	5
中国	2011年	8518	？	？	？

数据来源：人均GDP数据来自麦迪逊数据库。

三、培育增长新动力面临的主要挑战

体制机制和政策不适应日益迫切的创新需求是中国创新发展面临的主要矛盾。政府在创新资源配置中的越位、缺位和低效是减少创新机会、扼杀创新动力、提高创新成本、降低创新收益、制约创新发展的关键障碍所在。

（一）鼓励创新的市场经济基本制度和特殊制度缺失

市场经济制度最有利于创新。因为它为创新提供了基本制度框架，即自由竞争的市场机制。这些基本制度涉及价格机制、公平竞争（市场主体获得资源和进入市场的机会平等）、市场秩序（包括合同法和财产权保护等），以及服务型政府等。市场经济基本制度保证了常规化的创新活动得以正常进行。除此之外，市场经济制度中还有鼓励高风险、高回报的高技术产业发展的特殊制度安排，包括多层次资本市场、风险投资和知识产权制度等。

中国创新发展面临的障碍首先是我国在完善市场经济制度，建设法治社会中要解决的基础制度问题。市场经济基本制度的缺陷导致对各类市场主体的创新激励严重不足。如，资源能源价格形成机制没有反映真实成本，公平竞争的市场环境尚未完全建立，部分竞争性领域存在的行政性垄断"诱使"一些企业通过"政策寻租"盈利等。此外，我国鼓励创新的特殊制度也存在很大缺陷。如，多层次资本市场尚未形成，知识产权保护力度亟待加强等。

（二）支撑中国向技术前沿发展的创新基础薄弱

我国人才和科技基础难以支持向技术前沿领域发展。从可比发展阶段看，中国 R&D 投入强度并不很低，但与当前工业化程度不相适应。最大隐患是创新基础和科技成果价值低于多数发达国家在可比发展阶段的水平。包括研发人员比重、研发人员人均论文数、R&D 投入的论文产出率和知识产权收入支出比。暴露出中国研发人才比重、基础研究的人才和资金投入严重不足，知识产权国际竞争力低的问题，与成果数量的领先形成强烈反差。

（三）产业创新的技术和人才支撑不足

一是龙头企业技术和竞争力不足，传统产业和中小企业问题尤为突出。二是高校在创新体系中作为知识供给者的作用有所下降。既表现为国内高校前沿技术研发能力不足，也表现在高校为产业界提供研发支持的动力下降。三是提升行业制造能力和质量的标准、基础技术和共性技术供给严重不足。四是决定制造能力提升的职业技术工人严重短缺。

（四）政策理念和工具滞后于创新发展需要

政府在国家创新体系中有不可替代的重要作用。我国在创新鼓励政策方面存在以下突出问题。一是政府在科技管理中的缺位和越位，导致基础研究投入不足和对产业技术研发干预过多；二是不合理的专项、贷款、资助和税收减免等政策干扰了正常市场秩序，也滋生了寻租行为；三是对特定技术路线或产业的倾斜式支持造成了市场过度投资，也加大了产业失败的风险；四是不同部门甚至同一部门间的政策相互冲突，难以形成合力。

因此，正确处理政府与市场的关系，发挥好政策引导作用，提高公共科技资源利用效率，使鼓励创新的政策措施能够发挥协同作用，政策工具的使用符合国际规则和惯例，这一系列重大问题迫切需要解决。

四、部分先行国家在相同发展阶段的经验

（一）先行工业化国家在相同发展阶段的创新表现

从先行工业化国家的经验看，各国在此阶段的创新表现都有较

大提升。主要表现在三个方面。第一，对创新的资金和人才投入大幅增加。各国 R&D 投入强度迅速上升且达到较高水平，研发人员在人口中所占比重上升。第二，科技成果快速增加。美国和日本、韩国的专利申请数量都呈现快速增加，论文数量的增长平稳缓慢。第三，创新效率平稳提高。研发人员专利和论文产出率平稳且缓慢增长。随着接近技术前沿，创新成本持续提高，R&D 投入的专利和论文产出率开始下降，国家间的技术差距开始缩小。

先行工业化国家的发展规律表明，R&D 投入强度在工业化进程中必须保持较高水平。在追赶过程中，较低的 R&D 投入水平将减缓技术积累和技术提升的速度，降低创新对增长和转型的贡献。中国以低成本从发达国家享受高额技术溢出红利的时代已近尾声，今后中国需要以更高的 R&D 投入来支撑技术水平的持续提升。

（二）日本和韩国在相同发展阶段创新政策重点的转变

1. 政府在技术研发中的定位、重点和方式发生转变

在技术追赶的早期阶段，政府资助单个企业、少数领域、后期阶段的产业技术研究，是实施技术追赶战略国家的一个共同特征。对技术相对落后的国家，政府在一段时期内将技术资助重点放在少数关键技术领域或行业，以及研发后期阶段，是依据自身经济和技术条件做出的合理选择。但随着技术能力的提高，政府应制定与当前发展阶段相适应的技术政策，确定支持重点和对象。

（1）日本

日本政府支持产业技术研究的经验表明，政府支持重点和方式

要随着不同经济和技术发展阶段而调整。从 1970 年代到 1980 年代，日本政府支持重点实现了从以试验发展为主导向以应用研究早期阶段为主的转变。

第一阶段：20 世纪 70 年代，以技术追赶为目标，政府支持重点是试验发展阶段的研究。这一时期，日本政府技术政策的目标是支持国内产业发展到世界水平。当时日本企业研发能力弱，大量技术以引进为主，企业主要从事引进技术的消化吸收或适应性改造。技术活动中的市场失灵主要发生在试验发展阶段，因此这一阶段就成为政府支持的重点。这一时期技术政策的目标是提高单个公司的研发能力，支持领域集中于半导体、电子等少数领域。如，1976 年开始的 VLSI 计划对推动日本电子产业发展，并在局部超越美国起到了积极作用。

第二阶段：20 世纪 80 年代，以技术领先为目标，重点支持应用研究早期阶段的研究。这一时期，日本公司的研发能力有了很大提高，国家不再依赖技术引进，转而以实现技术领先为目标。这一阶段的技术失灵主要发生在应用研究阶段，并逐渐向应用研究的早期阶段转移。政府的支持重点也随之转移，并与欧美政府的支持重点越来越接近。有实力的日本企业也只愿意参加应用研究阶段的政府计划，而在试验发展阶段就展开市场竞争。同时，政府从主要支持单个公司的研发转向以支持合作研究为主，而且支持的技术领域也更加宽泛。如，"工业科学技术前沿计划"，政府每年拨款 2.6 亿美元，集中资助工业技术早期阶段的研发。

日本政府支持技术研究的组织形式更加灵活多样，通过专项计划、关键技术中心和国家研究所组织政府资助研究。

表 5.6　　　1980 年代日本政府支持产业技术研究的主要组织形式

	专项计划	关键技术中心	国家研究所
代表	工业科技前沿计划	JKTC	AIST
政策目标	支持高风险高回报的前瞻性、关键共性技术研究	特定行业或领域的关键共性技术突破	为产业提供基础性共性技术
资助方式	研发成本分担	资本投资和贷款	政府拨付 50% 左右的运行费用
资助对象	以合作研究方式承担的课题	联合研发公司的合作研发项目	
资金来源	政府和企业各负担一半	国有股分红和企业投入	政府拨款和其他渠道

（2）韩国

同日本一样，韩国的科技发展也经历了从技术引进为主到自主创新为主的过程。20 世纪 60 和 70 年代，韩国依赖于引进和模仿发达国家的技术。进入 20 世纪 80 年代，韩国开始逐步建立起更为系统化的国家自主创新机制。90 年代，韩国科技政策的重点转向更有效地利用国家有限的资源，这在形式上表现为政府重点鼓励企业、高校和国家研究所的合作研发。进入 21 世纪，新兴技术如生物技术、信息技术和纳米技术，以及纺织和造船技术等传统产业技术受到政府的特别重视。

在科技政策方面，韩国政府将自身定位于只支持基础研究和共性技术研究，采取政府和私人部门共同资助共性技术研究的方式。在韩国的各类科技计划中，支持共性技术研究的计划主要有两个。

一是 HAN 计划。HAN 计划由政府和产业界共同资助，计划的一个目标就是发展所谓"战略性产业技术"。支持共性技术研究是 HAN 计划的一个主要部分。该计划要求被资助项目是对国家持续经济增长和高质量生活不可或缺的核心技术，如，下一代半导体、先进材料、先进制造系统、环境技术、新能源、下一代核反应堆等。从 1992 年至 2001 年，计划总投入 32 亿美元。

二是共性技术支持计划（GITDSP）。共性技术支持计划（GITDSP）是 ITEP 实施的一项类似于美国 ATP 的计划，基本上效仿了 ATP 的组织管理模式。

政府加大对产业技术研究的支持力度，并不是简单地增加经费投入，更重要的是采取有针对性、有效率和有利于共性技术扩散和应用的组织方式和政策。促进合作研究开发和技术共享成为政府资助产业技术研究的一个重要目标。同时，技术政策要与产业组织政策、财政政策、知识产权政策等相关政策配套才能发挥作用。

2. 知识产权保护力度加大，知识产权制度更加完善

（1）日本

到 20 世纪 90 年代，日本逐渐确立了世界知识产权强国地位。日本知识产权制度随国家技术发展阶段而调整，技术追赶阶段和成为技术输出国后的知识产权制度是不同的。前期更注重为企业提供赶超和二次创新的制度环境，弱化知识产权保护等西方发达国家追求的价值目标，后期则根据国情需要开始逐渐强化知识产权保护，注重不同行业对知识产权制度的特别需求，但仍注重维护被许可人的利益，保证本土企业可以随时跟踪模仿世界最新科技。

日本企业知识产权发展大致经历了四个时期。第一，20 世纪 60 年代初到后期。这一时期企业的生产技术主要是引进美国、欧洲发达国家的技术。虽然不是自主开发的技术，但引进技术大多数

具有专利权。第二，60 年代后期到 70 年代末。这一时期各企业均在引进技术的基础上开发出具有自主知识产权的技术。第三，70 年代中期到 80 年代。由于日本经济发展迅速，日美之间经济贸易矛盾冲突尖锐，美国利用知识产权制裁日本，日本很多企业支付了侵权赔偿。这一阶段对加强日本企业的知识产权意识起了很重要的推进作用。第四，1980 年代后，日本企业专利申请量迅速增长。直到 90 年代前期，申请量增长最迅速。但从 90 年代中后期开始，随着日本经济陷入低迷，企业专利申请总量有所下降，但国外申请仍继续上升。这一时期，企业专利申请从数量型向质量型转变。

日本专利制度的发展大致经历了两个阶段。

第一阶段是从二战结束后到 20 世纪 80 年代。当时日本确立了"再创新型"技术发展战略。日本专利制度为本土企业对他国（主要是美国）先进技术的吸收和再创新创造了较为有利的制度空间。

这一时期，日本专利制度的规定有利于技术后发者对先进技术的模仿和再创新。如，第一，可专利保护范围比美国窄，技术后来者可以更紧密地围绕基础专利进行再创新。第二，可专利标准低于美国，使得一些很明显只是对现有专利的一些附加的或无关重要的小改变都可以获得专利。第三，专利批准的程序及语言使用有利于本国技术后发者。日本批准专利的周期长，公布时间早，有利于日本的竞争者更早研究该专利的效用，也有利于日本竞争者提出事先异议，增加外国专利权人获得专利的成本。第四，事先异议制度有利于技术后发者等。

第二阶段是 1990 年代，日本成为技术净出口国后。这一时期日本强化知识产权保护，注重技术输入方的利益。1989 年，日本技术出口额和技术进口额持平，此后逐渐成为世界上重要的技术出口国。日本也开始应对这种变化调整自己的知识产权政策。一方面，日本加强了本国司法对知识产权的保护。扩大专利保护范围，降低被侵害方的举证责任。此外，司法实践降低了对专利权被侵害方的举证责任。这有利于专利权人维权。另一方面，在对技术许可管制趋向自由的状态下仍注重被许可人的利益。随着日本技术出口国地位的确立，日本对在技术赶超期确立的约束许可人权限的制度进行了变革，总体上是放松了对技术许可的管制，但仍然非常强调被许可人的利益。

（2）韩国

韩国知识产权制度大致经历了四个阶段。

第一阶段，知识产权制度形成时期（1976 年前）。在 20 世纪 60 年代以前，由于韩国产业经济刚刚起步，其经济主要依赖于初级产品的出口和国外经济援助，政府对技术发展的重要性缺乏认识，因此韩国的知识产权制度并未发挥很大的作用。从 1960 年代以后，为了适应国内经济结构的快速变化和技术发展状况，韩国不断加强保护知识产权的力度，扩大保护范围。这一时期，韩国的知识产权制度为国内技术创新成果提供了基本的法律保护，1976 年韩国国内知识产权申请数总量是 1960 年的 8 倍，同时韩国的外国国民知识产权申请也开始增多。

第二阶段，知识产权制度国际化时期（1977～1986 年）。1970 年代中期，韩国开始扶持重化学工业，将资本和技术密集型产业作为发展重点。国际资本和技术引进对韩国知识产权制度环境提出了更高的要求。韩国原有的知识产权制度已不能适应通过正式渠道获得国际技术转让的要求，而国内 R&D 投资的增加和技术能力发展也需要更为严格的知识产权保护制度。因此，韩国开始按照国际标准建立知识产权制度，以达到国际知识产权保护的基本要求。1979年韩国加入了国际知识产权组织。1980 年代，韩国多次修订其知识产权法律以适应国际需求，鼓励国外专利的引进和国内专利的国际输出。韩国知识产权的国际化极大地促进了国际技术转移和本国的技术学习。

第三阶段，知识产权保护强化时期（1987～1993 年）。韩国进入市场机制下企业为主的高新技术产业发展阶段，其经济发展体制开始从政府主导型转向企业主导型。在市场机制下，韩国企业特别是政府扶持的大企业集团通过加大研究开发投入，积极发展高技术产业，已具备相当强的技术创新能力和国际市场竞争力。相应的，其知识产权战略的重点也转移到"以创造更高附加值为目的的高新技术本土化战略和企业的产业竞争力发展战略，积极采取措施加强知识产权保护，促进技术发展"。1987 年韩国专利管理局引入产品专利制度，专利期从 12 年延长到 15 年，并加大了对专利侵权的处罚力度。

第四，知识产权保护全球化时期（1993 年至今）。自 1994 年各国达成《与贸易有关的知识产权协议》（TRIPS 协议）后，韩国知识产权战略的核心是全球化战略。这时期，尽管受到 1997 年亚洲金融风暴的不利影响，韩国对知识产权保护的加强促进了知识产权申请急剧增加，国际知识产权申请量也大幅增加。

3. 推进公共研究机构改革，促进共性技术有效供给

韩国政府支持了一批从事产业技术开发的研究所，这些研究所

在韩国科技发展的早期阶段发挥了关键作用。1966年，韩国成立了第一个产业研究所——韩国科学技术研究所（KIST），20世纪70年代又先后成立了一批专门领域的研究所，分别从事战略领域的技术研发活动。如，造船、地理科学、电子学、通信、能源、机械和化学等。共性技术研究就是这些研究所的一项主要任务。

此后，韩国政府对国家研究所进行了一系列改革。20世纪80年代，韩国政府将15个由不同部门管理的研究所合并成9个大的研究所，统一归科技部管理。1996年，韩国政府为提高研究所的效率，改革了研究资助体系。新的资助体系称为"基于项目的体系"，代替了原来的"一笔总付体系"，资金改为以研究合同的方式支付。

国家研究所的管理体制也进行了改革。韩国新成立了3个研究委员会来监督从事产业技术研究的国家研究所的运作，但这些研究所仍由科技部直接管理。这3个委员会是：产业科学技术研究委员会、公共技术研究委员会、基础科学技术研究委员会，这些委员会设在总理办公室下。其目的是提高研究所的研究效率，加强研究所之间的联系，促进研究成果的转移和商业化。

1998~1999年，韩国政府对国家研究所进行了大规模重组和削减。1998年，全部国家研究所人员减少了20%，1999年预算比上年削减了20%。大规模重组于1999年初结束。目前，韩国有十余家从事产业技术研究的国家研究所。这些研究所由政府资助，采取非营利机构的组织模式。

日本公共研究机构改革启动较晚，到2000年左右才实行改制。日本同样拥有一批支持产业技术研发的国家研究所（NRI）。METI下的产业科学技术局管理着16个国家研究所和一些国家实验室。

国家研究所的经费主要来自政府预算，1989 年，这些研究所总预算达 3 亿美元。

五、建设创新体系，培育增长新动力的思路和政策

提高创新能力，培育增长新动力的制度基础是完善市场经济体制，形成公平竞争的市场环境；建立开放、合作、活跃、高效的国家创新体系。创新政策的基础是转变政府职能，建立适应开放创新、合作创新与全球竞争新形势的政策体系。

（一）制度建设

1. 推进市场经济体制改革，健全鼓励创新的制度环境

要让创新成为增长的重要动力，关键是营造有利于创新的体制机制和政策环境，调动全社会的创新积极性。坚持市场经济体制改革，营造有利创新的市场环境，调动企业创新动力。建立公平的市场准入规则，使各种所有制企业获得资源和进入市场的机会平等。加快资源价格形成机制改革，形成促进企业创新的市场倒逼机制。推进行政审批制度改革，消除行政垄断，为创新创业营造新的发展空间。加强知识产权保护，加大对假冒伪劣等违法活动的打击力度，保护企业创新积极性。加快发展多层次资本市场，拓展创新创业企业融资渠道。严格环境、安全、能效和质量标准，促进优胜劣汰，以标准促创新。

2. 建立开放、合作、活跃、高效的国家创新体系

从体制机制入手提升创新体系运行质量和效率，建立开放、合作、活跃、高效的国家创新体系。深化科技和教育体制改革，加大人力资本投入，建立适应制造业强国和创新型国家需要的教育、科技制度和多层次人才结构。明确各类创新参与者的定位，促进产学研相结合，有效发挥创新体系的整体效率。消除制约人才和科研机构等创新要素跨部门跨区域流动的体制和政策障碍，提高创新资源利用效率。

3. 在区域创新体系建设中释放改革红利

创新的制度建设并不终止于完善市场经济体制，也不终止于建立有利于创新的国家创新体系。一国内部差异化的区域创新体系为区域层面的制度和体系建设提供了巨大空间。加大区域创新体系改革试点力度，通过促进创新要素和生产力布局的空间匹配，优化区域间创新资源配置，促进创新和生产率提升。

以广东、江苏、浙江和北京等创新要素集聚地为试点，系统推进区域创新体系改革。改变以往创新试点主要围绕科技体制，仅就少数政策先行先试的做法。以实现区域创新环境与国际接轨为目标，授权试点地区在科技体制、知识产权、高等教育、科研院所、人才流动、国际合作等方面进行综合改革。通过改革开放培育中国未来的创新中心，促进有条件地区率先实现创新驱动发展。

（二）鼓励政策

在经济全球化的背景下，我们要建立适应开放创新、合作创新

与全球竞争新形势的政策体系，吸引和集聚全球创新要素，为企业和创新活动营造宽松的政策环境；要避免过度干预，促进公平竞争，注重政策协调。重点是转变政府支持重点和方式。政府在外部性和社会效益较大的领域加大投入，重点支持基础研究、前沿技术、社会公益研究、共性技术研究，以及关系国家安全和国民经济命脉的关键领域和重大关键技术研发；对一般竞争性技术，要充分发挥市场配置资源的作用，政府辅之以普惠性鼓励政策。要加强科技政策、财税政策、贸易政策、金融政策、投资政策、产业政策、竞争政策、教育政策和社会保障等政策的协调配套，形成政策合力。以下四个方面需要特别加以注意。

1. 兼顾前沿探索与基础和共性技术研究，增加技术有效供给

科学技术政策应符合我国技术追赶阶段的特点。一方面要加大对基础研究、前沿技术和交叉学科领域的投入力度，为我国向技术前沿迈进提供科技支撑。另一方面，加强工业基础技术研究，加大对包括传统产业在内的产业关键共性技术研究的支持，建立面向中小企业的公共测量和检测平台，夯实产业升级的技术基础。

2. 提高技术标准，形成创新倒逼机制

积极发挥商会组织在标准制定、行业自律、国际谈判中的作用。严格环境、安全、能效和质量标准。提高政府采购中对技术和质量的要求。发挥标准促进创新的作用，促进优胜劣汰，减少重复投资和产能过剩。

3. 加大知识产权保护力度，维护创新动力

解决知识产权执法问题是加大知识产权保护的关键。一是加强

知识产权执法力量，尽快启动知识产权法院建设；在取得试点经验基础上及时推广，抓紧解决执法力量严重不足问题。二是增加司法审判程序透明度，统一执法标准，防止地方保护。

4. 针对产业创新特征实行有针对性的激励政策

不同产业的研究开发、设备更新、人力资本投资、知识产权等活动存在较大差异。因此，不同产业对同一政策的敏感程度有所不同，政策效果会产生较大的产业差异。如，高技术产业和中高技术产业对促进研发的政策（如研发费用加计扣除）更加敏感；中低技术和低技术产业对资本品和中间品优惠政策（如加速折旧、关税减免等）更敏感。因此，政策目标要符合产业创新特征，有针对性地选择鼓励对象和环节。

参考文献

[1] 马名杰. 政府支持共性技术研究的一般规律与组织. 国务院发展研究中心调查研究报告总2213期

[2] 马名杰. 在区域创新体系建设中释放改革红利. 中国经济时报，2014 – 7 – 11

[3] 马名杰，杨超. 我国制造业创新能力提升的进展和前景. 国务院发展研究中心调查研究报告总4105期，2012

[4] 马名杰，杨超. 创新能力提升路径与前景的行业比较. 国务院发展研究中心调查研究报告总4104期，2012

[5] 马名杰，石光. 创新指数国际比较与中国创新体系运行特点. 国务院发展研究中心调查研究报告总4332期，2013

[6] 马名杰，石光. 从增长阶段看中国创新水平的进展和差距. 国务院发展研究中心调查研究报告总4331期，2013

[7] 马名杰，石光. 创新要素布局优化需要改革助推. 国务院发展研究中心调查研究报告择要总

2262 期

［8］吕薇，马名杰. 激发活力，实现创新驱动发展. 人民日报，2014 – 3 – 25

［9］吕薇，田杰棠. 营造良好制度环境 推动企业成为技术创新主体. 人民日报，2012 – 8 – 31

［10］王怀宇. 日本专利制度：支持企业二次创新的利器. 国务院发展研究中心调查研究报告总
3738 号

［11］李志军. 日本的知识产权战略与管理、国务院发展研究中心调查研究报告 1944 号

［12］李志军. 韩国的知识产权战略、管理及启示. 国务院发展研究中心调查研究报告 2991 号

［13］罗伯特·J. 巴罗等. 经济增长（第二版）. 上海：格致出版社，2010

［14］詹·法格博格等. 牛津创新手册. 北京：知识产权出版社，2009

［15］威廉·鲍莫尔. 资本主义的增长奇迹. 北京：中信出版社，2004

［16］G. M. 格罗斯曼等. 全球经济中的创新与增长. 北京：中国人民大学出版社，2003

［17］国务院发展研究中心技术经济研究部课题组. 创新驱动发展与专利制度研究，2012 – 12

第六章
增长阶段转换、结构调整与转型升级

现阶段，我国经济同时面临增长阶段转换、结构调整和转型升级等多重挑战。增长阶段转换，既是增长动力和发展方式的转换与接续，也表现为经济结构的调整和优化。近年来，面对宏观经济环境的重大变化，我国经济转型升级取得一些积极进展，但仍需要深入贯彻落实三中全会精神，积极推进相关领域改革，破除体制机制障碍，从而打造中国经济升级版。

一、增长阶段和增长动力的转换

2013 年，我国 GDP 达到 56.9 万亿元人民币，按全年平均汇率 1：6.2 折算，约合 9.18 万亿美元，比 2012 年增加接近 1 万亿美元，占全球经济总量的比重超过 12%。2010 年以来，我国对全球经济增长的贡献达到 20% 左右，对促进世界经济复苏发挥了重要作用。但是，我国经济增速已连续两年低于 8% 的水平，引起国际社会的广泛关注。

　　从世界各国的经济发展历程看，没有哪一个国家能够永远保持高速增长。二战后的日本和西德，分别创造了"日本经济奇迹"和"西德经济奇迹"，但也只是保持了 20 年左右的高速增长，此后则出现了较大幅度的滑坡。改革开放以来，我国经济保持年均接近10% 的高速增长已经超过了 30 年，被誉为"中国经济奇迹"。现阶段，我国人口结构变化和劳动力成本上升，传统竞争优势逐渐削弱；越来越多的产业达到或接近世界技术前沿，引进、消化、吸收世界先进技术的后发追赶空间缩小；高投入、高消耗、高污染的发展模式，造成资源、环境、生态约束日趋增强。与十年前相比，经济增长一个百分点的数量明显不同，实现难度加大。2003 年 GDP增长一个百分点需要的名义增加值约 1200 亿，到 2013 年，增加到5300 亿，是前者的 4.4 倍。我国经济增速下降在所难免，也符合世界经济发展的一般规律。

　　从发展趋势看，我国经济发展存在诸多有利条件。譬如，经济体制改革将释放新的增长动力与活力，城镇化潜力依然巨大，居民消费升级方兴未艾，竞争优势并未根本动摇，全球化孕育新机遇等。最近几年，面对经济增长下行压力，政府保持了足够的定力，积极创新宏观调控方式，把工作重点放在转变经济发展方式、调整经济结构、提高经济运行的质量和效益、化解各种矛盾和风险上，这也必将为我国经济长期稳定发展奠定更加坚实的基础。预计在未来十年中，我国经济将保持 7% 左右的中速增长。经测算，在2014～2020 年间，GDP 年均增速只要达到 6.7%，就能实现比 2010年翻一番的目标。如果说我国经济高速增长阶段已经过去，那么经济发展最富挑战，同时也最激动人心的阶段已经到来，最接近实现工业化，并走向成熟、迈向高收入社会、全面实现小康的阶段正在开启。

因此，现阶段我国经济正处在从接近10%的高速增长阶段向7%左右的中高速增长阶段转换的关键时期。增长阶段转换不仅仅是增长速度的换挡与调整，更重要的是增长动力和发展方式的转换与接续，是原有竞争优势逐渐削弱、新竞争优势逐渐形成的过程，也是原有预期、平衡被打破，需要重新寻找并建立新平衡的过程。在过去的30多年中，投资、出口高增长是经济高速增长的主要动力，未来则需要深化收入分配改革、建立起扩大消费的长效机制，把经济增长转变到立足于消费扩张的轨道上来；过去主要依靠制造业的快速扩张，推动工业化进程实现经济高增长，未来则需要深化服务业改革，扩大对外开放，把服务业培育成为经济增长的主要来源；过去依靠资源、要素的高投入、高消耗，实现经济高增长，未来经济发展更多依靠科技进步、劳动者素质提高和管理创新；过去在低附加值、低科技含量产品的生产上形成了低成本、低价格的竞争优势，未来则需要在高附加值、高科技含量产品的生产上通过自主创新形成新竞争优势。从另一个角度看，我国增长阶段和增长动力的转换还表现为，过去30多年，经济增长主要依托低成本要素组合优势，今后将更多地依靠企业和个人的创新活力，拓展创新空间，促进产业转型升级；效率提升从主要通过农业劳动力向非农产业转移，转向重点通过产业内部的竞争和重组、不断淘汰低效率企业来实现。

十八届三中全会通过的《中共中央关于全面深化改革若干重大问题的决定》，旨在为实现上述转换奠定新的制度基础。可以预见，我国经济将在一个相对低的增长速度下良好运行，规模与质量、速度与效益的关系达到一种新的平衡，增长速度"下台阶"和增长质量"上台阶"得以同时实现。但是，高速增长期结束，并不意味着中速增长会自然到来。如果新旧增长动力的接替不成功，新的发展方式未能及时确立，中速增长也难以稳住。一旦经济增长出现大幅下滑，则可能引发系统性风险。相反，如果能够在新的增长平台上保持相对稳定，则为市场主体的自我调整、防范和化解各种风险赢得了宝贵的时间。

二、经济结构调整与优化

伴随增长阶段转换，我国经济结构正在发生全面而深刻的变化。增长阶段转换与经济结构变化之间相互依存、互为因果。一些结构变化是增长阶段转换的重要原因，另一些则是在微观和产业层面的具体表现。总体而言，经济结构变化反映了经济体正在寻求新的增长动力和新的结构平衡。在经济结构变化的过程中，一些产业和经营模式逐步丧失生存、发展空间的同时，也将孕育一系列新的商机。

1. 消费逐步成为拉动经济增长的主要力量

从投资、消费和出口结构看，外需对经济增长的贡献将明显下降，消费逐步成为拉动经济增长的主要力量，我国市场将从全球成长最快市场上升为全球最大消费市场。

改革开放以来，我国经济增长具有"内外需双轮驱动"的基本特征。在世界经济高速增长带动出口快速增长时期，我国经济增长往往更多依靠外需拉动；在外部环境恶化时，则更多依靠内需扩张。在加入 WTO 以后的十年中，我国出口年平均增长 23%，对拉动制造业投资、增加城乡居民收入、促进经济增长等方面均发挥了重要作用。国际金融危机尤其是美欧债务危机发生后，世界经济由危机前的快速发展期进入深度转型调整期，我国在低附加值、低科技含量产品的生产上形成的低成本、低价格的竞争优势逐步削弱，2010 年以来出口增速趋势性变化引起的调整持续至今，出口增长及对经济增长的拉动作用明显下降。2013 年和 2014 年上半年，出口分别增长 7.9% 和 0.9%，货物和服务贸易净出口对经济增长的贡献分别为 -4.4% 和 -2.9%（见表 6.1）。

表 6.1　　　　　三大需求对 GDP 增长贡献（%）

	2012 年	2013 年	2014 年上半年
最终消费	55.0	50.0	54.4
资本形成	47.1	54.4	48.5
净出口	-2.1	-4.4	-2.9

实际上，我国居民消费保持了稳定增长的良好势头。但由于投资增长长期快于消费增长，消费率（最终消费占 GDP 比重）呈逐步下降趋势。低消费率、高投资率与我国处在工业化、城市化快速推进的发展阶段有关，也存在制约消费扩张的体制、机制障碍。随着投资、出口增长的下降和收入分配改革的深化，预计消费率将呈稳步提升趋势，逐步成为拉动经济增长的主要力量。2012 年，最终消费对经济增长的贡献达到 55%，高于资本形成 7.9 个百分点。

2013 年，厉行节约、杜绝浪费、建设廉洁政府，促使依靠"三公"消费形成的泡沫向正常水平回归。2014 年上半年，最终消费对经济增长的贡献达到 54.4%，高于资本形成 5.9 个百分点。从居民支出结构看，食品、衣着等生存型支出比重将大幅下降，家庭设备、交通通信等耐用品支出比重将趋于稳定，教育文化娱乐、医疗保健等发展享受型、服务类支出比重将不断上升。

2. 服务业尤其是生产性服务业的发展明显加快

从一、二、三次产业结构看，服务业呈加快发展态势，占 GDP 比重逐步提高，在成为经济增长主要来源的同时，无论是生产性服务业还是消费性服务业都孕育着新的投资和发展机会。

2001 年以来，我国服务业增加值占 GDP 比重仅略高于 40%，与 68% 的世界平均水平和 72% 的发达国家平均水平相比差距悬殊。服务业发展缓慢、占 GDP 比重偏低的原因是多方面的。如居民收入水平相对低下，恩格尔系数较高；部分服务业处于国企垄断或政府管制之下，民营企业进入障碍较多等。一个国家要素禀赋优势沿着土地、劳动力、资本、技术知识升级，相应地经济增长呈现出农业—轻工业—能源原材料工业—高加工度工业—服务业的变化轨迹。随着我国城市化率的提高、消费升级和产业升级，生活性服务业和生产性服务业的需求都将快速增长。2012 年，服务业增加值占 GDP 比重达到 44.6%，比上年提高 1.2 个百分点（见表 6.2）。2013 年，服务业增加值占 GDP 比重首次超过第二产业，达到 46.1%。2014 年上半年，服务业增加值占 GDP 比重达到 46.6%，高于第二产业 0.6 个百分点，产业结构调整取得新进展。从服务业内部结构看，生产性服务业的增长将明显加快，占服务业增加值比重呈持续上升趋势。

表6.2　　　　　　　　　三次产业结构（%）

	2012 年	2013 年	2014 年上半年
第一产业	10.1	10.0	7.4
第二产业	45.3	43.9	46.0
第三产业	44.6	46.1	46.6

服务业接替制造业，成为经济运行中最具活力的部分和新的增长动力，标志着我国经济结构发生了历史性重大变化。在城镇化水平提高、居民消费升级、制造业转型发展的背景下，生产性和生活性服务需求扩张潜力巨大，服务业将保持快速发展态势。服务业提供的是无形产品，其生产、消费以及市场组织和实现形式与有形产品相比均有较大差异。服务业占比持续提高，对经济运行和就业、物价、国际经济合作等方面将产生广泛而深远的影响。

3. 地区差距由扩大转变为缩小

从东、中、西部地区结构看，中、西部地区发展明显加快，地区差距由扩大转变为缩小，有利于激发中西部地区投资、消费潜力。

改革开放初期，东部沿海地区凭借区位优势，进口替代和出口导向型产业迅速成长壮大，与中、西部的差距不断扩大。早在 20 世纪末，中央政府就提出和实施了西部大开发战略，此后又实施了振兴东北等老工业基地战略和中部崛起战略，以加快中、西部和东北地区的发展。近年来，伴随能源、原材料等资源的开发和利用，中、西部地区发展步伐明显加快。同时，东部地区由于土地、劳动力等生产成本上升，超出了部分企业的承受能力，资金、技术开始向中、西部转移，进一步加快了中、西部地区的工业化、城镇化步伐。

目前，东部地区的人均 GDP、城乡居民收入和城镇化水平等指标，明显领先于其他地区。但是，随着区域经济增长格局的改变，近年来地区差距由扩大转变为缩小。地区协调发展，有利于激发中西部地区投资、消费潜力，扩大内需空间。

4. 城镇化率稳步提高，城乡收入差距逐渐缩小

从城乡结构看，城镇化率稳步提高，近中期处于快速发展时期。农村居民收入稳定增长，城乡收入差距逐渐缩小，农村市场呈加快发展态势。

1978 年，我国有 7.9 亿人口生活在农村，占总人口比重达到82%。2013 年，农村人口减少到 6.3 亿，占总人口比重下降到46.3%。大规模的农村剩余劳动力从农业转移到非农产业，从农村转移到城市，一方面，提高了农民的收入水平，部分农民长期工作、生活在城市，转变为城市居民；另一方面，促进了农业规模经济效益，提高了农业劳动生产率。国际经验显示，城镇化率从50%～70%，是快速提高的时期。从我国城镇化的具体情况看，近中期城镇化率将稳步提高，但需要高度关注城镇化的质量等相关问题。

近年来，在多项政策措施的综合作用下，农村居民收入增长高于城镇，城乡收入差距逐渐缩小。2013 年，农村居民人均纯收入8896 元，实际增长 9.3%，高于城镇居民人均可支配收入实际增幅2.3 个百分点，城乡居民收入比下降到 1∶3.03。2014 年上半年，

农村社会消费品零售额同比增长 13.2%，高于城镇 1.2 个百分点。

5. 老龄化程度提高，劳动力供给出现新变化

从人口结构看，老龄化程度提高，社会保障压力加大，养老服务等产业发展空间广阔；初级劳动力供给逐年递减，中高级劳动力相对宽裕，对劳动密集型和知识、技术密集型产业的发展将产生不同的影响。

2013 年，我国 60 岁及以上人口占总人口比重达到 14.9%，在人均收入水平相对较低的情况下进入老龄化社会，"未富先老"的特征十分明显。相比之下，日本在 20 世纪 70 年代初步入老龄化社会，当时人均 GDP 已超过 1.7 万美元；韩国于 20 世纪末步入老龄化社会，人均 GDP 约为 1 万美元；新加坡在 21 世纪初步入老龄化社会，人均 GDP 则已超过 2 万美元。据估计，到 21 世纪中叶，我国 60 岁及以上人口占比将达到 30%。人口老龄化、养老负担加重、社会保障支出增加等问题将日渐突出。

2004 年以来，教育程度较低的初级劳动力供应已经逐年递减；具有高中以上教育水平的中高级劳动力新增人口在 2012 年达到峰值，2013 年将开始下降；具有大专以上教育程度的新增劳动力在 2019 年之前将持续增加。劳动力供给结构的变化，对劳动密集型和知识、技术密集型产业的发展将产生不同的影响。

三、转型升级取得的进展与面临的挑战

长期以来，政府、企业、市场和社会适应了高增长的宏观环

境，未来需要在中速增长的环境下实现企业可赢利、财政可持续、风险可防范、民生可改善、就业可充分等目标。就微观企业而言，核心在于降低成本和提升效率，盈利能力和水平对简单规模扩张的依赖程度下降，盈利模式从"速度效益型"转向"质量效益型"。

近年来，我国经济转型升级取得一些积极进展。一是制造业转型升级取得新进展。面对劳动力、土地、资金等生产成本上涨，制造业企业积极探索"腾笼换鸟"、"机器换人"、"空间换地"、"电商换市"等，降低成本和提高效益，转型升级取得新进展。2013年，规模以上工业企业利润增长12.2%，比上年加快6.9个百分点；企业亏损面11.9%，比上年下降0.2个百分点；全国新注册企业增长27.6%，民间投资比重上升到63%，企业创新创业活力增强。二是消费结构不断优化。大力整顿"三公"消费，高端消费泡沫被挤出，赢得了人民群众广泛"点赞"，高档餐饮娱乐企业开始面向大众消费转型。同时，信息消费、文化旅游、电子商务等新的消费热点和消费形式不断涌现，消费结构优化、升级呈健康发展态势。三是高新技术和劳动密集型产品出口增长高于平均增速。2013年，高新技术产品出口增长9.8%，占出口总额比重达到30%，高端制造产品竞争优势逐渐壮大；纺织品、服装、箱包、鞋类、玩具、家具、塑料制品等7大类劳动密集型产品出口增长10.3%，占出口总额的20.9%，传统竞争优势依然强劲。四是就业状况改善。随着劳动年龄人口减少，新增就业压力趋缓；服务业比重上升，经济增长对就业的吸纳能力提高。2013年城镇新增就业1310万人，比上年增加44万人。同时，劳动力结构发生重大变化，受教育水平明显提高，2013年普通高校毕业生699万人，占城镇新增就业比重上升至53.4%。

实际调研也中发现，六大高成本是当前企业转型升级面临的突出挑战。一是劳动力成本相对劳动生产率过快上涨。企业的主要应对策略是"机器替代人工"，但面临一次性投入过高、市场前景不明等风险，很多企业无力负担。二是资金成本过高。由于金融资源配置扭曲，资金充裕与价格高企并存，融资难、融资贵成为许多调整、转型中的实体企业难以逾越的障碍。三是土地成本过高。土地供给不足和价格过快上涨，一些东部地区仅能部分满足大型企业的用地需求，服务业发展也受到地价、房租的制约。四是流通成本偏高。不仅传统商业运行模式受高物流成本约束，而且网络销售、网店等新模式，也同样受到高物流成本的影响。五是知识产权保护成本过高。由于知识产权保护不力、执行成本过高等问题，很多有创新能力和意愿的企业，因创新产品、新技术容易被仿冒和剽窃，担心创新投入与收益严重不对等而被迫放弃。六是准入成本依然很高。调查中有38%的企业希望通过进入其他行业实现企业转型，其中，纺织、服装、化纤、有色等行业超过50%的企业有转行的意愿，但普遍反映看好的行业门槛依然很高，看得见和看不见的政府干预依然过多。

有效应对上述挑战，需要全面深入贯彻落实三中全会精神。针对劳动力成本过快上涨，《决定》提出逐步调整完善生育政策，促进人口长期均衡发展；研究制定渐进式延迟退休年龄政策，适时适当降低社会保险费率等。针对资金成本过高，《决定》提出允许具备条件的民间资本依法发起设立中小型银行等金融机构；健全多层次资本市场体系，提高直接融资比重；完善人民币汇率市场化形成机制，加快推进利率市场化等重大改革举措。针对土地成本过高，《决定》提出允许农村集体经营性建设用地出让、租赁、入股，实行与国有土地同等入市、同权同价。针对流通成本偏高，《决定》提出推进水、石油、天然气、电力、交通、电信等领域价格改革，放开竞争性环节价格。针对知识产权保护成本过高，《决定》提出加强知识产权运用和保护，健全技术创新激励机制，探索建立知识产权法院。针对准入成本高，《决定》提出企业投资项目，除关系国家安全和生态安全、涉及全国重大生产力布局、战略性资源开发和重大公共利益等项目外，一律由企业依法依规自主决策，政府不再审批；市场机制能有效调节的经济活动，一律取消审批。

需要强调的是，大多数追赶型经济体在增长阶段转换期都发生过系统性危机。从本质上讲，经济危机和体制改革，都会触发或推动经济结构调整和发展方式转变。前者是一种市场的自我纠正，冲击和震荡力度更强；后者是一种风险意识下的主动调整，方向会更清晰，短期冲击相对较小，但达成共识并付诸实施比较难。我国新一轮改革的重启，其实已经开启了一场"改革与危机的赛跑"。而如何在推动有效改革与坚守风险底线之间寻找平衡，成为决定这场赛跑结局的关键。

第七章
后发经济体的追赶周期

自 2008 年开始,中国维持了多年的 GDP 高增长率开始出现持续下降,从之前接近 10% 的水平下降到不足 8%。这一现象引发了研究者们对于中国长期增长潜力的推断和相关政策问题的讨论。

对于增长潜力的判断,有代表性的分析思路是将中国与不同增长表现的国家群组按照相应发展阶段的增长指标(如人均 GDP)进行对比,讨论中国未来的增长空间和可能的增长轨迹[①]。不过,在"应当用绝对指标还是相对指标进行对比"等问题上仍然有不小分歧。

类似地,对于维持或促进增长的政策讨论当中,有许多似是而非的认识。例如,根据过去 20 年中国高投资占比,认为中国的增长方式是投资驱动的或者要素驱动的"粗放增长",相应的政策建

[①] 一个例子是加州大学伯克利分校的 Barry Eichengreen 等三位经济学家于 2012 年发表的论文"高速增长的经济体何时减速:国际经验以及对中国的启示",研究根据 Penn World Table 的数据分析发现,高速增长的经济体减速的最大可能性发生在人均 GDP 达到 16740 美元时(2005 年的不变国际价格);此时,增长率会减少 2 个百分点。按照这一阈值,该论文对中国在未来增长减速的时间、幅度、概率等作出了推测。

议自然是尽早扭转这种局面。中国的高投资率是事实，但是，在不理解高投资率在后发追赶的特定时期的合理性时，过早地抑制投资，恰恰是许多国家落入中等收入陷阱的重要原因。

因此，分析"长期增长"的相关问题，就应当首先明确长期增长的决定因素和基本机制，进而结合中国面临的历史和现实条件作出判断。

一、技术进步是长期经济增长的源泉

在增长核算中，一个经济体的增量产出贡献可以分解为劳动力的增长、资本存量的积累和全要素生产率（TFP）的提高三部分。如果进一步考察人均产出增长，则可以分解为人均资本存量的提升和生产效率的提升。这样的核算分解，很容易误导人们把投资当作长期增长的"源泉"，例如"要素驱动"、"投资驱动"等说法就隐含着这种观念。

但是，人类经济增长史告诉我们的首要经验是：从长期看，资本积累不是一个随心所欲的过程，在给定不变的技术条件下，人均资本存量终将收敛于某个稳态水平。只有实现了技术进步，资本积累和产出水平才能向更高的稳态水平发展。因而在长期，技术进步是经济增长的最重要源泉，资本积累则是技术进步的引致结果或者说"内生变量"①。

从全球角度看，粗略划分，人类社会的经济增长迄今为止经历了显著不同的两个增长阶段。在公元1000年之前的千年时期内，世界人口仅增长了六分之一，人均收入没有任何提高。公元1000～1820年间，人均收入的增长是缓慢的。从世界平均水平来看，人均收入仅提高了50%。从1820年开始，世界的发展则活跃得多，人均收入提高了8倍以上（Maddion，2007）。导致前现代增长阶段和现代增长阶段的增长速度显著区别的主要因素，就是现代社会在各个生产部门中实现了持续的技术变革和技术进步。图7.1概括了世界增长阶段的变化与主要技术进展的时间分布。

总结起来，正如经济学家 William Easterly 和 Ross Levine 在2001年发表的有关长期增长典型化事实的研究中所发现的那样，"就研究经济发展与增长问题而言，跨国经验证据表明的典型化事实是，解释不同国家收入水平和增长差异的最重要因素是 TFP 而非要素积累"。

---

① 可以通过一个思想试验来说明。前现代社会，农民使用犁耙耕作；现代社会，农民借助机械设备进行耕作。假设以某不变计价物衡量，一副犁耙的价格是100，一套机械设备的价格是10000，在增长核算中我们就会看到，在前现代社会，1单位的劳动与100单位的资本组合进行生产；在现代社会，劳动资本比则是1比10000。直观地看，确实是更多的产出"对应着"更高的人均资本，但因此就可以认为是资本积累"决定了"增长吗？我们立刻可以问一个问题，在前现代社会，为什么农民没有按照1比10000的劳动资本比进行生产呢？答案是显然的：给定使用犁耙的耕作技术，1比10000的劳动资本比意味着1个农民要操作100副犁耙，如果在这种技术局限下追加的99副犁耙在经济上是不划算的，就没有人会去进行这种"资本积累"。不同的技术条件，决定了生产活动中单位劳动力能匹配的最适宜资本量，只有实现了技术进步，人均资本的稳态水平才有可能提高，长期增长才有可能实现。

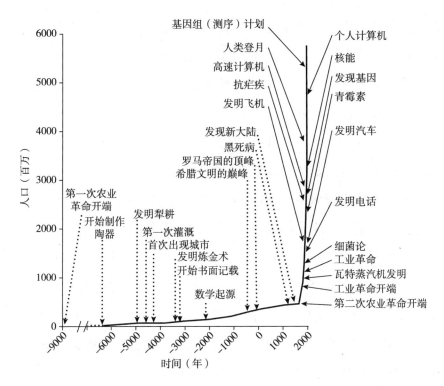

图 7.1　世界人口增长与技术发展史上的一些主要进展

资料来源：RobertFogel（1999）。

二、追赶经济体不同阶段技术进步的主要实现方式

在具体的增长核算分解中，技术变化被纳入全要素生产率（TFP）当中加以处理。但是，对于实证研究和政策讨论而言，无论是"技术进步"还是"TFP"，其概念都显得过于抽象。在展开下一步讨论之前，需要明确"技术进步或者TFP到底是什么"？

在 Solow（1956）提出了新古典增长分析框架后，增长和发展

领域的研究者们进一步细化了对 TFP 的界定和处理。在目前较为细致的讨论框架下，TFP 可以分解为四个部分①。

①前沿技术进步（frontier technological progress），衡量经济体中的生产技术前沿的变动。

②技术效率（technical efficiency），衡量实际生产的产出效率与生产技术前沿决定的最佳效率的接近程度。

③要素的配置效率（allocative efficiency），衡量生产要素的实际配置与技术特征决定的最优要素配置的偏离程度。

④规模效益（scale effects），衡量了生产投入规模扩大带来的影响。与前三个部分相比，这一因素与技术进步的关系并不直接，可以认为是 TFP 中刨去前三个因素后的剩余，因而可以理解为"余项的余项"，在经验研究当中也很少发现这部分对 TFP 有很重要的影响，因此，我们后面不再过多讨论这一效应。

上述对 TFP 的进一步分解，实际上反映了研究者们在增长问题研究中对于"技术进步"这一概念认识的深化："技术进步"真正落实在经济生产当中，不仅是某个行业或生产部门通过创新或者模仿引进了一项新的技术方法，更进一步包括这项技术实际运用效率的提高，以及整个生产部门当中的要素投入按照这项新技术的要求重新配置达到最适比例的过程②。

基于上述认识，研究者们识别了经济体技术变化最重要的影响因素，这些因素包括：

---

① 对 TFP 的分解处理有很多方法，但不同方法分解后的定义基本可以相互嵌套容纳，这里给出的是一种较为细致的分解方式，来自 Kumbhakar 等（2000）。

② 在后面的分析中，我们也将在这一意义上使用"技术进步"这一说法。

　　①生产者的微观激励。只有生产者能够获得技术进步带来的增量收益，才会愿意为新技术投资。

　　②人力资本的积累。要最大程度地发挥新技术的效能，需要劳动者知识技能的提升跟进。

　　③灵活的要素流动和再配置机制。如果要素的流动阻滞，新技术实际上无法在整个生产部门推广开来。

　　④经济体的开放度。这一点对于后发国家尤其重要，因为，一方面，后发国家的大量技术引进是通过外国投资和国际贸易实现的，另一方面，开放度提高使得国内的生产者面临更加激烈的竞争，从而更有可能去学习和引进新技术。

　　上述几个方面实际上属于经济制度的范畴。我们无意在此争论"在长期增长中技术重要还是制度重要"这样的问题，但在本文的分析框架下可以认为，上述这些制度的落脚点，都是为了提升经济体的整体技术水平和技术效率而服务的。研究者们在实证分析中也发现，离开技术进步，上述这些制度难以对长期增长产生显著的独立影响。因此，要理解或推断一个经济体的长期增长表现，就要根据影响这个经济体 TFP 增长趋势的这些因素展开分析。

三、技术进步与后发经济体的追赶周期

1. 后发国家与前沿发达国家的增长特征和增长机制有所不同

　　如果以技术作为研判经济体长期增长的切入点，我们应该首先对前沿发达国家与后发国家进行区分，因为两者的技术进步实现机制有重要区别。

其中，前沿发达国家的技术进步主要来源于试错与创新。试错创新高成本、高风险的特征决定了前沿发达国家的长期增长不可能太快，增长的趋势变化也基本由重大创新的周期阶段主导。如美国在过去180年左右的时间里，30年移动平均的GDP年均增长率大约在4%左右，40年和50年移动平均的增长率约为3%~4%。剔除人口增长因素之后，人均GDP的长期增长率围绕着2%波动。这基本可以看作人类技术进步以及由此引致的资本重置共同作用之下的潜在增长率。

后发国家与前沿发达国家最大的不同，在于可以通过技术引进和技术模仿实现技术进步。在接近世界技术前沿之前，技术模仿的风险和成本理论上都有可能低于自主研发创新的成本。后发国家的长期增长表现如何，在很大程度上就取决于能否利用好这一理论上的"后发优势"，最大程度地以技术追赶推动实现经济追赶。

2. 后发优势逐步释放形成"追赶周期"的五个阶段

总体上看，后发经济体的追赶过程由起飞、追赶、回落三个时期构成。其中，追赶时期，由于经济增长主导动力不同，又可分为高速、中高速、中低速三个增长阶段。这样，从增速表现和动力转换的角度，我们可将追赶周期划分为五个阶段（见图7.2）。

①起飞阶段。在制度变革或外部环境的触发下，后发国家开始脱离低水平均衡，向持续高增长转换。这一过程通常较快完成，但是某些国家如印度也会持续较长时间。

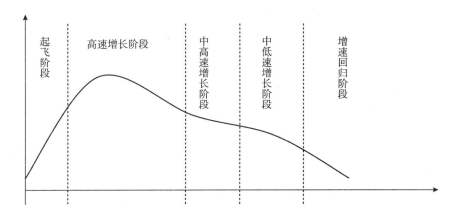

图 7.2 后发经济体追赶周期的五个阶段

②数量扩张型高增长阶段。基本特点如下。第一，要素供给条件非常宽松（比如，存在大量的剩余劳动力、土地资源丰富、大量的优质矿产资源有待开发、环境生态问题尚不构成制约，等等）。第二，需求空间巨大，国际市场几乎空间无限，而国内市场也存在大量的供给空白有待填补。第三，存在大量的可以免费使用的适用技术或技术引进成本较低。在这样的条件下，经济增长自然会主要依赖以数量扩张为主的粗放发展模式，其基本特点是大量的新企业、新产能产生，而较少有企业和产能被淘汰。经济增长的主要动力是，快速技术进步驱动的要素投入增加和资本积累。这个阶段效率的提高则主要是通过要素从闲置状态或低效部门转向高效部门实现的。这种全要素生产率提高的模式可称为 TFP1。这个阶段通常会持续 20~30 年。

③质量提升型中高速增长阶段。经过一定时期的高速增长，发展水平显著提升，与前沿国家的发展差距也会明显缩小，这时，与追赶进程初期的情况相比，经济环境会发生一些重要变化。第一，

要素供给对增长的制约显著增强，劳动力、土地价格快速上升，环境压力日益凸显。第二，市场需求对经济增长的约束也显著增强。虽然国内基础设施、工业设备投资、房地产投资等仍有增长空间，但与追赶初期的情形相比，空间已经明显缩小，增速也显著放慢，有些地区增长空间已相对饱和，进入质量提升或更新换代阶段。消费市场也有较大提升空间，但追赶初期广泛存在的市场供给空白点已经基本不存在，更多的是需要升级换代。出口市场方面，追赶初期，由于经济体量小，出口占全球份额有限，但随着出口份额的不断增加，对全球市场的影响越来越大，受全球市场的制约也越来越明显，这一点对像中国这样的大国尤其明显。第三，技术差距虽然依然较大，但像追赶初期那样适用的免费的先进技术越来越少，技术引进不仅成本上升，而且难度增加。在这样的条件下，经济增长将需要转为主要依靠质量的提升和效率的提高来推动，而效率的提高除继续来自于资源要素从闲置状态或低效部门向高效部门的转移（TFP1）外，将会越来越多地依靠模仿创新和行业内部企业产能之间的优胜劣汰（TFP2）来实现。在这种情况下，增长的最主要特点就是优胜劣汰，新的企业、新的产能的出现往往会导致旧的企业、旧的产能被淘汰而退出市场，而不像追赶初期那样，新产能的出现并不需要大量淘汰旧的产能。

④创新引领型中低增长阶段。追赶进程的后期，发展水平进一步提升，与前沿国家的技术差距进一步缩小，增长环境也会随之出现新的变化。第一，工资和其他要素的价格虽然还不及前沿国家水平，但已经远远超过其他发展中国家，在国际市场范围内基本丧失比较优势。依靠技术引进和模仿式创新很难消化企业投入成本上升

带来的压力。第二，需求方面，城市化水平接近峰值，基础设施、房地产等的建设已基本完成，剩下的主要是更新换代和质量提升问题。消费品市场也基本饱和，如果没有技术突破，也只能是更新换代。出口方面，大多数出口产品已经成为与前沿国家的中低端产业的竞争，因此，贸易摩擦不断。第三，技术方面，技术引进不仅价格高昂，而且由于越来越接近技术核心，受到非经济因素的干扰越来越多，引进的难度越来越大。第四，与此同时，不论是从技术水平、人才队伍，还是从产业基础、资金实力来看，进行前沿创新的条件越来越成熟。在这种情况下，在继续进行技术引进和模仿创新的同时，企业开始尝试前沿创新，试图通过创造新的市场机会和技术路线获取高额利润（TFP3）。实现 TFP3 需要企业投入更多的资金，面临更高的市场和技术路线的风险。也需要经济体投入更多的社会先行资本，建设完备的教育、科研、金融体系。该阶段追赶难度进一步加大，经济增长速度回落到更低水平。

⑤增速回归阶段。后发优势完全释放，追赶进程基本结束，TFP3 成为主要增长动力。经济增长速度与发达国家基本相当，市场体系完善、产业结构稳定。制度、资源、文化等因素对创新和增长水平的影响凸显。

五个阶段的更替是渐进的过程。其中，二、三、四阶段可以合并称为追赶时期，这个时期的共同特征是，后发优势虽有变化，但优势依然存在，因此，都具有实现比前沿国家更高增长速度的潜力。追赶时期，潜在增速的变化并不意味着追赶进程的结束，而是追赶阶段转变。另外，受外部经济冲击、国际环境变化的影响，增长阶段的形态、内涵等也会出现不同的变化。

这一追赶过程构成了一个与通常的商业周期类似的完整周期，鉴于现有研究尚未把这一组典型化事实作为一个整体讨论，我们可将这种周期称为"追赶周期"（Catching – up Cycle）。

3. 已经起飞但没有完成追赶的后发国家的增长减速

从追赶周期的视角来看，成功追赶型经济体在基本接近前沿国家生产率水平后的阶段性减速有典型性。但除此以外，还有另外一种典型的减速形态，即后发国家在经济起飞后但又尚未完成技术追赶之前，就"提前"出现的阶段性减速[①]。

增长提前减速的结果，是这些国家长期停留在中等收入阶段，无法实现向高收入国家的跃迁。按照 2005 年不变美元价格计算，如果我们关注人均收入在 1000 ~ 10000 美元区间的国家群组，Penn World Table 数据库中有足够统计数据的国家或地区在 1961 年是 61 个。表 7.1 给出了这些经济体在随后 50 年的增长表现。到 2010 年，仍有 37 个国家位于中等收入区间。

表 7.1　　　　　　　　　　中等收入经济体的数量变化

年份	中等收入经济体	步入高收入行列	由高收入行列返回
1961	61		
1971	51	10	
1981	47	5	1（伊朗）
1991	45	3	1（墨西哥）
2001	44	1	
2010	37	8	1（加蓬）

数据来源：根据 Penn World Table 数据库整理。

---

① 当然，还有的后发国家连经济起飞都没有实现。但既然没有起飞，也就不会有增长减速。

对于这些经济体，是否也是技术进步和生产率的增长瓶颈在背后起到制约呢？Wu（2013）根据 Penn World Table 计算了这些经济体在 1961～1990 年间的增长中的 TFP 贡献（表7.2），特别地，作者区分了 TFP 中的技术进步和技术效率各自的贡献。可以看到，实现了向更高收入跃迁的中等收入经济体，在 30 年增长当中的 TFP 增长贡献率达到 7.3%。与此对比，陷入中等收入陷阱的经济体的 TFP 增长贡献率却是 -1.7%。年均增速较高的经济体，技术进步的贡献率也较高。因此，中等收入经济体的长期增长表现差异的关键影响因素，就是技术进步能否对增长产生助益。

这也提示我们，从追赶周期的角度看，长期增长的"技术含量"，可以作为后发国家在追赶周期当中能否避免提前过快减速的一个判断依据。

表7.2　1961～1990 年不同收入经济体长期增长中的 TFP 贡献

经济体群组	数量	GDP 年均增长率（%）	经济增长中的 TFP 贡献（%）			
			技术进步	技术效率	合计	贡献率
高收入经济体	16	3.3	1.1	0.1	1.2	34.8
中等收入经济体	61	4.6	1.2	-0.6	0.6	12.1
实现了向更高收入跃迁的	16	5.7	1.9	-1.5	0.4	7.3
陷入中等收入陷阱的	45	4.3	1.3	-1.4	-0.1	-1.7

数据来源：Wu（2013）。

此外，我们还可以看到，高收入经济体长期增长的 TFP 贡献率比中等收入经济体更高，达到 34.8%。这种优势源出何处呢？如果仅从技术进步的角度看，中等收入经济体增长中的技术进步贡献比高收入经济体更大，这在一定程度上正是"后发优势"的反映。但在提升技术效率①方面，中等收入经济体则与高收入经济体差距较大。这说明，中等收入经济体在提升生产效率的过程中遇到的一个重要挑战，是在从前沿国家获得新技术之后，如何克服既有的制度扭曲、弥补人力资本缺口以及消除资源流动障碍，使得技术能够真正在生产活动中彻底地更新和充分地发挥效力。

四、从追赶周期的视角理解中国的长期增长

1. 改革所释放的 TFP 增长推动了以往的经济追赶

对于理解中国的长期增长，技术进步和 TFP 的变动依然是至关重要的变量。

在对未来进行预判之前，首先解构一下中国在过去的增长。Zhu（2012）根据 Penn World Table 分别对改革开放之前和之后两段时期的中国经济增长进行了增长核算。如表 7.3 中的结果显示，在 1978 年之前，中国经济增长中的 TFP 贡献率是 -72.03%，这说明生产和技术效率在此期间实际是在退步的。在 TFP 的低贡献率下，改革开放前的人均 GDP 增长率平均只有 2.97%，接近美国同期的增长速度，"后发优势"基本没有得到利用。1978 年之后，TFP 成为中国长期增长最重要的增长源，TFP 年均增长率达到 3.16%，对人均 GDP 增长的平均贡献率达到 77.89%。与日本、中

---

① 由于不同研究者使用了不同的 TFP 分解技术，"技术效率"所涵盖的内容也有所区别。在 Wu（2013）的研究当中，TFP 仅被分解为"技术进步"和"技术效率"，因此，这里的"技术效率"实际包括了 Kumbhakar 框架下的技术效率和要素配置效率。

国香港、韩国等成功追赶型经济体在其高速增长追赶时期的 TFP 增长及贡献率相比，中国增长的"技术含量"实际都要更高。

表 7.3　　　　　中国长期经济增长及各要素贡献率分解（%）

时期	年均增长率					对人均产出增长的贡献率				
	人均 GDP	劳动参与率	资本产出比	人力资本	TFP	人均 GDP	劳动参与率	资本产出比	人力资本	TFP
1952～1978 年	2.97	0.11	3.45	1.55	−1.07	100	3.63	116.15	52.25	−72.03
1978～2007 年	8.12	0.57	0.04	1.18	3.16	100	7.05	0.51	14.55	77.89

数据来源：Zhu（2012）。

中国的 TFP 增长是依靠什么实现的呢？前面提到，能够提升 TFP 的技术因素包括前沿技术进步、技术利用效率和配置效率的提高等，后发国家依靠制度和结构改革，能够为此提供激励和支持。图 7.3 给出了中国 TFP 增长的时间轨迹，从中可以直观看到，改革开放以来，中国经济的高增长主要是在 1981～1987 年、1988～

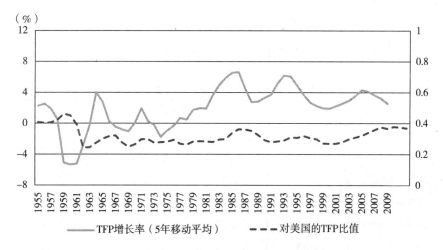

图 7.3　中国长期增长中的 TFP 增速及与美国相对值

数据来源：作者根据 Penn World Table 整理。

1996 年、1997~2008 年的三波 TFP 增长中实现的。结合这些波段转折变化发生时点的启示，更加细致的实证研究可以揭示 1978 年以来对中国提升 TFP 最为重要的改革和政策措施。

第一轮带来 TFP 提升的改革是从农业部门发起的。1978 年开始的农业改革包括两个重要方面，一是农产品价格的提高，二是家庭联产承包责任制的建立和推广。这些改革有力地改善了农业生产的微观激励。根据 Zhu（2012）的计算，1978~1984 年之间，农业部门的 TFP 年均增长率达到 5.62%。在这一阶段，农业 TFP 的提高主要来自化肥、农药、机械使用等中间投入品的增加，可以认为是提升了既往的技术效率，农业生产技术本身并未太大进步，因而到了 1980 年代后半期，农业生产率发生较大减速。从 1990 年前后，农业部门进行了更加深入的市场化改革，农业投入品和农产品市场逐渐开放，这对农民采用新技术提供了强大的激励。根据 Brant 和 Zhu（2010）的计算，1988~1998 年、1998~2007 年的农业 TFP 年均增长率分别达到 5.10% 和 4.13%（表7.4）。

表7.4　　　　中国改革开放以来不同部门的 TFP 增长率（%）

时期	年均 TFP 增长率			
	农业部门	非农部门		平均
		国有部门	非国有部门	
1978~2007 年	4.01	1.68	3.91	3.61
1978~1988 年	2.79	-0.36	5.87	3.83
1988~1998 年	5.10	0.27	2.17	2.45
1998~2007 年	4.13	5.50	3.67	4.68

数据来源：Brant 和 Zhu（2010）。

比农业改革稍晚进行的非农部门改革，同样也对部门内的生产效率的提升起到了巨大的推动作用。1980 年代早期的非农部门改革包括价格双轨制和经济决策权下放两项重要内容，改革的主要结果是导致乡镇企业的兴起和繁荣。从表 7.4 中可以看出，在 1978 ~ 1988 年间，非国有部门的 TFP 年均增长率达到 5.87%，这源于更强的经济激励、更激烈的市场竞争、中间投入的更优配置。但是不彻底的产权改革和逐步紧张的融资约束，限制了乡镇企业进行技术创新的激励和能力，到了 1990 年代的中期，乡镇企业的 TFP 增长已经难以持续。

从 1997 年开始实施的新一轮市场化改革以及 2001 年加入世界贸易组织所带来的进一步开放，成为中国最近一波 TFP 增长的主要推动力。1997 年，中共十五大在经济改革方面作出的重要决策包括国有企业的所有制改革和民营企业的合法化。这一改革对国有企业和非国有企业的生产率增长都产生了很强的促进作用。Brant 和 Zhu（2010）的估算发现，1998 ~ 2007 年，国有和非国有部门全要素生产率的年均增长率分别达到 5.5% 和 3.67%。值得注意的是，资源配置效率的提高对这一时期的 TFP 增长起到了极大贡献。根据 Brandt 等（2013）的估计，这一时期工业部门资源的重新配置对生产率增长的贡献达到 72%。资源配置效率的提高，一方面得益于市场化改革建立的不同所有制企业都可进入、退出行业的机制，另一方面得益于贸易自由化带来的更加激烈的市场竞争。

2. 未来中国仍然有可观的 TFP 追赶空间

对比成功追赶型经济体的追赶周期与中国过去三十余年增长中的 TFP 变动特征（图 7.3），我们可以得到两点观察。第一，从相对的 TFP 水平来看，中国的 TFP 在 2009 年接近美国同期的 40%。而那些有过持续高速增长的追赶经济体在增长减速时的同一指标都远高于此，例如，日本、韩国、中国台湾等基本都在 TFP 达到美国的 80%～90% 左右时才进入减速区间的。第二，成功追赶型经济体在基本完成向前沿收敛、进入 TFP 增长瓶颈后，TFP 增长率和 TFP 相对水平值的变化呈反向联系——这实际上正是进入瓶颈的主要表征，但对中国而言，TFP 增长率和 TFP 相对水平值的变化直到最近还基本处于同向变动态势。

这些对比说明，中国未来依然有很大的 TFP 持续增长空间，进而也有机会继续保持一段时期较高速度的经济增长。Perkins 和 Rawski（2008）围绕不同的 TFP 增速设定对中国到 2025 年之前的增长前景进行了匡算。他们发现，在投资率位于 25%～35% 区间的假定下，如果 TFP 的年均增长率达到 4.3%～4.8%，中国能够实现 9% 的 GDP 增长；如果 TFP 的年均增长率达到 2.2%～2.7%，中国则能够实现保持 6% 的 GDP 增长。这一预测当然有诸多的不确定性，但可以明确的是，中国未来的经济增速走向将在极大程度上取决于 TFP 的增长状况。

接下来的问题是，中国未来 TFP 的增长潜力在哪里呢？我们可以从技术进步、配置效率两个主要方面进行分析。

在技术进步方面，作为后发追赶型国家，中国的技术进步在相当长一段时期将仍然以技术引进和模仿为主。从生产的角度讲，决定经济体技术进步潜力的，不仅是新的技术、创意和工艺是否在本国诞生，也包括国内企业吸收和使用新技术的能力。大量研究表明，世界前沿技术进步是高技能劳动偏向的，决定后发国家技术追赶能力的一项重要因素是其人力资本（特别是受过高等教育的人力资本部分）的质量和水平。世界经济论坛（WEF）发布的《2013～2014年全球竞争力报告》对世界各个国家的技术获得能力进行了评估，相比较中国的总体竞争力排名（29）以及GDP在世界的排位，中国企业对新技术的获得能力仍然偏低（表7.5）。导致中国技术吸收能力弱的主要原因，一是中高等教育的质量仍有较大不足，我国的中等教育和高等教育入学率在世界上仅分别排在第90位和第83位。二是中国受过高等教育的劳动力在生产性行业的就业比例过低，例如，根据2013年《我国教育结构与人才供求状况》的研究报告，中国的大学毕业生在农业中的就业比例是0.6%，美国则高达24.6%；在制造业中为10.3%，美国为30.0%；在交通业中为10.8%，美国为27.1%；在商业、贸易、餐饮和旅游业中为11%，美国为28.6%。因此，改善人力资本供给以及行业配置效率，对于中国未来的生产率增长至关重要。

表7.5　　　　　　　　　　　　　中国的技术吸收能力

指标	国际排名
经济体对前沿技术的获得能力	105
企业对新技术的吸收能力	71
FDI和技术转移	78
互联网的用户比例	78
固定宽带的用户比例	49
网络的人均使用流量	118
移动宽带的用户比例	71

数据来源：WEF，《2013～2014年全球竞争力报告》。

在提升资源配置效率方面，中国亦有相当大的改进空间。实际上，资源在生产率较低的部门和企业的错配程度对于生产率的国别差异的重要影响，是近年来增长和发展领域最重要的发现之一（Restuccia 和 Rogerson，2013）。对中国而言，资源错配发生在两个层面。一是结构性的错配，因为后发国家的农业生产率追赶通常要大大慢于制造业的生产率追赶，因此，农业部门过高的就业占比将造成生产效率的损失。袁志刚等（2011）估算发现，改革开放以来，中国农业部门就业比重过大，对全要素生产率产生的负面影响达到 2% ~18% 之间，并且这种负面效应并没有随着发展和改革的推进显著降低①。二是部门内不同生产经营个体间的资源错配。在农业部门，由于农村信贷市场的不发达、土地规模的限制、农产品流动的效率不高、缺乏规则的政府干预，使得农业部门的资本和劳动配置扭曲严重。朱喜等（2011）的估算表明，如果能够有效消除这些扭曲，中国农业的 TFP 有望增长 20% 以上，而东部和西部地区更有望提高 30% 以上。在非农部门，资源的错配主要存在于不同区域以及同一区域内的国有企业和民营企业之间。Hsieh 和 Klenow（2009）使用了规模以上工业企业数据估算的结果表明，制造业资源错配带来的生产率损失在 30% 以上。Brandt 等（2012）的估算也得到了类似的结论。导致非农部门资源错配的一项重要制度扭曲是国有银行主导的金融体系，在这一体系下，地方政府和国有企业更容易得到贷款，民营企业则面临很大的融资约束，但在生产效率方面前者比后者更低。

---

① 农业部门就业比重过大是农业部门和非农部门之间资源错配的一个表征。与此对比，前文提到的农村改革改善的主要是农业部门内部的 TFP。

3. 决定未来长期增长的关键依然是改革

处于后发追赶周期是理解中国长期增长的基本背景。在此追赶过程中，与前沿国家的技术差距决定了中国未来的增长潜力，这种潜力能否充分释放，则取决于技术进步和生产效率提升的速度。从中国改革开放以来三十余年增长的起伏历程可以看到，以往的每一波高速增长和效率提升都是由改革推动实现的，并且每当前一波改革的红利基本释放、增长即将进入转折点时，总会有新的改革及时启动，为新一轮增长添加动力。

自 2007 年以来发生的最近一次增长减速，当然有国际金融危机等短期冲击造成的影响，但根据以往的增长波段，也基本可以推断出上一轮改革的增长红利即将释放完毕。因此，未来的增长前景依然取决于中国能否实施新一轮的重大改革。尽管十八届三中全会对未来全面深化改革提供了一个丰富、详细的计划清单，但根据我们之前的分析，对于增长最为重要的改革事项，是教育科研体制改革、金融改革、国有企业改革以及垄断行业的管制放松。

在现阶段的人类社会发展当中，技术和效率提升已然并非被动地由政策和制度决定，而是会对政策设计和制度变化产生相当的反作用力。例如，最近中国兴起的互联网金融就对银行体系产生了极大的影响。尽管如此，仅靠制度和技术的自然共生演化，对实现增长而言可能还是太过缓慢了，因而在为增长提速方面，政策制定依然有很大的作为空间。政府应当把握住技术变革、打破利益集团的束缚提供的有利契机，在那些存在严重体制扭曲同时又对增长有重要意义的重点领域，切实推进改革。

参考文献

［1］蔡昉. 理解中国经济发展的过去、现在和将来. 经济研究，2013（11）

［2］胡瑞文. 我国教育结构与人才供求状况. 课题研究报告，2013

［3］刘世锦等. 陷阱还是高墙：中国经济面临的真实挑战与战略选择. 北京：中信出版社，2011

［4］袁志刚，解栋栋. 中国劳动力错配对 TFP 的影响分析. 经济研究，2011（7）

［5］朱喜，史清华，盖庆恩. 要素配置扭曲与农业全要素生产率. 经济研究，2011（5）

［6］Brandt L，Tombe T，Zhu X. Factor market distortions across time, space and sectors in China. *Review of Economic Dynamics*，2013，16（1）

［7］Brandt L，Zhu X. Accounting for China's growth. Working paper，2010

［8］Eichengreen B，Park D，Shin K. When Fast – Growing Economies Slow Down：International Evidence and Implications for China. *Asian Economic Papers*，2012，11（1）

［9］Fogel R W. Catching up with the economy. *American Economic Review*，1999

［10］Hsieh C T，Klenow P J. Misallocation and manufacturing TFP in China and India. *The Quarterly Journal of Economics*，2009，124（4）

［11］Johnson C. *MITI and the Japanese miracle：the growth of industrial policy*：1925 – 1975. Stanford University Press，1982

［12］Kumbhakar S C，Denny M，Fuss M. Estimation and decomposition of productivity change when production is not efficient：a paneldata approach. *Econometric Reviews*，2000，19（4）

［13］Perkins D H，Rawski T G. Forecasting China's economic growth to 2025. *China's Great Economic Transformation*，2008

［14］Restuccia D，Rogerson R. Misallocation and productivity. *Review of Economic Dynamics*，2013，16（1）

［15］Schwab K. *The Global Competitiveness Report* 2013 – 2014. Switzerland：World Economic Forum. 2013

［16］Solow R M. A contribution to the theory of economic growth. *The Quarterly Journal of Economics*，1956，70（1）

［17］Easterly W，Levine R. What have we learned from a decade of empirical research on growth? It's

Not Factor Accumulation: Stylized Facts and Growth Models. *The World Bank Economic Review*, 2001, 15 (2)

[18] Wu Y. Productivity, Economic Growth and Middle Income Traps: Implications for China. Working paper, 2013

[19] Zhu X. Understanding China's growth: Past, present, and future. *The Journal of Economic Perspectives*, 2012

第八章
从混合型到库兹涅茨型：中国经济增长阶段转换

　　国际著名学者库兹涅茨研究发达国家近百年增长历史后得出结论：现代经济增长主要是通过全要素生产率的提高而实现的。这种增长模式也被冠以库兹涅兹型增长[1]。库兹涅茨的观点也带来一些争议，其中一些与后发国家增长相关，比如，库兹涅茨型增长是工业化的标准增长模式吗？后发国家是不是可以不经过大规模资本积累，而专注于提高全要素生产率就可以获得良好的增长绩效？

　　面对这些问题，其他学者在库兹涅兹研究的基础上扩展了历史数据的时间跨度，分析结果显示工业化先行国家在经济成熟之前存在主要依靠资本积累的增长阶段。更进一步的研究表明，跟随型工业化国家的增长模式与先行国家是不同的。日本发展经济学家速水佑次郎认为，发展中国家可以在挤压式增长的过程中同时依靠全要素增长率的提高和资本积累。正是由于同时依靠这两种力量，后发

---

① 速水佑次郎，神门善久：《发展经济学：从贫困到富裕》（第三版），李周译，社会科学文献出版社 2009 年版。

国家的经济增长速度才比先行国家高很多。

中国经济增长伴随着超过 40% 的平均投资率和年均 17% 的投资增长率。然而，问题的关键是，这样高的投资率是如何形成的？如果不存在一个可以维系多年的内生增长机制，投资资金来源、预期利润的保持都难以为继。作为一个后发国家，中国高增长同样是同时依靠资本积累和全要素生产率的提高。

然而，当前这两种力量都面临着调整。通过技术引进和结构调整带来的全要素生产率提高的空间越来越小；随着资本存量的扩大，如果效率增速下降，维持同样的增速就需要更高的积累率。然而，市场空间缩小，要素成本上升等因素又会制约企业利润的提高，资金来源就会更有限。这对矛盾必然会导致原有增长模式的变化和经济增长速度的下降。这对矛盾既是对我国经济增长的挑战，也说明我国经济正逐步走向成熟。在走向成熟的过程中，我国经济将更多地依靠全要素增长率的提高，但并不排除资本积累依然发挥一定的作用。这一转换过程将是渐进、持续较长时间的。

一、工业化增长的大历史：从资本
积累型到库兹涅茨型

虽然对工业化先行国家近 100 年的增长核算显示，TFP 是其增长的主要动力。然而，如果将样本的时间范围扩大，可以发现，工业化国家早期主要依靠资本积累推动经济增长。从主要依靠资本积

累到主要依靠全要素生产率的提高是工业化增长的基本规律。

（一）全要素增长率是工业化成熟国家的主要增长动力

增长核算涉及一些重要的假设前提，而且对某些数据的处理办法一直存在争议，所以，结论的差异往往较大。然而，主流的结论均认为，成熟工业化国家的增长动力主要来源于全要素生产率的增长。

1. 库兹涅茨对若干发达国家增长核算的分析

库兹涅茨比较了20世纪60年代之前几个主要发达资本主义国家在过去50～100年间增长的主要动力（见表8.1），揭示这些国家的增长动力主要来源于全要素增长率的提升[①]。

表8.1　若干发达国家产出、投入和全要素生产率的增长（%）

国别	年份	年平均增长率				全要素生产率在增长中的贡献
		产品	劳动	资本	全要素生产率	
英国	1855～1913	1.8	0.7	1.4	1.1	73
	1935～1963	1.9	0.8	1.8	1.1	73
法国	1913～1966	2.3	0.5	2.0	2.8	75
挪威	1879～1899	1.7	0.7	1.9	1.0	80
	1899～1956	2.8	0.3	2.5	2.5	84
加拿大（GNP）	1891～1926	3.0	1.8	2.7	1.2	75
	1926～1957	3.9	0.8	2.9	3.1	87
美国（GNP）	1889～1929	3.7	1.7	3.8	2.0	60
	1929～1957	2.9	0.5	1.0	2.4	96

数据来源：转引至速水佑次郎。

---

① 速水佑次郎，神门善久：《发展经济学：从贫困到富裕》（第三版），李周译，社会科学文献出版社2009年版。

从测算的结果看，广义的技术进步在发达国家的经济增长中起着决定性的作用。数据显示的特点与这些国家的现实表现也是相符的。实际收入的增长快于劳动投入的增长，这说明劳动生产率是提高的。资本存量的增长快于劳动投入的增长，但是慢于实际收入的增长，这使得资本产出比下降，也就是说，单位资本创造的产出是增加的。而资本产出比的下降主要是由于广义的技术进步引起的。

2. 索洛对美国 20 世纪前半期的分析，肯定了全要素增长率的决定性作用

利用余值的测算方法，索洛估算了从 1909～1949 年期间，技术进步对于美国经济增长的主要贡献。具体测算的结果显示，在四十年间，美国人均产出增长了一倍，同期生产函数中技术增长了 80%。总增长中大约有 1/8 是由人均资本的增长带来的，7/8 是由技术变化带来的。

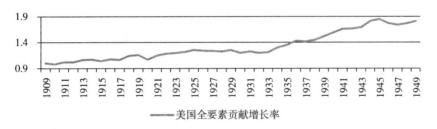

图 8.1　1909～1949 年美国全要素贡献增长率（%）

数据来源：索洛，《经济增长因素分析》。

3. 丹尼斯的测算支持发达国家主要依靠全要素增长率的提升

丹尼斯是增长分析领域知名的学者，他的分析也支持大多数发达国家的增长主要依靠全要素增长率的提高。

表 8.2　　　　　　　发达国家增长因素分析（%）

国家	年份	标准增长率	劳动	资本	要素投入	技术进步	技术进步占比
比利时	1950~1962	3.03	0.76	0.41	1.17	1.86	0.61
丹麦	1950~1962	3.63	0.59	0.96	1.55	2.08	0.57
法国	1950~1962	4.70	0.45	0.79	1.24	3.46	0.74
联邦德国	1950~1962	6.27	1.37	1.41	2.78	3.49	0.56
意大利	1950~1962	5.60	0.96	0.70	1.66	3.94	0.70
北爱尔兰	1950~1962	4.07	0.87	1.04	1.91	2.16	0.53
挪威	1950~1962	3.43	0.15	0.89	1.04	2.39	0.70
英国	1950~1962	2.38	0.60	0.51	1.11	1.27	0.53
日本	1953~1971	8.81	1.85	2.10	3.95	4.86	0.55

数据来源：索洛，《经济增长因素分析》，商务印书馆 1991 年版。

4. 苏联学者对美国战后增长动力的分析支持全要素生产率的重要作用

苏联学者拉祖连科利用投入产出分析和宏观模型相结合的办法，测算了"集约因素"（相当于全要素生产率）对美国 1950 年之后制造业部分增长的贡献。从结果看，制造业部分超过 60% 以上的增长是由于全要素生产率提高带来的。

表 8.3　　　　美国 1950 年之后全要素生产率对增长的贡献（%）

年份	国民收入	固定基金	就业人数	全要素生产率的贡献
1950~1955	4.15	3.4	0.7	72
1950~1960	3.0	3.05	0.3	82
1960~1965	5.1	2.9	0.7	78
1960~1968	4.3	3.5	0.6	76
1960~1972	4.0	3.35	1.2	56

数据来源：索洛，《经济增长因素分析》，商务印书馆 1991 年版。

由于全要素生产率的测算是建立在一定的假设前提下的，并需要对数据进行细致精确的修正，而这种修正并没有标准化的模式。所以对于发达国家全要素生产率的贡献，不同学者之间的观点是有差异的。最具有代表性的是乔根森的观点，他认为，美国的全要素贡献率在10%以下。美国全要素生产率的年均增长率比索洛、丹尼斯估计的低10倍，仅在0.1%的量级上。我们无法对他们的数据和方法进行重演计算，然而从发达国家技术创新的能力及其对其他国家的扩散、公认的技术创新速度等证据上考量，库兹涅茨等人的观点认可度更高。在测算中，索洛、丹尼斯对技术的归并更符合人们的普遍认识，而乔根森几乎将所有的技术进步都归并在要素上，并不符合通常的分析。

（二）从更长历史时期看，资本积累是工业化国家早期的主要动力

如上一节所述，工业化成熟国家增长主要依靠全要素增长率的贡献。然而，在工业化的早期，这些国家也都经历过资本积累速度较快的时期。

1. 阿布拉摩维茨的观点

阿布拉摩维茨认为，工业化初期所存在的经济增长类型主要是以资本积累而不是以技术进步为基础的。如表8.4所示，在1900年之前，美国的增长更多的是依靠资本积累，当时的全要素增长率是较低的，仅有0.2%~0.4%。到了后期，全要素增长率达到1%以上。当然，受创新周期的影响，全要素增长率也并不是持续一个节奏增长，20世纪70年代之后，增长率有一定的下降，但比工业

化早期还是要高出许多的。

表8.4　　　美国工业化历程中全要素生产率的贡献率测算（%）

年份	资本收入份额	年平均增长率		全要素生产率的贡献
		劳动生产率	全要素生产率	
1800～1855	0.34	0.4	0.2	50
1855～1890	0.45	1.1	0.4	36
1890～1927	0.46	2.0	1.4	70
1929～1966	0.35	2.7	2.1	78
1966～1989	0.35	1.4	0.8	57

注：转引至速水佑次郎。

2. 巴罗的研究也支持工业化早期发达国家更加依靠资本积累

巴罗的研究也支持在工业化早期，发展主要依靠资本积累的观点。大量的文献支持在工业化早期资本收入份额相对较高，此后逐步下降的结论。而在整个时期，资本产出比相对是比较稳定的。资本的收益份额明显下降，资本收入比相对稳定，那么生产率中有更多的成分是由技术进步贡献的。

表8.5　　　　　　　　　资本收入份额的国别比较

国家	时期	资本份额	参考文献
日本	1913～1938	40	大川和罗索夫斯基（1973）
	1954～1964	31	
英国	1856～1873	41	马修斯、范斯坦和奥德灵—斯米（1982）
	1873～1913	43	
	1913～1951	33	
	1951～1973	27	
美国	1899～1919	35	肯德里克（1961）肯德里克（1973）
	1919～1953	25	
	1929～1953	29	

数据来源：罗伯特·巴罗，《现代经济周期理论》，商务印书馆1997年版。

（三）从资本积累型增长到库兹涅茨型增长的主要原因

从主要依靠资本积累到主要依靠全要素生产率的提高，此过程符合经济学的规律，相对于全要素生产率的提高，资本积累的速度较快。当增长条件具备后，通过较快的资本积累，生产函数就可以扩展到生产可能性边界，从而将经济增长的过程推进到需要提高全要素生产率从而重新构架生产函数的阶段。然而，技术水平的提高是一个系统工程，需要教育、基础科学进步、创新体制建设等多个领域共同培育，其过程将是较长的。

速水佑次郎对工业化国家早期为何存在从资本积累型向库兹涅茨型转换提出两个重要的理由。第一，工业技术体制由可见技术变为不可见技术，人们的需要从标准化产品转变为有差别的产品，它们合在一起，改变了技术进步的速度和方向；第二，在新的"不可视的"技术体制中对诸如教育和研究这样的无形资本投资的急剧增长，使得全要素生产率对 GDP 的增长贡献增加。

我们认为，这是重要的观点，但原因不限于此。当发达国家增长收敛到技术前沿时，其增长一定是主要依靠全要素增长率的提高，而这过程是与技术进步相联系的。技术前沿的推进是一个缓慢的过程，没有新的技术或商业模式打破原有平衡，过度的投资只能引起经济的波动，不会引起永久性的增长。

二、工业化后发国家：从混合型到库兹涅茨型

（一）追赶型国家表现出混合型特点

自工业革命以来，西方发达国家用了 200 多年的时间，才完成大多数人摆脱贫困的经济发展过程。日本的这个过程缩短到不足 100 年，亚洲新兴工业化经济体的这一过程缩短到不足 40 年。巴罗的研究指出，追赶型国家的增长与发达国家是不同的。增长核算分析显示，追赶型国家可以在较长时间里保持同时依靠资本积累和全要素增长率促进经济增长。

表 8.6　　　日本工业化历程中同时依靠全要素增长率和投资（%）

年份	资本收入份额	年平均增长率		全要素生产率的贡献
		劳动生产率	全要素生产率	
1888 ~ 1900	0.33	2.1	0.2	10
1900 ~ 1920	0.39	2.7	0.3	11
1920 ~ 1937	0.43	2.3	1.1	48
1958 ~ 1970	0.33	8.2	4.4	54
1970 ~ 1990	0.28	3.8	1.7	45

注：转引至速水佑次郎。

对照表 8.5 和表 8.6 我们看到，当美国全要素增长率提高到 1% 以上后，其对经济的贡献上升到 70%。而日本 1920 年全要素生产率上升到 1.1% 后，全要素增长的贡献仍在 50% 以下。而且在大约 70 年的时间里保持了资本积累与全要素生产率共同推进经济增长的阶段。

需要指出的是，后发国家并不是一旦经济启动后就马上进入混

合型增长的阶段。在后发国家的早期，仍然更加接近资本积累型增长。我们看到，在同一时间段，由于日本的工业化程度更高，其资本产出弹性相对于高速增长的韩国、中国台湾低，而其全要素生产率增速却较高。所以，其增长也更多依靠全要素增长率的提升。

表8.7　　　　　日本、韩国、中国台湾增长动力情况（%）

国家和地区	时期	资本产出弹性	全要素生产率增长	全要素生产率的贡献
韩国	1960～1990	0.45	1.1	21
中国台湾省	1953～1990	0.49	1.5	24
日本	1957～1990	0.30	3.1	52

数据来源：索洛，《经济增长因素分析》，商务印书馆1991年版。

（二）技术引进是追赶型国家出现混合特征的核心原因

发展中国家在工业化过程中从发达国家引进技术的渠道很多。比如，以下两种最基本的渠道。第一，跨国公司把产品研究与开发基地放在高素质人力资源禀赋丰富的高收入国家，而将生产基地放在发展中国家。这一特点在日本的早期、韩国、中国等国家和地区都可以观察到。这样的过程延缓了发展中国家资本产出比上升的过程，从投入和全要素生产率两个方面增加了其增长的潜力。

第二，全球化下的技术趋同性。全球化意味着模仿和知识、技巧的扩散，其中，组织形式、技术和科学从创新的国家迁移到模仿的国家。全球化还伴随着人员、资本的流动，也会促进技术从发达国家扩展到发展中国家。

由于技术引进的速度远远高于技术创新的速度，当发展中国家具有一定的技术吸收能力后，技术进步将在增长中发挥更加重要的作用。

三、从增长核算角度看中国增长阶段转换

（一）中国增长阶段符合追赶型国家混合型的特点

从中国改革开放以来经济增长的表现看，中国符合多数后发追赶型国家的典型特征。

①资本的份额和投资率都处于较高位置。从当前收入分配的情况看，资本收入占国民收入比重仍然处于较高的水平。2007 年达到高点 57.4%，2008 年之后由于国际金融危机带来的冲击，资本收入份额有所下降。不考虑宏观经济短期的影响，资本收入份额处于高位。

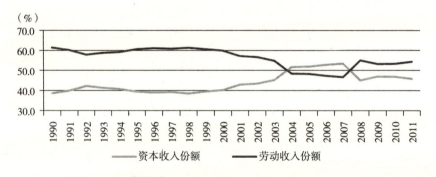

图 8.2　中国产品中的资本收入份额

数据来源：国家统计局，作者计算。

②全要素增长率在经济增长中的贡献较高。对于中国全要素增长率的测算及其在增长中的贡献结果并不一致。但是从实际经济的直观感受看，在中国经济的运行中，技术进步、市场效率、规模经

济都无可争辩地有了明显的提高。

表 8.8　　　　　　　中国全要素增长率的测算（%）

作者	时间	全要素增长率增速	GDP 增速	全要素增长率贡献
王志刚，龚六堂，陈玉宇（2006）①	1978～2003	4.4	9.7	45
JINGHAI ZHENG 等（2008）	1978～1995	3.6～4.0	10.1	36～40
傅龙等（2009）	1978～2006	—	10.7	27
樊纲（2008）	1953～1978	—	5.8	5.3
	1979～1988	—	10.1	33.3
	1989～1999	—	9.59	46.1
	1999～2005	—	9.11	40
范志勇（2013）	1981～2002	—	—	40.7
	2003～2010	—	—	19.8
罗期基（2008）	1978～2005	3.8	9.5	40
社科院数量所（2009）	1981～2005	3.59	9.79	36.7

（二）"混合型"动力是中国能持续高增长的主要原因

正是由于全要素增长率的提高和资本积累的共同作用，中国经济才保持了持续 30 余年的高增长。这两个因素之所以能够持续地起作用，主要因以下的机制。

①市场规模的持续扩展。对外开放和国内市场化导向的改革，促使我国市场不断扩大。从国内来说，在改革的过程中，随着人民生活水平的提高，出现了从轻工到电器到汽车的消费升级过程，拉

---

① 王志刚，龚六堂，陈玉宇："地区间生产效率与全要素生产率增长率分解"，《中国社会科学》，2003 年第 6 期。

动高投资。在国际上，由于我国生产要素相对较便宜，出口保持了超过 20% 的增速，成为全球最大的出口生产国。国内、国际市场的扩张还带来了规模经济，为我国全要素生产率的提高贡献了重要力量。

②对外开放促进了技术转移。出口部门是我国技术进步最快的部门，而出口生产部门很大一部分是外商投资企业。这些企业通过技术转让、人员流动等方式带来很强的技术溢出，进而提升内贸部门的生产效率。

③结构调整带来生产效率的大幅度提高。通过劳动力、土地等生产要素从农业部门向非农部门的转换、从国有部门向私营部门的转移，提高了全社会的生产效率。效率的提高又保证了企业能够有相对较高的利润，从而保证了高投资率。

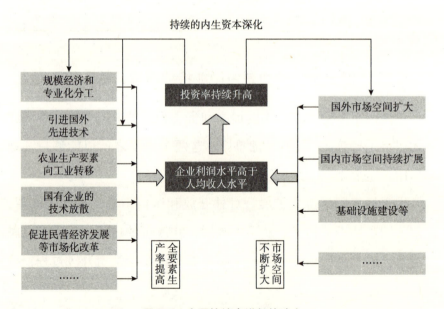

图 8.3　中国持续高增长的动力

④市场化改革带来民营经济的高速发展。通过民营对国有经济的部分取代，生产效率得到提升，企业盈利水平提高。同样有利于保持较高的储蓄率，进而提高全社会的投资率。

（三）维持中国原有增长动力的条件正在发生变化

1. 受利润水平的影响，高投资率会发生调整

随着收入水平的提高，人们的生育意愿逐步降低，加上计划生育政策的长期效应，我国人口呈现"低出生、低死亡、低增长"的特点。2012 年，我国劳动年龄人口比上年净减少 345 万人，出现改革开放以来的首次下降，低劳动力成本优势正在逐步削弱。这将在很大程度上提高企业的成本。

除劳动力外，其他生产要素价格普遍提高。土地资源紧张，价格上涨。极端天气和污染事件增多，资源环境压力加大，企业用于环保等领域的支出快速上升。

老龄化带来对社会保障投入的加大，全社会的投资率会下降。随着老龄化的进一步发展，用于社会保障和医疗卫生方面的支出将加大，挤占社会用于积累的资金，投资率将会下降。

2. 全要素生产率提升的内在机制也正发生变化

随着我国经济面临的内外部环境的变化，增长动力逐步从同时依靠资本积累和全要素生产率向主要依靠后者转变。实际上，全要素生产率提高的内在机制也在发生变化。

市场扩张速度放缓，规模经济带来的效率提升空间有限。金融危机后，我国出口增速从 20% 下降到不足 10%，而且预期将会长

期维持在这一水平上。基础设施、房地产领域也进入调整时期，同时会降低国内市场的规模。

通过结构调整带来的效率提高空间有限。我国每年转移约1000万农村劳动力到城市。随着城市人口数量的增多，转移同样人口带来的效率提升是有限的，而同时农村剩余劳动力数量有限。

我国可以在短时间内走完先行国家多年走过的道路，一个重要原因就是可以引进、消化、吸收现成的先进技术，快速提升全要素生产率（TFP）。目前，我国在电动汽车、光伏发电、通信器材、航空航天等领域正在接近世界技术前沿，未来将有更多的领域和产业达到这一水平。当技术水平接近前沿时，后发优势逐渐削弱，TFP对经济增长的贡献下降。

（四）培育以全要素生产率为中心的新动力

工业化增长动力从依靠资本积累到主要依靠全要素生产率是一个必然的过程。作为一个后发国家，中国充分利用了全球化的新机遇和国内大量富余劳动力，实现了同时依靠资本积累和全要素生产率提高进而获得长时期的高增长。

然而，随着经济成熟度逐步提高，投资收益与早期相比明显下降。随着人口老龄化的加剧，劳动力成本上升，企业和社会的资本积累能力下降，再维持高达20%以上的投资率，难度越来越大。与此同时，通过结构调整和技术引进提高全要素生产率的空间越来越小。中国增长动力面临两项挑战，一个是要逐步从依靠投资、依靠全要素生产率的提高转向主要依靠全要素生产率的提高。另一项是全要素生产率的提高要由主要依靠农业向工业转换、由国外技术引进转向主要依靠行业内的优胜劣汰、依靠自主创新能力的提高。培育新的全要素生产率增长动力，需要有以下一些政策。

①完善、高效的金融体系。在高速增长阶段，银行不需要细致认真地做贷款客户的背景分析就可以获得高收益。增长阶段转换期，银行需要将资金配置到行业内最有发展潜力的部门。

②加大人力资本的投资。在主要依靠资本积累的阶段，经济生产是主要用实物资产去代替劳动力。而到了依靠全要素生产率的阶段，主要依靠知识资本去代替实物资本。这种资本可以是技术，也有可能是受过更高教育的知识性人才。

③加强创新体系、知识产权保护等社会基础设施建设。通过鼓励创新，提高自主创新能力；培育全社会的创新文化，容忍失败，加强社会安全网的建设，降低创新失败的风险。

参考资料

[1] 王志刚，龚六堂，陈玉宇. 地区间生产效率与全要素生产率增长率分解. 中国社会科学，2003（6）

[2] 林重庚，迈克尔·斯宾塞. 中国经济中长期发展和转型：国际视角的思考和建议. 北京：中信出版社，2011

[3] 速水佑次郎，神门善久. 发展经济学：从贫困到富裕（第三版）. 北京：社会科学文献出版社，2009

[4] 罗伯特·索洛. 经济增长因素分析. 北京：商务印书馆，1991

[5] 劳伦·勃兰特，托马斯·罗斯基. 伟大的中国经济转型. 上海：格致出版社，2009

[6] 费景汉，古斯塔夫·拉尼斯. 增长和发展：演进观点. 北京：商务印书馆，2004

第九章
应对增长阶段转换的政策建议

　　从数量扩张向质量提升的过程中，中国潜在增速仍可保持在6%～8%的中高增速上。但是，后发优势所决定的潜在增速，只是就中长期增长的可能性而言，并不等于现实增速。换句话说，潜在增速只是实现中高速增长的一个必要条件，而非充分条件，它的实现还需要适宜的体制政策环境及正确的发展战略等其他因素的配合。在后发追赶型经济增长的过程中，从"高速"增长向"中高速"增长的转变，不仅意味着增长速度的变化，也同时意味着增长动力、增长方式和增长阶段的重大变化。中高速增长并不能在延续高增长时期旧的体制模式和增长模式下自动实现，而是需要我们通过改革的深化和政策的调整去争取，需要政府、企业和社会各方面共同为此做出努力。如果不能真正建立起适应发展阶段变化的、有利于实现增长方式转变的体制和政策环境，那么不仅中高速的增长潜力不会变为现实，经济也有可能很快滑落至低速徘徊，甚至落入所谓的"中等收入陷阱"而难以自拔。防范各类风险，培育新的增长动力是增长阶段转换中面临的两大任务。

一、增长阶段转换期面临的主要挑战

增长阶段转换期，原有的经济平衡被打破，新的增长动力正在形成，经济结构出现剧烈变化，带来风险和挑战。

1. 增长阶段转换期，增速下降带来财政、金融风险

我国高速发展过程中形成速度效益性经济模式，财政收入的增长弹性不对称。经济增速高时，财政收入也高；经济增速下降时，财政收入大幅下降。2010～2012 年间，GDP 增速从 10.4% 下降至 7.8%，同期财政收入增幅从最高的 25% 下降至 12.8%，下降了 12.2 个百分点，是 GDP 增速降幅的 5 倍多。由于财政支出具有一定的刚性，即使在收入下降时期，用于保持经济社会稳定方面的支出不仅不能缩减，还需要增加，财政收支平衡压力加大。

增长阶段转换期，金融风险可能会迅速累积。在增长动力和结构变化的过程中，各种资源、要素需要在不同行业、领域和企业间进行重新配置。当新的增长空间不足以覆盖资源重新配置引起的不良资产时，将引发金融风险；基于高增速评估的资产价值，在增速下降后将出现贬值。尤其是基础设施投资收益下降、回收期延长，部分资产将从优良资产转变为不良资产。金融机构的不良率可能明显上升。地方政府的基础设施投资，主要通过财政担保、土地抵押等方式从金融机构获取信贷资金，债务风险可能转化为金融风险。

2. 培育经济新增长点和增长动力面临挑战

实现增长阶段的平稳转换，需要培育新的增长点和增长动力。面临需求、供给条件的变化，培育新增长点面临诸多困难。

外需对经济增长的拉动作用远超过 GDP 核算角度净出口的贡献。出口增速回落，围绕外需的投资、原材料采购、就业和职工收入等都会受到影响，并通过产业链、消费等途径向其他领域传导。弥补外需不足形成的缺口，需要扩大内需，尤其是消费需求。而消费需求受收入水平、制度因素的影响较大。短期内难以明显上升。

促进现代服务业发展，需要在文化、教育、医疗、交通、通信等领域打破垄断，放松政府管制，彻底消除民营企业面临的"玻璃墙"、"弹簧门"等问题；需要建立公平、规范、透明的市场准入标准，探索适合新型服务业态发展的市场管理办法；需要改革财税、金融体制，通过结构性减税和大力发展中小金融机构等，为中小服务业企业的成长壮大创造良好环境。

实施创新驱动发展战略，需要改革劳动力、土地、资源等要素价格形成机制，使其充分反映稀缺程度和市场供求关系，引导增长动力从要素投入向创新驱动的转变；需要完善科技创新体制机制，加快教育改革发展，增强科技创新能力。需要改革金融体系，将资源更多配置到创新领域。

3. 培育新竞争优势的难度在加大

在低成本竞争优势逐步削弱之后，需要在高附加值、高科技含量产品的生产上形成新的竞争优势，实现从成本优势向创新优势的转变。国际金融危机后，以美国、日本、法国为代表的发达国家实施"再制造业化"战略，进一步增强在传统制造业优势环节的竞争力，尤其是创造出更高端的、具有更高附加值的新兴产业，抢占先进制造业制高点。与此同时，以互联网、新能源为代表的新一轮产业革命正在兴起，发达国家在技术、人才、资金、制度等方面的优势明显。总体上看，我国产业在技术装备、创新能力上与发达国家的差距可能再度扩大。

新竞争优势对政府职能和企业能力都提出了更高的要求。政府职能需要由政策扶持、指导向制度保障变革，营造各类市场主体公平竞争的环境，形成尊重知识、尊重人才的社会氛围；企业需要增加研发投入，加强产业链上下游的组织与整合，提高产业链的创新能力等。

金融、财税体系需要适应新的竞争环境。当前以国有银行为主的金融结构与发展创新型产业、服务业和中小企业不匹配，客观上需要一种资金来源市场化、风险分散流量化、信息公开透明化的金融制度。科研资金的财政投入机制、企业研发的财税支持政策与措施也需要系统性地调整。

二、当前推动增长阶段顺利转换的政策建议

增长阶段转换期是追赶周期中的关键阶段。转得好，为下一阶段的追赶创造良好的起点，转得不好则有可能打断追赶进程，掉入"中等收入陷阱"。推动增长阶段顺利转换，需要关注以下几个方面的措施。

①深化改革，释放新的制度红利，推动成本优势向创新优势转变。改革红利是推动中国持续高增长30余年的重要动力。虽然我国已经是全球第二大经济体、最大的制造业和货物贸易国，我国的市场经济体制仍不完善。一些高增长阶段看似有效的措施，比如，地方政府对经济的深度介入，在下一阶段未必适用。一些高增长阶段影响不是很大的政策，比如，职业教育的推广，在更加依靠人力资本投入的新阶段就显得很重要。应着力深化体制改革，释放新的制度红利，激活增长潜力。实施创新驱动发展战略，实现从成本优势向创新优势的转变，既是增长阶段平稳转换的关键所在，也决定了发展方式转变能否取得实质性进展和全面建成小康社会目标的实现。培育新增长动力和竞争优势面临的体制机制障碍，应成为近中期经济体制改革的重点。

②保持经济增长合理增速，避免"过度刺激"和"放任下滑"两种调控倾向。充分认识到增长阶段已经开始转换、宏观环境发生深刻变化的客观事实，将经济保持在合理水平上。政府、企业、市场和社会已经适应了高增长的宏观环境，也存在高增长的诉求。增速一旦回落，容易出现不顾潜在增长率下降的事实，政策刺激过度，结果不但不能恢复高增长，反而可能引发通胀和资产泡沫风险。阶段转换期，由于预期不稳、前景不明，容易出现短期快速下滑或剧烈波动。经济大幅下滑，将导致企业利润和财政收入加速恶化。如果对此认识和重视不够，忽视市场主体对经济减速需要逐步调整和适应的事实，政策应对不力，也有可能引发系统性风险。

③利用有序可控的局部风险释放，为长期增长创造条件。2008年以来，在外部环境、国内宏观调控和增长阶段转换的多重影响

下，经济运行中的风险逐步积累。当前，制造业产能过剩、地方融资平台债务、房地产泡沫三大因素与影子银行相互结合，普遍抬高了国内无风险利率的水平，加速风险累积过程。由于局部风险未得到及时处理，正源源不断地吸收金融资源，影响到其他企业的正常资金需求和经济增长。应采取有力措施，在可控的条件下，促使上述领域不良贷款和债务风险逐步暴露，防止风险扩散和累积，转化为系统性风险，影响经济长期增长潜力。

④传统动力与新兴增长动力并重，为培育"前沿创新"提供条件。增长阶段转换期，无论是从防范风险还是培育创新能力方面考虑，都应该让经济增长速度保持在合理水平上。只有这样，企业才能够有足够的盈利水平投入研发，也才能在发展中逐步化解结构调整中形成的不良资产。要保持相对较快的增速，需要同时发挥传统增长动力和新增长动力的作用。通过放开基础设施投资领域对民营企业的限制，发挥资本积累对增长的推进作用。将城市化、工业化、农业现代化紧密结合，充分释放结构转换带来的效率提升。利用技术革命带来的赶超优势，发展战略性新兴产业，实现技术进步的跨越式的发展。在发展应用创新的同时，在机制设计上，应该为考虑到"前沿创新"的需要，为实现从追赶型国家向前沿国家迈进准备条件。

三．培育增长动力和竞争优势的相关政策建议

在防范增长阶段转换过程中各类风险的同时，关键是要培育新

的增长动力和竞争优势，为新增长机制和增速平台的构建打好基础。主要有以下几个方面的内容。

（一）培育内、外需的新增长空间

①推进农业转移人口市民化，逐步把符合条件的农业转移人口转为城镇居民。创新人口管理，加快户籍制度改革，全面放开建制镇和小城市落户限制，有序放开中等城市落户限制，合理确定大城市落户条件，严格控制特大城市人口规模。

②调整优化政府支出结构，切实改善公共服务供给；加快完善社会保障体系，建立健全社会安全网；规范收入秩序，积极发挥"第三次分配"的作用。按照基本公共服务均等化的要求，重新整合碎片化的社保制度，提高统筹层次，建立健全统一、公平、可接续的社保体系。

③释放基建投资潜力的改革。支线铁路、城际铁路、资源开发性铁路所有权、经营权率先向社会资本开放，通过股权置换等形式引导社会资本投资既有干线铁路。建立公益性运输合理补偿和经营性铁路合理定价机制，为社会资本进入铁路领域创造条件。

④加快发展服务业。放宽投资准入。面对"玻璃门"、"弹簧门"等问题，统一内外资法律法规，保持外资政策稳定、透明、可预期。推进金融、教育、文化、医疗等服务业领域有序开放，放开育幼养老、建筑设计、会计审计、商贸物流、电子商务等服务业领域外资准入限制。

（二）培育竞争新优势、促进产业转型升级

①营造公平稳定的环境，激发产业发展的活力和动力。处理好政府与市场的关系，转变政府职能，减少政府审批，减少政府对"冠军企业"的选拔，减少对企业的直接补贴。建立新型准入和退出机制。消除或明或暗的所有制歧视。在企业退出上，建立优胜劣汰、规范有序的退出激励约束机制，降低退出成本，妥善处理各种社会矛盾，促进落后企业、落后产能的平稳退出。

②解决好行政性垄断以及自然垄断与市场垄断不分的问题。鼓励和引导社会资本通过多种形式参与垄断行业业务重组与公平竞争。强化信息公开和产业预警，打破地区市场分割和垄断。推进服务业开放，形成金融支持实体经济的良好制度环境，形成企业不是通过垄断而是通过创新获取利润的发展机制。

③加快要素市场化改革。按照市场定价、比价合理、监管有效的原则，建立促进绿色发展的能源资源价格体系，深化电力、成品油、天然气、水价和利率市场化改革。逐步建立城乡统一的建设用地市场。大力发展技术交易市场，完善知识产权质押制度，积极推进科技成果产权化。

④进一步提升发达地区产业集群竞争力。实施国家"产业集群竞争力计划"，引导科技、人才、文化、信息、教育等高端要素集聚，增强产业集群的黏性、根植性和创新能力，提高产业国际竞争力。针对产业链发展上的"短板"和瓶颈，引导产业由加工制造环节向研发、设计、品牌、网络等中高端价值链环节攀升，加快形成强大成熟的产业链条。加强中介服务组织的培育和发展。

（三）建立适应开放创新、合作创新与全球竞争新形势的政策体系

①加快建立以企业为主体、市场为导向、产学研用紧密结合的技术创新体系。进一步完善财政、税收、金融、业绩考核、人员流动、公共平台、市场应用等政策，大力培育"鼓励创新、宽容失败"的文化和社会氛围，有针对性地增强不同所有制、不同规模企业的创新动力，引导企业自觉增加研发投入，加强技术研发和技术战略储备。积极搭建创新平台，建立创新资源和利益共享机制，加强产学研用合作。

②鼓励和激发大众创新。加强国民的科学教育、科普工作以及创新的宣传力度。努力建立新型的科学与公众的关系，从公众被动接受科学知识转向科学家与公众交流互动，使公众对科技发展和创新有更多的知情权，理解创新，支持创新，参与创新，监督创新，并不断完善制度，激发大众创新、草根创新的积极性。

③加强区域创新和开放式创新。结合区域特色和优势，积极依托创新载体，加快构建涵盖制度创新、技术创新、管理创新、服务创新在内的区域创新体系，培育若干个区域创新特色区，发挥集聚辐射作用，形成特色产业和优势产业。充分依托我国的市场、人才等优势，利用全球创新资源，推进智力、资本和市场的深度合作，共同创造和分享国际创新成果。

④加大人力资本投入，推动"人口红利"向"人才红利"转变。进一步完善人才激励政策。在坚持市场导向的前提下，充分发挥政府引导作用，不仅强化企业是创新的主体，还要强化人才是企

业创新的主体。适应多数创新型企业"轻资产"的特点，改革"重设备不重人"的不合理研发管理体制，让资金更多地向激励人才创新的方向倾斜。完善政策，推动建立科研机构和高校人才与企业人才的双向流动机制。加大吸引海内外优秀人才创新创业力度。完善人才柔性合作机制。尤其要重视从事原始性创新和创业人才团队的引进。

⑤实施产业导向的教育和培训制度。加强人才队伍培养，进一步发挥高校和科研院所的支撑和引领作用。建立企校联合培养人才的新机制，促进创新型、应用型、复合型和技能型人才的培养。倡导产业报国，加强对企业家的培训、服务。创新职业培训模式。

⑥借鉴发达国家高度重视专利、版权、设计和商标、软件、数据库、品牌等无形资产的经验，在引导各地重视有形资产投资的同时，更加重视无形资产的投入，推动经济增长动力由土地、劳动力、资源等有形资产向研发、设计、品牌、软件等无形资产转变，使无形资产成为我国产业竞争力提升的新驱动力量。

⑦发展多层次资本市场，促进创新融资。加快发展多层次资本市场，积极推进私募股权交易市场，拓宽风险资本退出渠道，促进债券市场加快发展等。

⑧加大创新试点力度，在区域创新体系建设中释放改革红利。将北京、上海和沿海发达省份作为区域创新体制改革的先行先试区。对直接影响创新要素质量和流动性的领域，如高等教育制度、科研院所体制、海外人才移民和工作制度等率先推进改革。促进发达省份区域创新体系与国际接轨，通过制度建设培育中国未来的创新中心。

第十章
国内对我国中长期增长潜力和阶段转换问题的比较研究

2008 年国际金融危机后，中国经济增速持续下降，从接近 10% 的高增速下降到 7% ~ 8% 的中高增速。从微观层面上看，各种要素供给普遍紧张，劳动年龄人口 2012 年出现净减少；建设用地指标紧张，土地价格在高位继续攀升；虽然货币供应相对宽松，但企业资金紧张，银行间隔夜拆借利率出现反常波动。从宏观层面上看，经济结构处于调整期。城镇化率超过 50%，增速有所放缓；第三产业在经济中的占比超过第二产业；外需增长出现深幅调整。在结构调整的同时，经济增长动力不足。虽然 2008 年反危机政策促使经济在 2009 年有明显回升，但是此后增速一路下降。2011 年、2012 年均有小规模的经济刺激政策，但都未能重新启动民间投资，这反映经济体的内生增长动力正在发生变化。

经济体系出现的变化，引起对中国中长期增长的广泛关注。有研究认为，当前变化是外部需求冲击的影响，中长期增长的趋势与动力未发生本质性的改变；也有研究认为，中国高增长阶段已经结束，会像日本、韩国或中国台湾一样以下台阶的方式调整潜在增长率；还有研究承认中国当前内外部增长条件的变化，但认为中国经济可以在7%～8%的速度上再保持20年以上的增长。像中国这样大规模的经济体，其高速增长在历史上没有先例。利用国际比较或者其他一些经验证据估测其未来10～20年的增长前景，不确定性很大，难以形成压倒性的意见。然而，对各种观点有益的成分进行综合，可以引导我们得出更加清晰、稳固的增长图景。

一、对中国中长期增长潜力的乐观估计

（一）林毅夫的长期增长论[①]

1. 核心观点和主要论据

林毅夫认为，通过发挥后发优势，中国未来20年潜在增速可保持在8%左右。其核心论据是：发展中国家可利用后发优势，通过采用国际上已有的创新和科技成果，实现比发达国家更快的经济增长。他认为，中国2008年人均GDP只有美国同期的21%。此比例相当于日本1951年的水平、台湾省1975年的水平和韩国1977年的水平。而在此阶段，日本、韩国和中国台湾都维持了几十年高达7%～9%的经济增速。所以，从国际比较看，后发优势可以支撑中国在未来较长时期保持高增长。

2. 分析的主要逻辑和评价

林毅夫进行国际比较时的核心思想是：追赶型国家与技术边界

---

① 林毅夫："中国8%经济增长率还可持续20年"，凤凰网，2012年9月。

的距离决定其高增长持续时间。认为后发国家可利用已有先进技术和创新成果，在增长不同阶段找到与自己比较优势相一致的产业，进而长期维持较高增速。当后发优势逐渐减弱时，产业转换难度加大，高增速就会结束。在分析中，长期增长论将人均生产能力作为技术水平的工具变量，将美国人均生产能力视为现实的技术边界。经济体人均 GDP 与美国的差距意味着其与技术边界的距离。在其他条件成熟的情况下，离技术边界越远则增长潜力就越大。

在上述国际比较中，暗含的逻辑是技术差距推动经济增长的表现是稳定的。然而，技术差距在不同时代的具体内涵可能不同，其对于经济增长的推动作用也会不同。比如，大规模生产汽车的技术和生产计算机操作系统的技术可能反映出相同的生产率差距，但是其对经济体系的作用机制是完全不同的。前者的生产链条更加长，需要大量设备投资，能推动经济高速增长；而后者更加依赖人力资源的投入，并不会引起集中的大规模投资。30 年前，美国和日本、韩国技术的差距，与当前中国和美国的技术差距在内容上有很大的不同。

上述比较也忽视了日本、韩国和中国台湾省经济外向度与中国大陆不同。持续增长论推理的逻辑是技术潜力通过产业升级带来经济增长。在此分析框架下，需求的实现并不是问题。日本、韩国和中国台湾省经济外向度非常高，其产业升级在很大程度上可以不受或少受市场空间的制约。然而，对中国这样的人口大国，当其加入某一产业时，即便是面对国际市场也会存在需求制约的问题。所以，仅从供给侧分析增长潜力容易高估中国增长潜力。

（二）钱颖一的增长轨迹论[①]

1. 核心观点和主要论据

该观点强调经济增长有不同的阶段性特征。在同一阶段，经济增长将表现出相同的轨迹。该阶段性特征与人均收入水平关系不大，而与经济起飞后持续时间有关。也就是说，增长轨迹是增长阶段的表现，如果本国历史上增长轨迹与其他国家相符，那么此后的增长态势也将与其他国家一致。按照此思路进行国际比较，中国2007 年的增长态势相当于日本60 年代，台湾省80 年代末，韩国90 年代初。从上述国家和地区此后的增长情况看，中国高增长还会持续相当一段时间。

2. 分析的主要逻辑及评价

增长轨迹论认为，增长过程存在客观规律，此规律支配着同类国家有近似的增长态势。一旦高增长启动，其增长轨迹在不同国家间可能会保持相同规律。虽然对这种规律的内在机制解释较少，但在面对很大不确定性时不失为一种参考的分析依据。由于增长是一个与环境深度嵌套的过程，要想从历史轨迹中得到规律一定只能将目标放在一些基本的机制上。如果我们在后发国家的增长过程中能够剔除掉外在的影响以及内在条件的不同，那么这种规律性可能就更容易令人信服。

钱颖一的观点有很强的启发性，如果不是通过认识后发国家增长的规律（通过增长轨迹表现出来），而仅仅是通过增速、人均收

---

① 钱颖一："中国经济增长潜力仍然相当大"，新浪网，2012 年 11 月。

入水平等要素进行比较进而对增长前景进行分析，说服力较弱。所以，研究后发国家的追赶机制应该是中长期增长分析的核心任务。

（三） 郑新立的增长资源论[①]

1. 核心观点和主要论据

该观点认为，中国有五个方面的增长潜力还可持续释放。一是城市化和消费升级的巨大需求潜力；二是金融资产提供的资金潜力；三是劳动力供给潜力；四是技术提升的空间潜力；五是我国土地利用潜力。通过结构调整和经济发展方式转变，将上述增长潜力不断释放，就能支撑我国经济未来二十年高速增长。郑新立不认为当前经济增长的基本面发生了巨大变化，更倾向于认为当前经济波动是一种外在的需求冲击。

2. 对观点和逻辑的评价

增长资源论忽视了增长资源向增长速度转换的机制，将增长的优势条件直接与潜在高增速联系在一起，逻辑存在跳跃。

潜在增速反映的是经济循环如何将支撑增长的资源转换为现实的增长速度。工业化结束后的低速增长期，人们收入和生活水平达到一定程度，短期内不会出现大规模需求增加，投资增长自然会谨慎、缓慢很多。同时，福利函数的改变影响到劳动者在闲暇与工作间的选择。需求不再支撑投资高增长，收入增长预期吸引到的劳动供给也有限，整个经济体系的增长速度会变慢。在这种情况下，即便是有增长的资源，经济也不会回到高增速。

---

① 郑新立："中国经济增长速度保持8%可到2030年"，凤凰网，2012年6月。

增长空间论罗列了支撑中国经济高增长的关键性资源。其内在的逻辑是：这些资源既然能够支撑当前的高增长，如果不发生本质性变化，那么也能支撑未来高增长。暂且不说资源的优势能否得到保证，其分析的逻辑忽视了经济的结构性变化。当经济高速增长 30 年后，供给结构、需求结构都发生了很多变化，历史上保障高增长的条件未必能够支撑未来的高增长。

（四）屈宏斌的赶超空间论[①]

屈宏斌指出，决定追赶型经济体赶超空间的是其与前沿国家人均收入水平的相对差距，而不是绝对差距。以人均 GDP 水平作为技术水平的代表，日本、韩国经济增长速度出现转折时与美国的相对技术差距大约为 60% 和 40% 左右。我国达到人均 10000 国际元（按 1990 年不变价格）这个可能的速度转折点时，与美国的技术差距仅为 26%，中国未来还有 10 年超过 8% 的高潜在增长率。

屈宏斌从追赶型国家与发达国家的差距入手分析中国未来的增长潜力。该方法与林毅夫的思路相当，但又稍有差异。屈宏斌强调了后发国家与前沿国家在不同时期的相对差距而不是绝对差距。如果更加关注追赶型国家特有的特征，那么与发达国家的相对差距，更能表明其增长的潜力。采用相对差距的办法，更清楚地表明了后发国家的追赶空间，是对国际比较方法的提高。但是这种比较方法同样忽视了技术差距可能带来的不同增长绩效。

---

① 屈宏斌，孙郡玮："改革提升中国潜在增长率"，《中国改革》，2014 年第 2 期。

二、对中国中长期增长潜力的悲观估计

（一）发展中心课题组的增长阶段转换论[1]

1. 主要观点和论据

国务院发展研究中心"中等收入陷阱"课题组，判断中国即将进入增长阶段转换期，即要从平均接近10%的高增速下降到7%或以下的中低增速。其结论主要来自以下几个论据。

①成功追赶型国家在人均GDP达到11000国际元左右时（按购买力平价计算的1990年不变价国际元）普遍都经历了从高经济增速下降到中低增速的过程。按此经验，我国近期也将进入经济增速转换期。

②利用各省与国际上规模相当国家的比对关系，估计各省未来增长情况，加总后得到全国未来增长趋势。结果显示，未来几年中国经济增速将会下台阶。

③利用追赶型国家在经济增速下台阶时电、钢铁、汽车等实物商品消耗水平，估算我国达到同样水平时的年份。结果显示，未来几年我国经济增速将随着重要实物消耗量增速下降，从高增速向中低增速转变。

---

[1] 刘世锦：《陷阱还是高墙：中国经济面临的真实挑战和战略选择》，中信出版社2011年版。

2. 分析的逻辑和评价

增长阶段转换论认为，中国经济从高速增长向中低速增长转换的原因有三条：挤压式增长中，技术后发优势逐渐减弱；供给条件发生变化不再支撑高增长；支撑重化工业发展的需求结构发生变化。实际上，维持高增长与结束高增长的要求不同，前者需具备多种条件，后者只要一项不具备就会发生。在增长阶段论指出的几个原因中，消费结构不再支撑高投资，从而使潜在增长速度下降，是最为有力的论据①。

在人均 11000 国际元左右时各国增速普遍回落，说明在此收入水平上需求发生了真实变化，并导致高增长结束。关键性商品比如用电量、汽车保有量、钢铁累计产量增速在相同人均 GDP 水平上出现转折，直接证明需求实际变化导致经济高增长结束。所以，增长阶段转换论的分析线索是从收入水平到需求结构再到经济增速。当然，增长阶段转换论也提及后发国家达到一定的增长水平后，与前沿国家技术差距变小，技术引进的难度加大。但对此观点的论证的素材并不多。

（二）王一鸣等"次高速增长阶段"②

王一鸣的团队对当前中国发展的有利和不利因素作了深入分析，认为中国潜在增长率将下降，进入"次高速增长阶段"。对于影响未来增长阶段转换的不利因素，认为有以下若干。①高储蓄率

① 刘世锦：《陷阱还是高墙：中国经济面临的真实挑战和战略选择》，中信出版社 2011 年版。

② 王一鸣等：《走向 2020：中国中长期发展的挑战和对策》，中国计划出版社 2011 年版。

的状况可能会发生改变。在人口年龄结构和居民消费倾向、周期性经济波动、体制机制作用的共同作用下，投资率可能会下行。②由于15~64岁劳动力人口到2015年将达到峰值，劳动力供需形势将发生变化。③由于技术差距变小，自主创新能力提高难度变大。劳动力转移的效率会下降。体制创新和市场化改革的空间变小，难度变大，全要素增长率的贡献会变小。④工业增加值达到主要国家历史高点，工业发展的外部环境发生了变化，工业扩张规模受资源环境的约束。⑤外部需求对经济增长作用可能变小。其原因包括世界经济增长速度变慢、保护主义抬头和全球再平衡带来调整压力等。⑥资源环境对经济增长的约束将持续强化。

而对于未来增长的有利因素主要有以下几点：内需市场加快扩展；产业转型升级加快推进；研发投入逐步加大；新人口红利形成；城市化形成新的动力；比较优势的区域转移；深化改革的潜力。

在这些有利和不利因素的共同作用下，中国正在进入从高增长向次高速增长阶段的转换过程中。

"次高速增长阶段"对于影响中国增长各方面的情况都进行了分析，既有需求的，也有供给的，有生产要素层面的，也有制度层面的。总体是很全面，但是并没有对过去中国高增长的内在机制进行分析，也未对条件变化后中国增长动力和机制进行分析，缺少一个理解阶段转换的内在逻辑。

三、关于中长期增长潜力分析的其他观点

（一）樊纲对中国持续高增长原因的解释和对未来的估计①

樊纲的主要观点是：二元经济下大量剩余劳动力的存在，降低了工资上升的速度，使国民收入中更多被企业以利润形式占有，造成企业储蓄的高涨，进而推动国民储蓄率的上涨。而伴随改革和市场开放，生产效率得到大幅度的提高。从效率提高得到的价值主要也被企业占有，进一步提高投资率。随着刘易斯拐点的临近，工资上涨幅度的增加会抑制储蓄率的上涨。这样的储蓄率上涨的停止可能对未来的高增长带来影响。

樊刚认为二元经济结构为经济发展提供了较高的储蓄率，导致投资的扩大与就业的增长。但是也会因为资本回报较高、储蓄率上涨而导致劳动收入占比下降，消费占比过低等结构的失衡。要持续增长，就需要在政策上进行收入转移支持，调节国民收入分配，适当提高劳动报酬和居民消费。当然，在此过程中需要平衡企业的资本积累能力，以保持一定的投资增速。

（二）蔡昉对人口红利和增长潜力的分析②

蔡昉认为，最近两年经济下行的趋势反映出我国潜在增长率已

---

① 樊纲，吕炎："经济发展阶段与国民储蓄率提高：刘易斯模型的扩展与应用"，《经济研究》，2013 年第 3 期。

② 蔡昉："人口红利与中国经济可持续增长"，《甘肃社会科学》，2013 年第 1 期。

发生变化。中国的潜在增长率在"十二五"和"十三五"期间将分别为 7.2% 和 6.1%，比 1995～2009 年的 9.8% 有明显的下降。潜在增长率的变化主要是由于 2010 年我国劳动年龄人口停止增长带来的人口红利消失，同时资本报酬递减现象逐步加重。

虽然人口红利对于中国、日本、韩国都是经济发展中的最重要的事件，但是由于中国的刘易斯转折点（2004 年）达到人口红利消失点（2013 年，按人口抚养比开始提高）只有 9 年的时间，而日本、韩国这两个时点中有 30～40 年的时间。这一变化对中国经济增长带来的劳动力短缺更明显，对经济的冲击也更加突出。

蔡坊建议，培育中国未来增长动力主要是通过延长第一次人口红利，创造条件挖掘第二次人口红利。具体可以通过产业转移的雁阵模式，将劳动密集型产业从沿海向中西部地区转移，进一步挖掘资源重新配置效率的潜力，从而延长第一次人口红利的效果。加大对于劳动者技能的培养，增加国家整体人力资本的积累，发挥第二次人口红利。

（三）托马斯·罗斯基的观点[①]

1. 主要的观点

托马斯·罗斯基回顾了中国过去的经济增长动力并对未来 20 年经济增长给出情境分析。其主要观点是，日本、韩国的经济从高速增长向低速增长转换时其人均 GDP 大约都在 13000 美元（2005 年价格），按作者估算，到 2015 年左右中国经济增长速度将出现明

---

① 劳伦·勃兰特，托马斯·罗斯基：《伟大的中国经济转型》，格致出版社 2008 年版。

显的下降。他认为，中国在 2025 年之前会保持 6% ~ 8% 的速度。在这一总的判断下，他分别对影响增长的多个环节进行了分析。

2015 年后中国的抚养率会上升。但是由于在 2025 年之后，抚养率才会超过 1990 ~ 2005 年的平均水平。所以，2025 年之前中国仍然可能保持较高的居民储蓄，政府和企业储蓄不会有大的下降。

教育增强型劳动力将对未来中国经济增长起到积极作用。因为预期生产率从教育的持续扩大中获得的收益，超过了由于成年劳动力实际数量下降的影响。

未来中国无法用资本形成率去填补全要素生产率的下降造成的增速损失，所以，未来全要素生产率对中国增长会起到关键性作用。

2. 保持中国经济持续高增长的建议

面对中国经济运行可能出现的新情况，罗斯基对中国经济增长提出以下建议：减少政府对于经济的干预，特别是在投资决策的领域；通过改革金融部门改善生产率持续提高的可能性；通过加强法律体系的建设，完善市场经济的保障体系；加强公共卫生、环境保护方面的工作，为增长提供一个稳定的外在环境。

（四）保罗·罗默的观点[①]

保罗·罗默认为，5% ~ 10% 的高增长是 21 世纪以来的独有现象。这种现象依赖于全球化为后发国家提供了可以迅速获得的技

---

① 林重庚，斯宾塞：《中国经济中长期发展和转型：国际视角的思考与建议》，中信出版社 2011 年版。

术，以及巨大的市场以克服国内不足以支撑的规模经济和专业化效益。在这个过程中，大量的劳动力从农业向非农业部门转移。中国也是在这一背景下展开的高增长。中国特有的模式是依赖于国有企业和农业部门中的劳动力向新兴制造企业流动，而这些制造企业依赖于大量的国外资本和技术。这种在部门间配置资源从而促进经济增长的模式在未来难以持续。

他认为，中国未来要保持高增长最主要的是保证生产率的提高，而这种提高是用更优秀的企业去替代老的企业。对此，他提出相关的建议：通过测算分部分的生产率增长，有针对性地提高生产率低的部门的效率；发挥金融中介的活力，促进他们更有效地配置资源；改进教育系统的效力，加强人力资本的培育；提升科研和创新系统的活力，减少政府对具体项目的干预；促进城市间竞争，走专业化的道路。

四、中国中长期增长分析的相关启示

中国崛起是世界经济发展史上一个特殊的案例。没有一个契合的样本可以作为中国未来十到二十年的增长潜力分析的依据。对中国持续高增长的解释和对未来预测的分歧是可以理解的。但是在国际比较和进行预测时应该注意到以下三个重要的因素。

中国是世界上最大的发展中国家。中国不能简单视为世界市场价格和数量的被动接受者。世界市场可能无法像容纳日本、韩国一样容纳中国不断扩大的生产能力。中国对生产资源的需求会改变全球的生产供给格局。

中国国内市场巨大而且发展不平衡，即使是中国人口相对较少的西北五省加在一起也相当于两个韩国、半个日本、三分之一个美国的人口。在未来的发展中，我国经济后发区域能够贡献的资源和提供的增长机会应该得到重视。

中国面临着与历史上完全不同的全球化格局。电子、通信技术的发展，交通便捷性的提高，当代的全球化水平比历史上任何时候都高。资金、技术、商品流动的速度与频率大幅提高，通过服务外包，劳动也在国际间流动。全球市场的整合效应对分工的深化、知识传播的促进也是前所未有的。

总体上看，乐观派认为，中国可能在未来 20 年仍保持相对较高的增速（5% ~6% 以上）；悲观派认为，中国未来 10 年左右会逐步回归在中低增速（3% ~4% 左右）。观点分歧的核心是对当前我国追赶阶段的认识不同。前者倾向认为中国长期处于追赶周期中，后者认为追赶周期接近结束。正是着眼点不同，对相同的国际经验就存在不同的解读。进一步研究中国的增长潜力需要在后发国家经济增长的特有规律上进行分析。根据我国经济增长的特点、创新和科技发展水平、生产性资产的累积状况，综合判断我国所处的追赶位置，进而分析增长的潜力。

参考文献

［1］林毅夫．中国8%经济增长率还可持续20年．凤凰网，2012 – 9

［2］钱颖一．中国经济增长潜力仍然相当大．新浪网，2012 – 11

［3］郑新立．中国经济增长速度保持8%可到2030年．凤凰网，2012 – 6

[4] 屈宏斌，孙郡玮. 改革提升中国潜在增长率. 中国改革，2014（2）

[5] 刘世锦. 陷阱还是高墙：中国经济面临的真实挑战和战略选择. 北京：中信出版社，2011

[6] 王一鸣等. 走向2020：中国中长期发展的挑战和对策. 北京：中国计划出版社，2011

[7] 樊纲，吕炎. 经济发展阶段与国民储蓄率提高：刘易斯模型的扩展与应用. 经济研究，2013（3）

[8] 蔡昉. 人口红利与中国经济可持续增长. 甘肃社会科学，2013（3）

[9] 劳伦·勃兰特，托马斯·罗斯基. 伟大的中国经济转型. 上海：格致出版社，2008

[10] 林重庚，斯宾塞. 中国经济中长期发展和转型：国际视角的思考与建议. 北京：中信出版社，2011

第十一章
国外学者对中国经济增长动力的研究及启示

一、对改革开放以来中国经济增长动力的研究

（一）发挥要素优势和生产率改善

Mathew Shane 等人把中国经济高速增长归因于中国的高资本形成率、丰富而廉价的劳动力和日益提高的全要素生产率。根据人力资本投资和制度变迁理论，有些国外学者更看重中国的教育事业、体制改革以及良好的投资环境（如基础设施）对中国经济增长的贡献。OECD 认为，中国有世界其他任何国家都难以比拟的比较优势，一是丰富的劳动力资源，二是"人优价廉"，劳动力价格不仅便宜，而且质量很高。根据 Shane 和 Gale 等人的估计，高投资对每年中国经济增长率的直接贡献在 4.7 到 6.4 个百分点之间，丰富廉价的劳动力资源对中国年均增长率的贡献超过 1 个百分点。帕金斯（2006）考察了我国长期以来资本、劳动和生产率提高对经济增长的贡献。他将中国经济分为三个阶段，在 1953 ~ 1957 年生产率的

提高对经济增长的贡献最大，但在此后的 20 年里生产率不仅没有
提高，反而有所下降，改革开放以后，从家庭联产承包责任制到乡
镇企业，再到大规模的外商直接投资，这些基础性的制度创新提高
了整体经济效率，带来了生产率的提高，为 GDP 增长贡献了 2.7 个
百分点。Shane 和 Gale 认为，中国的效率改进和全要素生产率的提
高归因于技术改善和劳动力技能的提高。Heytens 和 zebregs 认为，
在 1971～1998 年期间，效率改进和全要素生产率提高对每年中国
经济增长率的贡献都在 2 到 3 个百分点之间。

表 3.1　　　　　　　　中国国内生产总值增长的来源

年份	资本的贡献	劳动的贡献	生产率的贡献	GDP 增长率
1953～1957	1.412	2.016	2.972	6.4
1958～1978	2.340	2.142	-0.582	3.9
1979～2003	4.108	2.316	2.676	9.1

数据来源：帕金斯，2006。

（二）财政分权和地方政府竞争

Qian 等（1998）认为，中国改革的特征之一是财政权力的下
放，伴随这一过程，地方政府拥有了配置资源的一定权力并可获得
一定的收益，于是地方政府为吸引资本的流入而在基础设施建设方
面展开了竞争，竞争的结果是基础设施建设过多，而其他公共品供
给偏低。Qian 等（1999）利用组织原理来解释中国与东欧在改革
策略上的差异，认为中国属于 m 型的中央计划组织框架，而东欧则
属于 u 型，m 型较之于 u 型有信息优势，在不确定性较大导致较高
的成本的情况下，m 型适宜于渐进式改革，相反 u 型适宜于"大爆

炸"式的改革，中国合适的改革路径选择导致了中国经济快速增长。Law 等（2000）发展了一个简单的模型来分析中国的双轨制改革，认为双轨中计划轨通过保证计划的实施可以确保既得利益集团的既得利益不受损害，也即是最小化改革的阻力，在此基础上引入市场轨，通过帕累托改进逐步达到帕累托最优，因此，中国走的是一条没有受损者的改革之路，正是这样，中国这些年才实现了经济的高速增长。

（三）改革前的基础和有利的改革初始条件

一些学者从计划经济时代对改革开放以来的影响来解释经济发展的动力。印度裔经济学家、诺奖得主阿玛蒂亚森说："1949 年政治变革时中国的生活条件与当时印度的情况大致相差无几。但到改革前（印度和中国都是 80 年代开始的改革），印度和中国所处的相对地位就决定性地确立了，因为中国在初级教育和初级卫生保健方面取得了非同寻常的进步。"意大利社会学家乔万尼·阿里吉则用大量跨国数据证明，中国经济后 30 年之所以能够快速增长，奥妙就在于中国的劳动力素质比其他发展中国家高。美国政治学家曼瑟·奥尔森（Mancur Lloyd Olson）在 2000 年出版的遗著《权力与繁荣》中，直接拿中国与苏联作比较，认为中国改革成功的原因之一在于毛泽东的文革打破了凝固的官僚体系，使当时的中国不存在任何强势"分利集团"，为日后的改革扫平了道路。美国学者哈珀在 2010 年出版的《北京共识：中国威权模式将引导 21 世纪》中说，中国在"威权统治"下的崛起，给西方造成了巨大的挑战和威胁。认为中国特色的道路是"威权统治"下的社会主义制度与建设。彼得·诺兰和大卫·科茨在以宏观视角考察中国的整体发展战略时，关注的不只是单纯的经济政策，而是将眼光放大到了社会、政治、文化甚至意识形态领域。

（四）独特的改革路径

苏联问题专家大卫·科茨认为中国采取的是渐进主义的转型战略，他认为，与俄罗斯不同，中国没有理睬西方专家推荐的新自由主义政策，而是采取了国家指导下的转型战略，中国的转型经济包括如下要素：逐步放开价格控制；长期推迟国有企业的私有化；在大型国有企业的决策中保留国家指令；增加在国有企业和基础设施方面的政府开支；实行扩张性货币政策；国家对银行系统持续控制；国家对跨国贸易和资本流动进行控制。英国学者理查德·桑德斯认为，中国经济的成功与模糊产权有着密不可分的实质性联系。从公共企业家的立场来看，由于无法确定什么是完全正确的道路以及为了获得预期收获而采取的行动将带来什么结果，所以模糊产权就是在急剧变革中为获得重大机会而采取的策略性选择。从政府的立场来看，模糊产权为政府参与企业经营活动创造了一个相对灵活的切入点和撤出点。因此，该文认为："私有化并非不可避免地是最佳措施，相反，在转型过程中的每一个细节上，人们必须在政府与私有部门之间找到一个恰当的平衡。"丹尼尔·布罗姆利通过总结前社会主义国家在土地所有权和私有化方面的经验教训，论证了如下观点，即中国经济在过去几十年一直保持活力的原因之一，就是"农业土地由集体或村镇掌握，这为劳动力适应经济总体发展情况而随时离开或回到农业生产提供了内部手段"。他认为"转型政策

不能依靠意识形态来引导，而是要由谨慎分析和对实际发生的情况
的具体评估来引导"。我国一些学者也持此观点。英国剑桥大学教
授彼得·诺兰则认为，中国开创了世界发展的"第三条道路"。他
在《处在十字路口的中国》一文中认为：如果"第三条道路"是
指国家与市场之间的一种创造性的、共生的相互关系，那么中国
2000 年以来一直在走它自己的"第三条道路"，并且中国探索出来
的这条道路，可以作为对美国主导的全球自由市场原教旨主义冲动
的一种替代选择，将促进全球的生存和可持续发展。

（五）中国传统文化

有的学者从中国文化的凝聚力对形成大一统国家和统一市场的
角度来解释。Martin Jacques（《当中国统治世界》的作者）认为，
中国是一个"文明型"国家，而不是单纯的民族国家。他认为世界
上大多数国家都是民族性国家，而不是"文明型"国家，中国文明
有很强的包容能力、同化能力。他从这个角度来解释，中国是一个
多元但是一体的国家，文化上的统一，保证了是一个广阔的市场。
俄科学院远东学院副院长、经济学博士奥斯特洛夫斯基在论文《中
国市场转型模式》中具体描述了中国经济改革的基本方向，分析了
中国向市场化转型的特点。俄科学院远东学院学者、历史学博士维
诺格拉多夫在《中国现代化的发展模式》一书中着重研究了中国改
革开放 30 年所形成的中国模式的根源是中国民族文化传承这一
特点。

二、对中国经济增长前景的乐观和悲观估计

一些国际组织对中国经济增长前景持乐观估计。世界银行认为，加快城镇化有助于提升人民福祉，提高经济效益和环境的可持续性，将成为 21 世纪中国经济增长的另一个引擎。中国政府必须调整支出结构，增加用于教育、医疗、社会保障等领域的投入，进一步缩小城乡差距。奥斯特洛夫斯基等认为，在外部市场出现动荡的情况下，中国政府着力转变过去长期形成的出口导向型经济，加大力度开发国内市场，以减少对外部市场的依赖，从而实现可持续平衡增长。中国经济的优势在于其广阔的内部市场，居民对住房和汽车等消费品仍有巨大的需求，这是带动经济平稳可持续增长的强大引擎。黄育川认为，由于中国已经是一个更为成熟的经济体，经济增长不可能只靠投资规模的不断扩大，更需要依赖于提高生产力，尤其在当前劳动力市场萎缩的背景下。这就要求中国必须进行一些重大改革，提高增长效率。其中最重要的一项改革是尽快提高城市化进程效率，使中国的城市能够摆脱重复建设而继续扩张。这意味着中国需要更合理化的城市管理，包括开发新的融资来源和改革户口政策等。格林伯格认为，中国目前在加大对服务业的投资，增强经济活力，通过营业税改增值税等政策，逐渐深化结构性调整，有利于中国经济实现平稳过渡。庄巨忠认为，中国目前正在进行经济结构调整，更注重增长质量，就业方面也没有受到影响。中国政府出台的一系列"稳增长"的微调措施，例如，为小微企业减

税等，有利于推动经济增长。英国《经济学人》杂志认为，中国政府对经济结构调整有经验。目前，服务业几乎贡献了与工业相同的经济增长率，中国经济能够一边转型，一边保持扩张。

对中国经济前景的悲观看法，主要集中在如下原因上：一是私营部门的杠杆化程度在一定水平上加剧了中国的信用危机。瑞士信贷认为："私营部门债务与 GDP 比例已经比 30 年趋势高出约 17%。据 BIS 分析，当超过 10% 时，就会造成信用危机。"二是国有企业资产负债较高。投资公司摩根士丹利评价说："近年来，除了中国外，美国、东地中海以及亚洲区域的公司杠杆化程度都在上升。但中国的步伐之快、数量之多使得它尤为突出。数据显示，国有企业财务杠杆程度比五年前高出 3 倍，超过美国次级投资公司。"三是中国拥有全亚洲最多的杠杆化公司，信贷增长率最快，在杠杆率上升的问题上尤为突出。快速增重的债务负担会导致中国增长效率恶化和还债成本增高。导致增长下降的原因有两点：①过往存在大量低效率的投资；②边缘化私营部门增多。四是股价暴跌，违约风险激增。摩根士丹利认为："全球投资人对中国的态度都比较消极。有一种解释认为这是一种中国主权 CDS 的竞价保护。在最近的交易中，5 年前 CDS 达到 150bps，接近 2011 年经济'硬着陆'（房地产崩盘）时的高度。"五是短期利率极度不稳定。六是就业增长停滞，劳动年龄人口在减少，而老龄人群在增多。七是房价危机。中国一线城市房价与收入之比高于许多发达国家城市，房屋还贷占家庭债务的主要部分，影响内需扩大，造成金融风险。

三、从世界历史视角看中国增长阶段转换：
经济和社会关系角度

Karl Polanyi 在《我们的时代政治与经济起源》谈到，自 19 世纪现代市场经济产生以来，人类社会始终存在两方面相反的运动。一方面，自由放任的市场力量，有利于发展生产力，创造了高度的物质文明，但同时也会带来贫富分化、道德沦落、社会组织瓦解、生态破坏等；另一方面，社会、民众以及政府针对自由市场的弊端，实施一系列社会建设运动，以校正市场失灵，限制市场的力量无限发展，对基本民生、社会、文化、生态进行保护。波兰尼认为，一个"脱嵌"社会的、完全自发调节的市场经济，最终证明只是一个乌托邦。历史清楚地表明：市场经济与社会建设往往相伴相生，每当市场化、全球化进入高速发展阶段的同时，都会产生一系列社会问题，从而引起经济增速下降，如果这时加强社会建设，就能缓解社会矛盾、巩固执政基础，促进政治清明，进而促进经济又一轮持续发展。

这种"从市场经济到社会建设"经历了三个周期。

第一个周期是 19 世纪 30 年代到 19 世纪末。当时，欧洲工业革命引起了市场化高速发展，特别是资产阶级依靠政府的力量，剥夺了农民的土地和工人的社会救济，强行把工人和土地推向市场，在资本主义快速发展的同时，给大众带来了深重灾难。恩格斯曾经在《英国工人阶级状况》里对英国作出预言：随着小资产阶级不断

分解，无产阶级队伍会越来越大；随着财富分配不均现象越来越显
著，无产阶级与资产阶级之间的革命必将到来。从 19 世纪 50 年代
起，大规模工人运动风起云涌，各国政府被迫相继允许工人成立工
会、出台最低工资法、实行社会保险制度等。1860 年代，英国工会
全国联合会成立，英国议会通过废除童工等法律。1883 年，德国为
了缓和劳资关系，建立了人类历史上第一个社会保险制度。这些措
施缓和了尖锐的社会矛盾，使得资本主义社会所出现的第一次工人
危机得以缓和。

　　第二个周期是 19 世纪末到二战后。由于社会矛盾缓和，市场
化和全球化又迎来了几十年的快速发展，资本积累和经济发展空前
迅速。但是随着经济发展，资本主义国家内部发生经济危机，相继
引起两次世界大战。二战之后，世界各国普遍接受了凯恩斯主义的
经济政策，欧洲大量企业实行国有化，社会建设方面学习社会主义
国家的经验，如英国等国家建立了苏联医疗保障制度：国家医疗服
务体系（全民免费医疗）；美国约翰逊总统推行"伟大社会"计
划①，着力完善社会保障制度。许多欧洲国家先后建立了从摇篮到
坟墓的福利社会，自由资本主义逐步走向人道资本主义以及福利资
本主义。从经济发展上看，这个时代是发达国家和发展中国家经济
发展的一个黄金时代，表现为经济增长快、国内收入差距缩小、社
会矛盾不突出。特别是国际上南北差距缩小，这是近代以来仅有的
一个发达国家和发展中国家收入差距缩小的时代。Paul Krugman 在
《美国怎么了》一书中认为，从 20 世纪 30 年代后期到 60 年代，是

---

　　① 顾昕："全球性医疗体制改革的大趋势"，《中国社会科学》，2005 年第 6 期。

美国的黄金时代，这个时代是美国经济增长平稳、收入差距小、社会稳定的阶段。

第三个周期是 80 年代以来，社会建设虽然缓和了发达国家的内部矛盾，但同样也带来了滞涨、效率低下等社会问题。新自由主义思潮兴起，自由市场经济政策再次占据主导地位。经过不到 20 年的繁荣，全球相继爆发了东亚金融危机、拉美债务危机和 2008 年美国金融危机。20 世纪 90 年代，拉美年均 GDP 和人均 GDP 增长率显著下降，分别为 3.2%、1.4%，贫困人口增加了 2400 万，一些国家相继发生严重的经济和金融危机。21 世纪初，拉美出现了全面向左转的趋势。目前，中左翼力量已在十多个拉美国家执政，这些国家的人口占拉美总人口的 70% 左右，国土面积占拉美总面积的 80% 多。这些政党强调政策面向基层民众倾斜，缩小收入差距。例如，2003 年巴西总统卢拉上台，推行"零饥饿"计划。墨西哥则相继推出了"进步"和"机遇"计划，使超过 500 万家庭受惠[1]。从简单的三段历史划分中我们可以看出，人类社会始终存在两方面相反的运动，社会建设是市场经济可持续发展的必由之路。

我国改革开放后的经济发展，离不开新中国成立后的 30 年社会建设奠定的坚实基础。新中国成立初期，在城市和农村相继建立了劳动保险制度、合作医疗和赤脚医生制度，开展爱国卫生运动，推行义务教育，在收入分配上比较公平。这个时期，虽然大量资源被用于发展重工业，但正是由于社会保障体系和社会组织的完善，

---

① 吕茵："社会保护运动在全球的底线以及其作用评析"，《世界纵横》，2011 年第 5 期。

才使得基本民生得到了保障、社会保持稳定。到 70 年代末期，我国赢得了独立安全的国际地位，建立了完善的工业体系，为改革开放以来迅速融入国际经济体系、接受产业转移奠定了基础。我国人均预期寿命从 35 岁增长到 68 岁，达到中等发达国家水平①，基础教育普及率达到90% 远超过其他发展中国家，为改革开放以来的高速发展准备了人力资源储备。我国基尼系数只有 0.18②，是世界上最平等的国家，正是这个公平的起点，为改革开放以来市场竞争和国内需求的迅速增加提供了前提。

改革开放第一阶段（1978 年到 1990 年代初），是市场范围扩大阶段，但由于改革开放前已有比较完整的"社会保护运动"，所以这个阶段市场的发展是健康的、社会各阶层都得益。中国改革开放中引入市场机制，是同西方国家早期建立市场机制的过程不同的。根本不同在于，西方国家是在封建社会自然经济的基础上进入市场经济的，在市场经济初期，很容易就打破了原有的社会结构，自由市场的作用得以充分发挥，从而是先出现严重社会危机之后，再出现的社会保护运动。而中国是先进行了 20 多年的社会建设，在引入市场经济之前就有了比较完整的社会保护制度，包括全覆盖的社会保障制度、公平的收入分配、社会阶层的扁平化等。因为有了这些基础和铺垫，所以改革初期，尽管很快地引入市场机制，但是却没有出现西方市场经济早期就出现的血汗工厂、贫富分化、圈地运动、生态破坏等问题，反而是依托完善的社会保护基础，使得

①　中华人民共和国卫生部编：《中国卫生统计年鉴》，中国协和医科大学出版社 2011 年版。
②　丁冰："当前我国基尼系数过大的主要原因何在"，《当代经济研究》，2007 年 12 期。

市场经济初期的改革，社会各个阶层都能得益。改革开放初期，成为人们回忆中改革的"黄金时代"，主要是因为这个阶段是市场经济的扩张和改革开放前30年打下的基础很好地结合起来的时期。这个时期的初始条件很公平，所以使得改革成为一种普惠性的改革。这个时期继承了改革开放前的社会保障体系，经济运行的成本很低。依托国有企业和人民公社的社会保障体系还比较完整地保存着，基础教育和基本医疗体系仍旧维持着公益性的运行机制。

90年代中期以来，一方面，原有"保护性运动"的基础不断削弱，新的保护运动尚未开始，另一方面，市场的范围从经济领域扩展到社会领域，从而引起各种社会问题，影响经济增长速度。第一，农村组织化程度下降，加重三农问题。包产到户后，许多地方的集体组织功能已经名存实亡。当包产到户的制度红利发挥殆尽，小农经济结构的弱点就显现出来。单个农户面临市场经济的汪洋大海，抗风险能力弱，谷贱伤农的情况在所难免。农村社会组织瓦解之后，公共事务荒废，大量劳动力外出，农村空心化，基层治安和治理状况恶化。第二，企业社会责任弱化，劳动收入过低，强化了对粗放发展方式的依赖。同改革前公平的收入分配相比，改革之后的劳资差距拉大，劳动收入在分配中的份额不断降低。在收入差异过大的情况下，为了保障基本民生，地方政府不得不通过扩大投资来确保就业和稳定，致使经济日益依赖低水平重复投资和出口。第三，收入分配差距过大压抑了内需。我国收入最高的10%的家庭储蓄率高达66.5%，而45%的家庭当年没有任何储蓄，已经成为扩大内需的障碍。第四，社会领域欠账，制约建设创新型国家。一方面，社会保障的瓦解不利于激励企业和个人创新。只有在一个基本保障完善的社会，企业和个人才会去冒风险进行创新。在不确定性强的社会，则倾向于"挣快钱"。北欧国家是收入分配和社会保障最完善的国家，同时也是最具有创新活力的地区之一。另一方面，创新型国家还需要一支高技能的工人队伍。目前，我国工人队伍以农民工为主，教育基础薄弱，由于收入分配和社会保障制度不完善，企业过于依赖低成本劳动力，也窒息了创新活力。第五，社会阶层分化，影响人民对改革的信心。社会阶层的分化和对立严重，强势利益集团可以通过各种途径影响改革决策，而占人口大多数的弱势群体对改革的参与和话语权微弱。这既影响人民对改革的认同，也难以保证改革成果惠及大多数人。

马萨诸塞大学的几位学者估计了企业社会性欠账对经济增长的影响。他们认为，工资过低和劳动超时是我国经济增长方式的症结。一方面，私有企业依靠超长的劳动时间和极为不公的工资制度维持了虚高的利润率，看似在世界市场中获得"竞争优势"，实则却在不利的国际分工环境下度日维艰；另一方面，工人由于工资严重低于生存工资水平而被迫通过超时劳动来获得必要的收入，艰难维持自身和家庭的再生产。最后，过低的工资极大地限制了工人收入，从而限制了消费需求，导致整个经济日益依赖于投资和出口，受到资本主义世界性危机的影响日益明显，经济转型日益迫切而困难却越来越突出。

他们估算结果表明，2003~2009年，私有企业的社会欠账总额至少高达4.1万亿元，占同一时期全国劳动报酬总额的6%，利润总额的9%，相当于2009年当年GDP的14%。私有企业承担欠账后，虚高的赢利能力会显著下降，实际赢利能力显著低于国企水平。这表明部分私有企业的真实效率存在严重问题，而只有通过市场机制淘汰一部分低效私企才能保证私有部门乃至整个经济的健康发展。同时，私有企业如果承担社会欠账，会对内需的扩大产生积极影响，每年会创造 3%～5% 的 GDP 增长，促使经济模式转变。如果上述分析是正确的，那么我国营造新的增长动力的主要措施就是，重建市场经济的社会基础，加强社会建设，缓和劳资关系，保护劳动者权益，大幅提高工资收入在社会分配中的比重，完善社会保障制度。

参考文献

［1］顾昕. 全球性医疗体制改革的大趋势. 中国社会科学，2005（6）

［2］吕茵. 社会保护运动在全球的底线以及其作用评析. 世界纵横，2011（5）

［3］中华人民共和国卫生部编. 中国卫生统计年鉴. 北京：中国协和医科大学出版社，2011

［4］丁冰. 当前我国基尼系数过大的主要原因何在. 当代经济研究，2007（12）

第十二章
增长阶段转换的国际经验与教训

在经济增长的不同阶段，生产要素禀赋、积累方式，以及生产效率提高的可能性和方式都有着巨大的差异，经济增长类型也不尽相同。经济增长阶段的变化意味着内在动力机制的转换，表现在基本面和增长潜力发生变化后导致的潜在增速回落。

第二次世界大战之后，"技术前沿型"和"后发追赶型"两类经济体增长差异愈发明显。本研究中的"典型国家"是指处在追赶周期中的后发经济体。综合考虑资源禀赋情况、供求条件变化和技术赶超步伐，选取日本、韩国、巴西、墨西哥四个国家。通过探讨增长阶段转换的国际经验与教训，从中提炼典型事实、分析阶段特征、归纳应对举措，对于印证研究框架和理解中国经济增长阶段转换都具有重要意义。

一、增长阶段转换过程的基本特征

通常来说，以收入水平的特定标准为判断基础，通过观测某一时段增长率的变化可以大致划分增长阶段。历史事实表明，后发追赶型经济体在发展初期的平均增速普遍高于技术前沿型国家水平，之后都相继出现了增速回落，但降幅有所不同，这也可能导致对增长阶段的细分存在认识差异。

从收入水平和经济增长率看，日本经济增速下台阶较为明显。在 1946～1973 年的 27 年时间里，实现了年均 9.4% 的高速增长，而在此后 1975～1991 年的 16 年时间里，年均增长率只有 4.4%。韩国经济增速回落趋势相对平稳。在 1963～1997 年的 35 年时间里，实现了年均 8.2% 的高速增长，而在此后 1999～2008 年的 10 年时间里，年均增长率为 5.6%。日本、韩国作为成功追赶型经济体代表，收入水平已经从中等收入国家跨越成为高收入国家，实现了经济增长阶段的平稳转换。相比之下，巴西、墨西哥经济增速虽然也出现下台阶趋势，平均降幅在 2 个百分点左右，但人均收入在达到中等收入国家水平后却出现了七八年的增长停滞。

基本面因素发生变化开启了增长阶段的转换。它主要包括生产要素、市场需求、技术追赶等方面，加之特有的体制支撑与制度完备程度，共同构成分析特征表现的指引。增长环境和后发优势变化、效率改进方式的变化成为增长阶段转换期的显著特征。

（一）要素供给方面：条件性约束增强

劳动力成本上升。随着人口自然增长率及劳动人口增长率出现较大幅度下降，劳动力不再无限供给，相继出现了"刘易斯拐点"。但由于政府重视国民教育，劳动人口教育程度普遍较高，工资收入水平呈现上涨趋势。韩国受 70 年代末中东石油繁荣、国内建筑业兴起和 80 年代末"三大红利"的需求影响，推动了工资水平的上涨，名义年工资增长率从 10% 增至 20%[1]。劳动力由人口数量优势向人力资本优势升级。

资源约束开始显现。长期以来，日本、韩国的传统资源禀赋严重缺乏，大多数矿产资源和能源的蕴藏量很少，主要依赖国际市场供应。特别受出口战略及国际市场的外部影响，这两国获取外部资源产品开始受到约束。其一，资源要素价格开始上涨。以日本为例，包括矿石、燃料等在内的工业原料价格占进口总额的比例呈下降趋势，降幅达 20 多个百分点。其二，获得资源的条件限制增加。由于资源市场份额限制，能源、矿产等战略物资不再可以直接购买，这也倒逼日本、韩国更加重视能源节约和替代资源的研发。

资本积累条件变化。不同国家投资、储蓄、消费结构在这一时期虽然存在差异性，但与高速增长时期相比，资本积累条件确实在发生变化。比如，日本的年平均储蓄率和投资率开始下降，分别从 1955～1973 年间的 38%～36% 降至 1975～1991 年间的 31%～28%，而年平均消费率则从 1955～1973 年间的 60% 上升至 1975～1991 年间的 67%。韩国的储蓄率和投资率则有所上升，涨幅近 10 个百分点，消费率降幅相对较快，近 20 个百分点。相比之下，巴西、墨西哥的储蓄率和投资率普遍处于较低水平，虽然消费在经济中占据了绝对地位，超过日本和韩国，但这一结构总体上不利于实现快速的物质资本积累。

---

[1] 朴馥永："以经济转型跨越'中等收入陷阱'——来自韩国的经验"，《经济社会体制比较》，2013 年第 1 期。

（二）市场需求方面：传统性领域收窄

投资报酬边际递减。有些国家工业设备、房地产投资虽然仍有增长空间，但投资的经济效益已呈现下降趋势，而社会效益开始逐渐凸显。比如，这一时期日本的总资本利润率从5%降至3%，销售收入利润率由4%降至2%以下，之后维持在2%～3%之间①。

传统需求开始饱和。由于出口增速放缓，内需总体呈现先升后降的态势。日本内需占比从1960年90.3%下降到1984年的86.9%；韩国内需占比由1960年97.2%持续下降到1987年的70.6%。在国内消费方面，耐用消费品已经逐渐普及，比如，日本民间新建住宅比1973年减少了36.5%，轿车、商用货车生产量分别下降了12%、45%。在基建投资方面，城市基础设施得到相应改善，已经无法为持续扩大的产能提供广阔市场，钢铁、水泥、建材等出现了产能过剩。

外部市场仍有潜力。日本是经常账户顺差（除个别年份外），贸易余额占GDP比重从1970年的1.3%上升至1985年的3.4%，之后又缓步回落到2%以下。韩国从80年代中期后才由贸易逆差（1968年为－13%）转向贸易顺差，直至1998年贸易余额占GDP比重上升到10%，之后回落保持在3%左右。巴西在80年代以前长期贸易逆差（除1962年外），之后逐渐实现贸易顺差。韩国、巴西第一阶段的贸易逆差都与本国实施的"进口替代"战略有关。

---

① 中国日本通商产业政策史编译委员会：《日本通商产业政策史》第16卷，中国青年出版社1996年版。

（三）技术进步方面：扩张性步伐放缓

技术扩散产生的技术溢出效应逐渐弱化，已经由直接吸收引进转变为自主研发的技术进步。受研发周期、研发成本和预期收益与风险的影响，技术扩张步伐开始放缓。比如，韩国的半导体、电子、造船等产业领域逐渐接近发达国家的技术前沿面，引进消化吸收的空间缩小，面临需要大量增加 R&D 投入、充满不确定性的创新风险。据统计，韩国 R&D 投入占比由 1976 年的 0.5% 逐渐提升至 1997 年的 2.48%，再到 2003 年的 2.53%，投资主体以私营部门为主。与此同时，韩国在从发达国家进口的资本品中获取了转移技术，海外专利授权占比由 1980 年的 0.2% 增至 1990 年的 0.5%。

但同时也要看到，虽然知识产权保护力度加大，技术引进模仿成本提升，但技术进步的平均贡献率却超过了劳动力。据有关数据推测①，从 1970~1989 年的 20 年间，日本技术进步的平均贡献率已达到 1.5%，仅次于资本贡献度。R&D 投入由 1955 年的 0.8% 提升至 1985 年的 2.45%，再到 90 年代末的 3.1%。相比之下，巴西、墨西哥的 R&D 投入占比均不足 1%，研发投入增长滞后，投资主体以公共部门为主。

（四）制度匹配方面：完备性程度高

制度的完善程度逐渐得到各国政府的高度重视，包括建立更加符合市场经济模式的一系列经济制度安排和关注社会公平正义的社

---

① 刘轩等：“战后日本经济变动的新古典分析”，《现代日本经济》，2010 年第 3 期。

会政策体系，这些都成为支撑经济增长阶段平稳转换的重要制度性因素。经济领域诸如产权制度保护、充分竞争市场、企业现代管理制度等；社会领域诸如完备的社会保障体系、政府救济制度、社会再分配政策调整。这一系列制度保障使得经济增速回落没有引发激烈社会动荡，主要体现在收入分配差距上。

总体来看，从高速增长到中高速增长阶段，成功追赶型经济体在收入分配差距上始终保持一个较低水平，例如，日本的基尼系数（调节后收入）在 0.31~0.36 之间，韩国的基尼系数在 0.34~0.39 之间，均处在合理区间范围，这些都得益于良好的政策调控，包括各种社会福利、政府救济等。相比而言，落入中等收入陷阱的国家在收入分配差距上表现各异，例如，巴西、墨西哥的基尼系数始终高于警戒线，处于 0.53~0.6 之间，这种较大的悬殊难以通过经济的短期发展而改善。

二、经济增长阶段转换面临的挑战与问题

高速增长期结束后，并不意味着中高速增长会自然到来。外部环境变化引起的风险也可能直接引起经济增速回落。比如，石油危机直接导致能源价格和工资上涨，经济停滞、失业率上升和通胀成为整个世界经济在 70 年代都面临的严重问题。美国放弃美元和黄金的兑换导致布雷顿森林体系崩溃，"广场协议"签署引发的国际汇率调整，以及亚洲金融危机导致的经济结构变革，等等。能否很好地应对外部环境变化，与自身经济结构和体制机制密切相关。实

现增长阶段的平稳转换，必须充分认识这一阶段面临的各种挑战与问题。

（一）传统竞争优势逐渐丧失

高速增长阶段以低成本投入、投资拉动为主要特征的传统竞争优势削弱，资产回报率的下降和市场需求的萎缩进一步导致投资增速回落。日本全社会平均利润从4%降至2%左右[1]，维持高投资的利润回报消失，企业效益相继出现下滑，加之石油价格冲击使得资源性重化工业部门竞争力下降，许多企业破产倒闭。产能出现严重过剩，以民间设备投资为主的投资拉动效应有所减弱，平均增速不到10%，民间住宅投资和固定资本投资明显回落。

与此同时，随着农村转移劳动力的减少，廉价劳动力的竞争优势也开始削弱。以日本为例，一方面，劳动者工资收入大幅上涨，劳动者报酬占 GDP 比重基本稳定在55%左右[2]；另一方面，企业破产、订单减少导致失业人口增加，完全失业者占全部就业人口的5%~6%，而处于隐形失业状态者仅领取合约底薪的60%~80%。[3]

相比之下，巴西、墨西哥的传统竞争优势相对不足，巴西的劳动者素质不高，"低技能、低生产率"形成了阻碍竞争力提高的"巴西成本"，加之长期实施的"进口替代战略"违反比较优势原则，导致国内产业缺乏竞争与效率。墨西哥采取的过度保护政策形

---

① 中国日本通商产业政策史编译委员会：《日本通商产业政策史》第16卷，中国青年出版社1996年版，第210~211页。

② 同上，第266页。

③ 金明善等：《战后日本经济发展史》，航空工业出版社1988年版，第252~253页。

成了一批毫无竞争力的企业，使得工业部门效益低下、缺乏竞争力，造成国内产品高成本和高价格，还制约了制成品和初级产品的出口。

（二）产业结构面临转型提质

随着传统市场需求的收窄、技术吸收消化难度的增加，日本、韩国的传统产业结构正面临产品替代和结构优化的压力。从产业内部结构看，日本的钢铁、造船、化学等重化工业成为"结构性萧条行业"，汽车、电子等加工组装型产业占据重要位置。韩国的钢铁、石化等重化工业也出现了严重的产能过剩，企业效益开始恶化。从产业之间结构看，日本的服务业年平均增长率达到4.4%，首次超过制造业整体水平，服务业就业人数比重由70年代的46.6%上升至80年代的55.5%，三次产业间结构出现了积极变化。

但也要看到，一些国家自身就不具备产业转型的初始条件，或者说这种转型难度很大。以墨西哥为例，由于工业门类配套单一、产业布局畸形、科技队伍人才匮乏，不具备完成工业化的工业和技术框架结构，更不具备掌握前沿科技的技术力量，自身形成结构性、技术依附型半工业化经济体，很难完成产业结构的转型换挡，更谈不上产品的更替和产业间的转移。

此外，随着在海外市场份额的增加，日本经济增长由设备投资主导逐渐转变为出口主导，但同时又面临着贸易摩擦、汇率调整等新问题。韩国在这一时期出口主导开始减速，制造业产值和就业比重达到峰值，FDI开始逐渐外流。与此同时，80年代以后外部国际环境的变化，比如，美国要求韩元升值、实施贸易自由化、开放国内市场，中国丰富廉价劳动力迅速抢占韩国市场，为韩国产业升级带来压力。

（三）财政金融风险加大

财政收支紧张。受到投资增速下滑的影响，日本财政收入增速从20%降至10%以下，后又回升并保持在9%左右，但财政刚性支出项目占比仍然较大，财政盈余占GDP比重呈现总体回落趋势，财政对国债的依赖程度迅速提高。墨西哥不合理的税收结构使得国内市场出现了上层消费饱和、中下层消费不足的并存局面，而企业产品的销路主要依靠政府订货，日益沉重的财政支出使得政府负债累累。[①]

债务危机严重。70年代的石油危机使国际经济陷入萧条，加之内需市场逐渐饱和，巴西的"举债增长"模式受到影响，内向的经济模式又使国家无力还本付息，对外债务从1979年的累计494亿美元增长至1988年底的1044亿美元，增长1.1倍。进口替代工业化战略使得墨西哥外债高筑，1982年的外债高达860亿美元[②]，占当年国内生产总值的52.5%。

高通胀蔓延。韩国的重化工业过剩产能难以退出，导致了大量的无效资金需求和负债率攀升；同时，这一时期韩国政府加速了短期资本账户开放，财阀大量兴办非银行金融机构，汇率升值和欧美低利率环境导致国际投机资本流入。巴西政府推行民粹主义所带来的

---

① 杜娟："'墨西哥奇迹'破灭对我国经济发展的警示"，《环渤海经济瞭望》，2009年第6期，第57页。

② 转引自［墨］韦翁奇茨克："墨西哥经济发展的经验教训——工业化、外资和技术转让"，《发展与变化》［英］，第17卷，1986年。

沉重财政负担导致了"恶性通货膨胀"，80年代的通货膨胀率开始大幅攀升，每年物价指数涨幅都在100%以上，最高达到1500%左右。

（四）社会矛盾问题日益突出

经济高速增长催生的环境破坏、公害问题、城市人口过密等弊端在日本逐渐暴露。韩国社会民众对政治民主、政治参与、社会福利、分配公平、反对腐败等方面的诉求增加，过去军事独裁式的统治面临挑战，政府主导的经济社会发展方式面临转变。

拉美国家的社会矛盾表现在贫富分化严重。"重增长、轻分配"导致不平等现象逐步恶化，即使在高速增长时期，弱势群体的收益不增反降，一味强调对产权的保护实际上固化了原有的贫富分化，扭曲了经济结构[1]。以墨西哥为例，20%的最贫困家庭所得收入份额由5%下降到2.9%，较高的基尼系数（0.567）反映了土地、实物及金融资本、人力资本等分配不均状况，下层民众成为社会的弱势群体[2]。70年代中后期的实际失业率达到20%，失业群体的增加意味着贫困人群的扩大，进而给社会带来了激烈的冲突。

三、东亚、拉美国家的应对举措及成效

增长阶段转换期面临的主要是结构性减速而不是周期性放缓，

① 黄琪轩："巴西'经济奇迹'为何中断"，《国家行政学院学报》，2013年第1期，第116页。
② 杜娟："'墨西哥奇迹'破灭对我国经济发展的警示"，《环渤海经济瞭望》，2009年第6期，第58页。

支撑高速增长时期的动力逐渐减弱，包括原有生产要素禀赋和增长积累方式等。为此，东亚、拉美国家采取了不同的应对举措，日本、韩国成功实现增长阶段平稳转换，这其中既有阶段性政策的有力刺激，也有良好的前提基础，而巴西、墨西哥的应对举措不具备上述条件，因而落入"中等收入陷阱"。

（一）日本的应对举措及成效评价[①]

1973 年，"经济社会基本计划"将 1973 ~ 1977 年度的经济增长率目标确定为 9.4%[②]。可以看出，当时日本对于增长阶段转换并无准确认识，更谈不上系统的政策准备，一些应对举措主要针对当时的严峻挑战和突出问题。比如，1972 年提出的《日本列岛改造论》因严重通货膨胀而被迫放弃，但在实施时段内却被寄予了带动增长的期望。主要包括以下几个方面：一是调整产业结构。基于资源匮乏的国情和石油危机的认识，推进能源多元化和产业节能并举战略；提出"从过于消耗、动力的重化学工业，转向通讯、航天和微电子为代表的技术密集型产业"；与此同时，实施《特定萧条产业安定临时措施法案》，有效削减过剩产能，尽可能减少对就业和社会稳定的冲击。二是加快技术追赶。在已有技术引进基础上，提出"科学技术立国"的基本国策，把基础科学和尖端技术研究开发作为重点，并确立加强国内、国际协作的开放型科研体制；通过信贷、税收、财政补贴等方式，大力扶植和支持民间的技术开发能

---

① 本部分吸收了国务院发展研究中心刘培林研究员的一些观点论述。
② 中国日本通商产业政策史编译委员会：《日本通商产业政策史》，第 16 卷，中国青年出版社 1996 年版，第 480 页。

力；增加科研开发投资力度，加强对"技术突破型"人才的培养。三是财政调控政策。通过增税重建财政、削减医疗费用、设定最高限额等，开始从加大社会保障、基础设施建设投入转向削减财政开支。四是微观层面改革。企业推行"减量经营"战略，不断改进生产技术以提高劳动生产率，还借助市场化力量推动企业之间的兼并重组。

此外，面对 1985 年后的泡沫经济，日本政府也采取了相应的政策调控。进一步扩大内需，缓和日美贸易不均衡，比如，扩大以公共投资为中心的财政支出、减少对民间投资扩大的规制约束；采取宽松货币政策刺激国内经济，应对汇率升值冲击国内产业；出口产业开始到海外当地生产，缓解贸易摩擦激烈化。从支持长期景气扩大的意义上说，财政金融政策有一定效果，金融政策缓和与财政支出的扩大，带来了景气的过热和货币供给的上升，但是缺乏对形势的准确判断，政策转换的滞后又扩大了泡沫，经常收支不平衡的状况依然没有消失。伴随着泡沫经济的失速，泡沫景气在 1991 年初终结，日本经济迎来了被称为"平成萧条"的低迷时代，之后一直延续 20 多年。

这些应对举措对于增长阶段的平稳转换具有积极作用，比如，产业结构实现由粗放向集约的转变，需求结构实现由投资向消费的转变，"橄榄形"社会结构基本定型。可以说，日本政府在被动式政策调整过程中逐步对原有依靠资本积累的增长模式加深了认识。更进一步，可能还源自高速增长期奠定的强大产业竞争力和完备的制度设计，得益于产业结构特别是制造业结构的优化升级，以及管理和技术水平的全面升级。但随着技术进步差距的缩小，全要素生产率增长率开始放缓，由 1958～1970 年间的 4.4% 降至 1970～1990 年间的 1.7%[①]，这可能也与政府规制的残存和日本企业体制的功能不健全有关。

（二）韩国的应对举措及成效评价

支撑高速增长的供求条件逐渐耗竭，出口导向型发展战略成为转型时期的障碍。1997 年金融危机前，韩国政府采取的一些应对举措和改革同样没有解决深层次结构问题。主要表现在：一是调控财政货币政策。实施财政与货币的双紧缩政策，进一步削减财政支出，降低政府债务水平，逐步实现财政盈余，但货币政策在稳定物价方面作用有限，政府仍直接控制信贷投放，中央银行直接创造贷款。二是调整产业结构。实施重化工业投资调整与产业合理化政策，中央银行提供低息借款以有效应对短期危机；与此同时，政府将技术密集高、革新速度快、具有高附加值的产业列为高技术产业重点扶持。三是加快技术创新。提出以"技术为主导"的战略口号，建立科技研发、教育、生产一体化的工业园区；成立韩国科学研究院，加大科技投入力度，大力培养专业科技人才。四是推进金融和贸易自由化。允许商业银行经营信托业务，逐步放开商业票据市场利率，但缺乏审慎的监管机制，产生了广泛的道德风险；减少进口管制配额，不断提高企业国际竞争力，但资本市场开放程度有所滞后。五是加强社会建设。加大对教育、住房、医疗等领域投入

---

① 速水佑次郎，神门善久：《发展经济学：从贫困到富裕（第三版）》，社会科学文献出版社 2009 年版，第 129 页。

力度，重视道路、地铁、水利等基础设施建设；大力根除官员腐败行为，实行金融实名制和不动产实名制。

这些应对举措和改革顺应了增长阶段转换的条件变化需求，在财税体制改革、金融市场开放、贸易自由化、技术创新等方面取得一定进展，完善了市场经济的基础性制度和框架。但是，韩国政府的政策调整与经济改革仍属于被动式、局部性和偏政治化的，对经济减速的必然性和增长动力转换缺乏充分认识。增长阶段的平稳转换更得益于金融危机后的"倒逼式改革"，在迅速平抑外汇风险基础上，同时启动金融、企业、政府、劳动四大领域改革，进一步扩大对外开发，实施信息化和科技创新能力建设，真正使韩国迈向了高收入国家行列。

（三）拉美国家的应对举措及成效评价

巴西、墨西哥作为拉美国家的代表，都面临着 20 世纪 80 年代的债务危机和高通胀压力，"进口替代型"发展战略成为拉美国家经济转型的普遍障碍。从应对债务危机入手，一些国家围绕平衡经常项目和国际收支、开源节流的主要目标进行了宏观政策调控。比如，墨西哥从 1983 年起开始放松对物价的控制，允许物价随市场供求变化而自由浮动；提高公共部门的服务价格，调整税收结构、大幅提高增值税；采用货币贬值手段刺激出口。巴西从 1986 年起连续推出三个"克鲁扎多计划"，从改革本国货币、冻结物价的非传统做法转向实施紧缩的财政、货币政策。两国都采取由政府与劳资三方共同承担遏制通货膨胀的责任。此类应对举措主要是为了满足债权国和债权银行的要求，实行通货紧缩、控制货币供应量、减少财政赤字等措施，具有短期、应急性特点，也为后来的拉美经济结构改革创造了良好环境。20世纪80年代后期至90年代初期，拉美国家开始了结构性改革，涉及价格、贸易、金融、国企等领域。主要包括①：逐步放松对价格的控制、减少政府定价范围和对价格的补贴幅度；简化税则、降低关税、消除非关税壁垒；实行完全自由浮动的汇率制，同时取消对外汇市场的政府管制；放开利率、减少存款准备金、开放资本市场；分类别、有选择推进国有企业私有化改革。

经过近20年的经济调整和改革，拉美国家传统的进口替代工业化发展模式发生了根本变化。经济实现由内向型发展向开放型发展的转变，对外贸易在拉美经济活动中的比重显著增加。产业结构特别是工业结构发生明显变化，一些国家按照新的发展模式对资源进行重新配置，出现了非工业化趋势，另一些国家在削弱传统进口替代工业的同时，加快了面向出口的工业部门发展。市场机制在经济中的地位和作用得以确立和巩固，国家在经济中的调控不断弱化，政府对经济进行调控的方式也发生了根本的变化。

但是，拉美国家的经济调控和结构性改革，都忽视了对社会弱势群体的保护，社会利益裂痕逐渐拉大。比如，巴西收入分配的权力化导致经济的激励结构被破坏，贫民对巴西产权与政治的冲击不断，存在持续破坏财产权的压力，使得储蓄和投资始终处于不安全状态，导致法治弱化。这样的经济增长缺乏稳恒的动力机制，通过

---

① 本部分参考了中国社会科学院拉丁美洲研究所吴国平研究员的有关论述。

表面的高增长换取权力合法性是不可持续的。^① 另外，技术体制落后和教育水平低下也是阻碍经济增长的重要因素，比如，墨西哥政府缺乏对知识重要性的认识，不重视教育发展，在技术引进过程中的模仿、消化能力不强，在一定程度上还产生了技术依赖，国家的自主发展与创新意识没有真正形成。

四、主要结论与启示

增长阶段转换是后发追赶型经济体的重要特征，无论是成功迈入高收入国家的日本、韩国，还是落入"中等收入陷阱"的巴西、墨西哥，它们都没有关注增速回落背后的内在逻辑，其要素配置与制度安排仍然延续高速增长阶段的动力模式，缺乏对增长阶段转换的主动认知，面临外部环境影响和内在结构变化采取一般性的政策调控，辅之渐进的经济改革。

从东亚国家的国际经验看，支撑日本高速增长的制度安排和良好的产业基础为增长阶段的平稳转换积蓄了力量，已有动力的延续效应和必要的政策调整有效平抑阶段性风险，但到90年代后这种持续动力基本衰竭，提升生产率和原始创新的支撑体制也难以维系，最终导致日本经济的长期停滞。早期推行的若干改革虽然受到各种冲击没能有效实施，但此前的改革进展为危机后的经济结构调整奠定良好基础，迈过减速关的根本还得益于全面彻底的结构性改革。

---

① 黄琪轩："巴西'经济奇迹'为何中断"，《国家行政学院学报》，2013年第1期，第119页。

对比拉美国家的失败教训，更能看出增长阶段转换的深刻内涵，它们与日本、韩国高速增长期的情形不同，传统的资源配置方式较为粗放，加之人力资本不足、产业效率低下，这些又进一步加速了转型风险的集聚，后来的政策调控与改革举措也没有触及深层次的矛盾，新自由主义指导下的经济改革成效还有待于时间和实践的检验。

概括起来，后发追赶型国家应该主动认识增长阶段转换的必然性，把握好增长阶段的时间窗口，要以 TFP 提升为前提，将资本要素结构优化、创新方式转变和制度体系调整结合起来，处理好"渐进性政策包"与"全面性改革"的关系。

（一）审慎实施"政策包"计划①

"政策包"计划是一揽子宏观调控的政策组合，最为核心的是：相对中性的货币政策和平衡性的财政政策，以放开管制和减税为主的供给政策，以社会安全网与金融安全网为主的稳定兜底政策。

第一，要为平稳转换创造有利环境。货币政策调控应以稳定物价为首要目标，增强政策制定和执行的独立性，如果过多关注增长和就业，容易回到需求刺激的老路上。实施偏紧的货币政策既有利于抑制通胀和资产泡沫，降低社会综合成本，也有利于为企业压缩成本、提高管理水平、进行技术创新提供压力。与此同时，配套平衡性财政政策，防止政府实施投资刺激延缓经济增长方式转变，比如，优化财政支出结构、坚持结构性减税、提高加速折旧比例等。

---

① 本部分吸收了原国务院发展研究中心任泽平研究员的有关观点论述。

第二，要为平稳转换提升竞争效率。供给政策应着眼于平等市场准入和资源配置效率，特别是顺应产业结构调整和转型升级的规律，逐步放开能够快速提升全要素生产率的服务行业，重点包括金融、通信、科研、交通运输、教育等。各级政府应调整职能以适应市场经济的要求，大幅简政放权，在减少对微观经济运行直接干预的同时，加强风险监管、维护市场公平竞争、知识产权保护、基础研究投入等方面的公共职能，并以法治为基础。

第三，要为平稳转换提供兜底作用。经济转型期不可避免地将出现失业和财政金融风险，这对社会稳定将产生一定影响。编织"安全网"应着眼于风险防控与社会保障，最大程度地减少改革成本和阻力。建立存款保险、风险规避制度，不断提高风险监管水平。完善涵盖失业救济、医疗保险、廉租住房等领域的社会保障制度，优化社会保障组织功能布局。

（二）科学把握全面性改革的关键

在保持总需求政策基本稳定的前提下，必须通过全面深化改革来推进增长方式的转变，要保持要素供给质量与经济发展阶段相匹配、保持制度体系设计与社会生产力水平相适应，把握好改革的重点领域、突破口和先后次序。改革窗口期开启应与短期政策调控紧密衔接，最为关键的是：短期调控要为长期改革奠定基础，长期改革要为短期调控预留空间，保持政策设计的稳定性与执行的有效性。

第一，以提升要素供给质量助推产业升级。要充分抓紧工业化后期产业链分工精细化和价值链依附高端化的特点，变赶超战略为要素优势发展战略，寻找比较优势与后发优势。高度重视人力资本投入，大力发展基础教育和职业教育，不断提高劳动者教育水平；高度重视自主创新培育，在资金投入、产学研一体化、产权保护、提升技术附加值等方面给予政策支持。

第二，以创新资源配置方式促进效率优化。要处理好政府与市场的边界关系，使市场在资源配置中起决定性作用和更好发挥政府作用。严格约束政府投资直接进入市场微观领域，减少政府行政审批事项，不断建立普适性的市场竞争政策体系。逐步放开市场准入领域，创造各种市场主体公平使用要素资源、公平竞争的规范制度环境，逐步消除生产要素流动的制度性障碍。

第三，以探索试点改革方式激发内在活力。改革应当有利于增长或为持续增长创造条件，要根据短期政策调控的难易性、利益关系的复杂性和市场需求的紧迫性，判断实施改革举措的先后次序。对那些不确定性和复杂性较高的改革，可适当推后，并在前期通过深入调研、精心设计、分散试验等方式做好准备工作。

（三）推进国家治理能力现代化

实现由要素驱动向创新驱动转变，是增长阶段平稳转换的关键环节。这一转变过程涉及要素成本优势、生产效率提升和自主创新等多方面，三个层面的相互叠加和有序转换需要稳定的国家治理体系。后发国家要实现快速发展，不仅要实行正确的发展战略，还要依托国家治理能力的提升。

第一，丰富国家治理的价值目标。治理应有利于激发社会活力、强化社会公平、增进人民福祉，在经济增长上表现为实现包容性增长。要充分考虑大多数人的利益，在缩小贫富差距和提升人力资本基础上确立经济增长目标，即增长速度"下台阶"和增长质量"上台阶"。

第二，把握国家治理的经济内涵。增长阶段动力转换的过程，也是政府逐步退出微观经济领域的过程，要在保持宏观基本面稳定的基础上补缺社会建设领域短板，使之在维护市场秩序、化解潜在风险和处理公共危机方面发挥更大作用，逐步夯实增长阶段转换期社会基础。

第三，创新国家治理的结构方式。探索从一元单向治理向多元交互共治的结构转变。政府要加强制度性权力建设，不为各种利益集团所左右；社会组织要发挥有序性引导作用，不断提升自我修复能力；公民要提高主动性政治参与，努力凝聚各项改革的强大共识。

参考文献

[1] 速水佑次郎，神门善久．发展经济学：从贫困到富裕（第三版）．北京：社会科学文献出版社，2009

[2] 刘世锦等．陷阱还是高墙？．北京：中信出版社，2011

[3] 赵江林．东亚经济增长模式：转型与前景．北京：社会科学文献出版社，2010

[4] 滨野洁等．日本经济史（1600—2000）．南京：南京大学出版社，2010

[5] 南亮进．经济发展的转折点：日本经验．北京：社会科学文献出版社，2008

[6] 金明善等．战后日本经济发展史．北京：航空工业出版社，1988

[7] 崔志鹰，朴昌根．当代韩国经济．上海：同济大学出版社，2010

[8] 朴昌根．解读汉江奇迹．上海：同济大学出版社，2012

[9] 刘忠远，张志新．大国崛起之路——二战后日本经济增长路径带来的启示．科学管理研究，2010（6）

[10] 刘轩，王宇擎，杨森. 战后日本经济变动的新古典分析. 现代日本经济. 2010（3）

[11] 孙敬水. 日本经济增长方式转变的经验及启示. 世界经济与政治，1997（10）

[12] 朴馥永，黄阳华. 以经济转型跨越"中等收入陷阱"——来自韩国的经验. 经济社会体制比较，2013（1）

[13] 田娜. 基于全要素生产率的中韩经济增长因素分析. 世界经济研究，2012（4）

[14] 中国经济增长前沿课题组. 中国经济长期增长路径、效率与潜在增长水平. 经济研究，2012（11）

[15] 马晓河. 迈过"中等收入陷阱"的结构转型——国际经验教训与中国挑战. 农村经济，2011（4）

[16] 杜娟. "墨西哥奇迹"破灭对我国经济发展的警示. 环渤海经济瞭望，2009（6）

[17] 黄琪轩. 巴西"经济奇迹"为何中断. 国家行政学院学报，2013（1）

[18] 陈才兴. 比较优势、技术模仿：巴西"进口替代"工业化发展之路. 江汉大学学报（社会科学版），2008（3）

[19] 蔡昉. 理解中国经济发展的过去、现在和将来. 经济研究，2013（11）

[20] 任泽平. 先行经济体成功进行结构调整的三大政策支柱. 国务院发展研究中心调查研究报告择要，2013 年第 175 号（总第 2169 号）

第十三章
日韩两国增长转换期产业升级状况及启示

一、日本增长阶段转换期产业升级状况

从 20 世纪 50 年代中后期开始，日本经济进入黄金发展期，高速的经济增长使其迅速摆脱战后困境。但到了 70 年代，日本面临实际工资上涨、环境恶化、两次石油危机、日元升值等问题，经济增速明显放缓。在这一增长阶段转换期，日本采取了优化产业结构、集中发展知识密集型的加工业、将产业向国内其他地区和海外扩散、着力发展节能环保产业等措施，克服了石油危机的影响，使其跻身世界最具竞争力的经济体。

（一）日本的增长阶段转换期

20 世纪 50 年代中后期到 70 年代初，日本建立了以政府为主导的产业体制，优先发展汽车、石油等重化工业，经济进入高速增长时期，60 年代日本平均 GDP 增速接近 10%。

　　然而，进入 70 年代以后，日本劳动力工资迅速上升，工业废弃物、高消费带来了大量垃圾，造成严重的公害污染和生态环境恶化，生产集中带来了人口分布过密与过疏，城市化和私人消费增加带来了公共基础设施不足等问题。70 年代初发生了"四大公害"①，迫使政府从单纯追求经济增长转向解决发展带来的环境等问题。

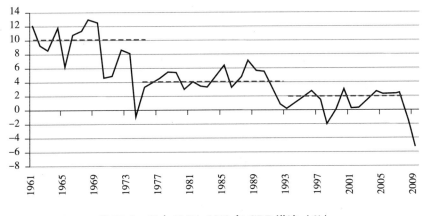

图 13.1　日本 1961～2009 年 GDP 增速（%）

数据来源：世界银行，UBS。

　　其次，1969～1971 年日本国际收支顺差持续扩大，国际贸易摩擦不断激化，美国与其他西方各国普遍要求日本提高日元汇率。1971 年 12 月，日本同意日元对美元大幅度升值，由 1 美元兑 360 日元调整为 308 日元。自此以后，日元迅速升值，大大降低了出口产品的国际竞争力。

----

　　①　日本在经济高速发展时期，因公害造成当地居民多数受害。其中影响较大的四例被称为"四大公害病"，水俣病 1956 年发生在熊本县水俣湾，原因是有机汞导致的水污染。第二水俣病（新潟水俣病）1964 年发生在新潟县阿贺野川流域，原因与熊本县水俣病相同。四日市哮喘 1960～1972 年发生在三重县四日市市，原因是硫氧化物导致的大气污染。痛痛病 1910 年代～1970 年代前半发生在富山县神通川流域，原因是镉造成的水质污染。

图 13.2　日元与美元汇率走势（1960～2008 年）

数据来源：世界银行，UBS。

在国际方面，1973 年全球爆发了第一次世界石油危机，日本由于对进口石油的高度依赖而遭受沉重打击，并引发 1974～1975 年战后最严重的经济危机。1979 年 4 月，第二次石油危机爆发，日本经济再次受到严重通胀和国际收支恶化的冲击，经济增速明显下降，70～80 年代的平均 GDP 增速仅为 4%。

（二）日本增长阶段转换期产业升级措施

面对一系列危机冲击，日本认识到，廉价的人力资本和资源密集型的产业发展模式已经不能拉动经济发展。为扭转经济困境，日本进行了一系列重大的产业政策调整，促进了经济恢复。

1. 减少重化工业，发展知识密集型加工产业

第一次石油危机后，日本制造业尤其是重化工业部门开始致力于"减量经营"。20 世纪 70 年代中期以后，日本企业大幅度缩减了对重化工业的投资和经营规模，例如，1973～1977 年，单是粗钢的

产量就由 12000 万吨减少到了 10065 万吨。

在"减量经营"的应对策略下，日本以重化工业为中心的产业结构发生了明显变化，知识和技术密集型产业得到重点发展。1975年公布的《产业结构长期展望》中进一步增加了尖端技术开发政策，加强对半导体、集成电路、电子计算机、飞机工业等产业的扶持，鼓励技术引进和研究。从 1976 年起，日本的原材料等基础工业与加工工业增长速度的差距越来越大，原材料工业增长基本处于停滞状态，而加工工业呈加速发展态势，而且加工链条不断延伸。进入 80 年代，特别是对第二次石油危机的调整完成后，日本经济进入了一个新的结构转换时期。日本的产业结构由过去的资本密集型、资源密集型加速向技术密集型转变，产业由"重厚长大"型转向了"轻薄短小"型。

表 13.1 　　　　　　　按密集度划分的出口商品结构（%）

年度	1955	1960	1965	1970	1976	1978
劳动密集型	58.9	55.1	36.5	27.7	15.6	14.9
资本密集型	22.3	14.9	21.8	18.9	19.3	16.8
知识密集型	18.8	30.0	41.7	53.4	65.1	68.3

数据来源：世界银行，UBS。

2. 抓住新技术革命，培育战略性支柱产业

战后以来，日本不仅每 10 年制定一次产业发展规划，提出产业发展的基本理念和目标，而且在不同的经济发展阶段确定不同的支柱产业，以带动国民经济全面发展。在战后最初的经济恢复期和经济高速发展期，日本把煤炭开采、钢铁、石油化工等作为支柱产业，通过提供资金、税收优惠、增加外汇配额等方式积极支持基础

产业的发展。到 1973 年，日本粗钢产量达到 12000 万吨，超过美国，仅次于当时的苏联，成为世界第二钢铁生产大国。

在增长阶段转换期，日本提出将汽车、电子作为支柱产业发展的目标。在石油危机的冲击下，汽车生产厂商改进生产技术，提高汽车安全性能，减少排放污染和降低噪音，使得日本小型车拥有重量轻、耗油低、质量好、设施完善、价格低的特点。20 世纪 80 年代，日本汽车工业进入资本输出为主的国际化扩张阶段。1980 年，日本汽车产量达到 1104 万辆，超过美国成为世界最大的汽车生产国和出口国。

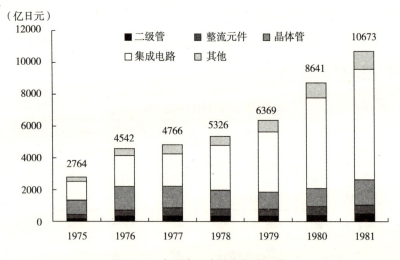

图 13.3　电子产业产值大幅度上升

数据来源：《日本通商产业政策史》，中金公司研究部。

在电子产业方面，早在石油危机发生之前日本就已经开始酝酿实行一场电子化革命。1980 年的电子工业生产额达到 1975 年的1.99 倍。从电子工业生产额的构成看，1975 年民用电子机械占

36%，1985 年降至 27.7%。相反，产业用电子机械从 37.6% 上升到 38.8%，而电子零部件从 26.4% 上升到 33.5%，特别是集成电路的生产增长十分显著。

这样，在 80 年代初期对第二次石油危机的调整完成以后，日本经济的整体增长速度相对平稳，汽车工业和以半导体零部件为代表的电子产业成为这一时期的支柱产业，实现了支柱产业由资本密集型向知识密集型的转换。

3. 注重安全环保，发展节能产业

日本领土狭小、自然资源匮乏，石油危机的重大冲击进一步敲响了节能环保的警钟。70 年代，日本政府在调整能源结构、鼓励节能投资和技术开发引进等方面采取了一些政策。

首先，通产大臣的咨询机构"能源调查委员会"组织制定了"阳光计划"、"月光计划"等能源技术开发计划。"阳光计划"从 1974 年 7 月开始实施，主要由政府投资，对太阳能、地热、煤炭、氢气、海洋温差发电等进行技术开发。"月光计划"主要研究提高能源利用效率和能源的再利用技术，如复合发电系统、电磁流体（MHD）发电等。1973 年，日本的石油消费增长系数（石油消费增长率与国民生产总值增长率之比）在 1 以上；到 1979 年降至 0.25，国民经济增长对能源特别是石油的依赖程度大为降低。

进入 70 年代以后，高速增长时期被忽略的污染问题日益突出，1972 年公害诉讼案件由 1968 年的 2.8 万件猛增到 8.8 万件，年平均递增 26%。1970 年，内阁设立的"公害对策本部"提出了 14 项关于防止污染的法律，在同年年底召开的国会获得通过。这些法律规定：对大气和水质的污染限制从指定地区扩大到全国；明确企业环境保护的责任；加重对环境污染的处罚等。1971 年，政府设立了专门负责环境保护工作的环境厅，由环境厅主持制定了一系列环境政策，比如，制定分阶段提高有害废弃物排放标准、限制部分地区污染物质排放总量以及公布《公害损害健康赔偿法》《自然环境保护法》等，提高了产业环保、健康、安全等方面的要求。此外，日本还将耗能污染产业向海外转移，加大重化工业的海外直接投资，以减少资源依赖和环境污染。

4. 加大科技投入，开发尖端产业技术

从 20 世纪 50 年代中期开始，日本就开始不断引进先进技术，并大力推动改良技术产品的出口。1955 ~ 1975 年间，日本引进 248000 项技术，其中重化工业革新技术约占 85%。随着与先进工业国家技术差距的逐步缩小，以及这些国家对知识产权保护和技术转让控制的加强，日本想要引进尖端技术日趋困难。日本科学技术厅在《1979 年度科学技术白皮书》中提出，为了推动自主技术的研究与开发，把发展独创性的科学技术作为日本经济发展的基本国策。为促进技术开发，日本政府还运用金融手段，向企业的技术开发活动提供低息贷款，称为"国产技术振兴基金技术贷款"。1980 年，还将新技术实验阶段所需设备列为贷款对象。

在增长阶段转换期，日本从注重民间研究转向加强官方研究，由政府直接主持重点科技领域的科研工作。此外，引导产、学、研发挥各自优势联合攻关，积极发展航空、原子能、电子计算机等高新技术产业。1978 年，日本的基础研究费（包括企业投资）在总研究费中所占比重为 17.6%，超过同年美国的 12.8% 的比重。

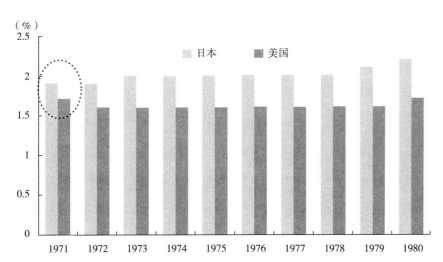

图 13.4　日本、美国非国防研发支出占 GDP 的比例（1971～1980 年）

数据来源：WDI，US National Research Council，Committee on Japan，中金公司研究部。

除此之外，日本政府还注重科学技术的普及教育，培养大批技术人才和技能型劳动者，1950～1972 年日本的教育经费增加了 24 倍，每年都占政府行政费用的 20%，不仅为经济发展奠定了雄厚的技术基础，也为技术引进政策获得成功提供了重要保证。

5. 分散产业布局，解决"过疏"、"过密"问题

为解决产业布局"过疏"、"过密"问题和适应信息化趋势，1969 年，日本政府内阁会议通过了《新全国综合开发计划》。该计划的精髓是"大型开发项目方式"，通过现代化的高速铁路、高速公路网将工业地带和各个新产业城市的"点"连接起来，使日本的国土开发从"点"的开发转向"线和面"的开发。

大型项目分三种类型：①对日本列岛全域有波及效应的新网络

（构成国土空间结构基础的社会资本）的形成。如信息通信网、新干线铁路网、高速公路网、航空网、大型港口等；②大型农业基地、工业基地、流通基地、观光基地等大型产业开发项目；③以环保为目的的自然、历史文物保护与保存、国土保全及水资源开发、住宅建设、城乡环保等大项目。通过《新全国综合开发计划》，产业布局实现了向国内其他地区扩散。随后，根据《工厂再配置促进法》和《第三次全国综合开发计划》，日本政府把产业以外的教育、文化、经济和行政中的中枢机构扩散，以配合全国产业结构的调整和高度化。

除了在国内重新布局产业，日本还扬长避短，有效利用海外市场。以美国为代表的西方发达国家经济衰退，需要外部资金输血补充；以亚洲"四小龙"——中国台湾、韩国、中国香港、新加坡为代表的新兴工业化国家和地区要实现经济跳跃增长，需要外部资金技术支持；以中国为代表的改革开放国家，需要大量引进外资，不断吸收海外先进技术。这些为日本经济提供了广阔的海外市场空间。日本大举向海外投资，与美国、欧共体、亚洲"四小龙"、东盟等组成了多层次多水平和垂直交叉的国际产业分工体系，通过投资促进对外贸易的发展，绕过贸易摩擦暗礁，做到既广泛利用海外资本市场为自己服务，又取得了土地利用、劳动力价格、产品市场方面的比较成本收益。

1976 年，日本顺利度过了第一次石油危机，在西方发达国家中率先复苏，并且在第二次石油危机中未遭受太大损害，这与当时日本主动顺应时代潮流、制定和实施有效的产业政策是分不开的。但也正是日本后来的产业政策没有及时调整，跟不上时代的要求，制约了日本的产业升级，陷入"失去的二十年"。

二、韩国增长转换期产业升级

20 世纪六七十年代，韩国在工业化起步阶段分别采取了优先发展轻纺工业和重化工业等产业政策，促进了产业的转型升级，但也暴露出一系列问题，主要包括政府过度干预产业发展、市场垄断格局明显、企业缺乏创新动力、高能耗高污染产业过度发展等。加上世界经济滞胀、第二次石油危机等影响，韩国经济发展低迷。在此背景下，韩国加大了产业转型力度，在增长阶段转换期前期（1980～1997 年），实施稳定和自由化的产业措施；在增长阶段转换期后期（1998～2003 年），实施了全面而彻底的产业结构调整，成功跨越"中等收入陷阱"，进入发达国家行列。

（一）韩国的增长阶段转换期

20 世纪六七十年代，韩国抓住美欧日等发达国家劳动力成本上升、受能源危机影响等的机遇，在政府主导下优先发展轻纺工业和重化工业，以出口为导向实现了经济高速增长，取得了巨大成就。1963～1979 年，平均 GDP 增速达到 9.8%。

但进入 80 年代后，支撑韩国经济高速发展的要素特征发生根本改变，经济增速减缓。首先，80 年代韩国从农村流向城市的剩余劳动力基本耗尽，而随着民主化的发展，各地爆发激烈的劳资纠纷，工人工资水平迅速提高，增加了劳动力成本。其次，随着韩国在半导体、电子、造船等产业领域的快速技术进步，逐渐接近发达国家的技术前沿面，引进消化吸收的空间缩小，面临需要大量增加R&D投入、充满不确定性的创新风险。其次，70年代中后期，重化工业出现严重产能过剩，导致了低效率和高负债的困境，局部性的风险向系统性风险蔓延，加剧了危机爆发的可能。最后，由于政府过度干预产业发展，金融、公共事业等领域存在大量管制，阻碍了服务业，尤其是生产性服务业的效率提升。这些问题，加上世界经济滞胀、第二次石油危机等影响，导致了韩国经济发展低迷。

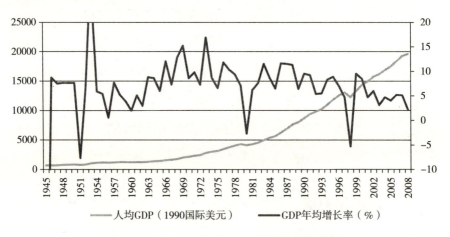

图 13.5　韩国人均 GDP 与 GDP 年均增长率

数据来源：韩国银行。

（二）韩国增长阶段转换期的产业升级措施

韩国于80年代进入增长阶段的转换期，为此韩国加快了产业转型升级的力度，经济发展模式由政府主导转向市场主导，增长动力由要素驱动转向创新驱动，产业结构由重化工业为主转向高新技术产业为主，产业政策支持由倾斜性转向中性，同时改组大企业集团，完善公司治理结构，实施金融机构改革等。

1. 改造传统产业，大力发展高科技产业

80 年代初，韩国政府首先对纺织、水泥、石化、钢铁、家电、汽车、造船等传统产业进行了技术改造和升级。以汽车产业为例，1981 年韩国政府制定《汽车工业合理化措施》，并相应采取提高技术法规要求、放松进口限制等措施，促进竞争力的形成。在改造传统产业的同时，对机械、电子、精细化工、航空航天、生物工程等高技术产业，韩国政府通过规划、政策和资金支持，培育其为经济发展的新引擎。80 年代以后，韩国就将电子电气产业作为技术引进的重点，1982～1988 年间，引进的电子电气产业技术占引进技术总量的 32.1%。

1998 年开始，韩国制定了《面向 21 世纪的产业政策方向及知识型新产业发展方案》，明确提出集中发展计算机、半导体、生物技术、新材料、新能源等 28 个高科技产业及服务业。1998～2001 年韩国信息技术产业附加值的年均增长率达 16.4%，远高于同期 4.0% 的 GDP 增长率[①]。信息技术产业占 GDP 的比重也从 1997 年的 8.6% 增长到 2000 年的 12.3%。据统计，2007 年韩国的宽带普及率为 30%，到 2009 年韩国使用互联网的人口比例已超过 75%，各项指标均居世界第一（如表 13.2）。韩国政府还把扶持中小型风险

---

① 韩国作为信息技术产业的后起之秀，目前在半导体产业的全球占有率中位居世界第三，其中 DRAM（动态随机贮存取芯片）技术位列世界第一。据 AC 尼尔森公司的《2006～2007 年媒体指数调查》上的数据，韩国的电脑普及率和互联网使用率分别达到 88% 和 80%，居世界各国榜首。

企业作为韩国发展高科技产业的重要举措。1999 年底颁布了《科技发展长期计划》《科技创新特别法》和《中小风险企业培育法案》等，使资本、知识密集型产业成为 21 世纪韩国经济的主导产业。

表 13.2　　　各国宽带普及率和使用互联网人口百分比①（%）

国家/地区	宽带普及率（至 2007 年）	使用互联网人口百分比（至 2009 年）
世界	6.1	23.6
韩国	29.9	76.1
美国	22.1	74.7
日本	21.3	73.8
中国	5.0	39.2
中国台湾	20.3	66.1
巴西	3.9	34.4

数据来源：维基百科，《各国宽带互联网用户数目列表》和《各国互联网用户数目列表》。

2. 鼓励官民合作，引进和开发关键性技术

1982 年韩国总统全斗焕在"第一次科学技术振兴扩大会议"上正式提出"科技立国"的口号，此后韩国把大量资源投向科技研发，大量引进先进技术，增加科研投入，鼓励技术创新。

1982 年韩国取消了对技术引进的限制，实行技术引进自由化。1982～1991 年 10 年间，韩国引进各类技术共 5549 件，是过去 30 年总和的 73.7%；技术引进支付额约 55.4 亿美元，达到过去 30 年总额的 90.8%。在引进技术的同时，韩国本国的研究开发经费大幅度增加。进入 80 年代后，韩国研究开发经费占 GNP 的比重从 1981

---

①　宽带普及率统计至 2007 年为止，使用互联网人口百分比统计至 2009 为止，其中，使用互联网人口百分比的中国统计数据到 2012 年为止。

年的 0.81% 增加到 1991 年 1.94%（见图 13.6）。此外，民间力量
逐渐成为韩国的创新主体，1985 年以后，韩国企业的科研投入资金
占比一直维持在 8% 以上。

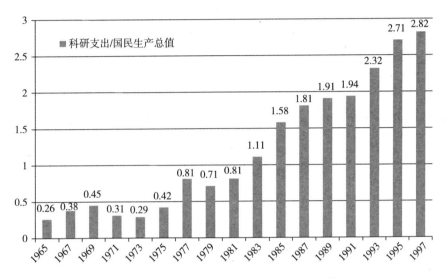

图 13.6　韩国科研支出占国民人均收入的比例走势（%）

数据来源：韩国产业技术振兴协会，《产业技术主要统计要览》，1997。

3. 培养科技人才，保护知识产权

为进一步促进高科技产业的发展，韩国政府一方面大力培养科
技人才，另一方面构建了完善的科技创新体系，大力保护知识产
权，为产业转型升级奠定人力资本基础。

在高科技人才的培养方面，首先，韩国一些大中型企业财团独
资兴办企业院校，甚至研究生院，每年为本企业输送大批建设与开
发人才。如三星企业集团每年用于培养人才的经费高达 6000 多万
美元，人均投资相当于美国、西欧等大中企业的 2 倍。其次，韩国
鼓励出国留学，每年派遣 2000 名博士后出国研修，而且新一代留

学生有60%学成回国，成为韩国经济发展的中流砥柱。最后，在引进人才方面，韩国制定了"聘用海外科学技术人才制度"，通过高薪和良好的工作条件，大力引进外国科技人才。

在知识产权的保护方面，1999年韩国建立起一个完善的科技创新制度体系，成立国家科学技术委员会，并设立基础、产业、公共三个研究会，一方面对本国知识产权法律进行修订和完善，另一方面积极参与国际知识产权的合作与保护规则的制定。如1998年韩国加入《尼斯条约》和《斯特拉斯堡协定》，2003年成为马德里协定成员国。知识产权保护战略使得韩国的科技人才充分发挥创新能力，专利申请量激增，成为世界专利强国。

4. 转变政府职能，减少行政力量对市场的干预

自20世纪80年代初开始，韩国逐渐减少政府干预，强调市场力量的发挥，亚洲金融危机之后，进一步大刀阔斧地推动政府改组，放松政府管制，并大幅度实施对国有企业的私有化，以建立有利于企业平等竞争的宏观政策环境。

1986年9月韩国制定《工业发展法》，取代此前的七个特定的产业扶持法，从法律层面消除了"战略产业"的概念，大幅度放宽了限制竞争的各项管制，使韩国的产业政策从直接干预转变为政策引导。此外，韩国政府调整了对重化工业的强力介入和倾斜性支援，缩小投资计划，推进经营合理化，确定专业生产体制和技术开发，提高经营效益。1988年，韩国政府最先选定酒类、炼油等10个产业为管制缓解对象，到1998年实际撤销的政府管制措施已达到70%。自1998年2月韩国开始实施政府结构改组计划以来，中

央政府完成了三轮机构改革，中央机关工作人员由 1997 年底的 16.2 万人下降为的 2003 年的 13.6 万人，减幅达 16%，地方政府机关工作人员精简幅度则达到 19%。

　　除此之外，韩国政府还对国有企业进行私有化改组或改进管理。韩国计划与预算委员会设立了一个国有公司私有化推进委员会，并在 1998 年宣布其 108 家国有公司中，38 家被立即私有化，34 家逐步私有化，9 家合并到其他国有企业或者清理掉，21 家进行结构重组。尽管推进私有化的进程落后于计划安排，但几乎所有国有企业都进行了高强度的改进管理活动，并通过大量裁员和削减福利减少了劳动力开支。

　　5. 改组大企业集团，改善公司治理结构

　　90 年代初，韩国大企业集团在经济收益下降的困境中，纷纷选择多元化经营的发展路线，介入多个生产部门（如表 13.3 所示），从而导致重复低效投资、企业负债率激增。亚洲金融危机爆发前，韩国五大企业的平均负债率超过 500%，大宇、韩宝集团的负债比率甚至达到了 1000%。当金融风暴席卷而来，企业资金链断裂，以大宇集团为代表的大企业纷纷破产。

表 13.3　　　　　　　　韩国部分大企业介入的产业部门

集团名称	子公司	介入主要产业部门
现代	57	汽车、钢铁、建筑、造船、海运、水泥、医药、电梯、电子、电机
三星	80	物产、石化、电子、化工、制药、重工、航空、汽车、证券、保险
乐喜金星	49	电子、电气、建设、金属、煤气、通信、化学、电线、综合金融

续表

集团名称	子公司	介入主要产业部门
大宇	30	金融、汽车、电子、机械、重工、航空、造船、电机、轻工、船运
双龙	25	水泥、汽车、机械、精油、造纸、重工、海运、电子、商社、证券
韩进	24	建设、重工、海运、航空、空港、证券、产业、金融、保险
起亚	28	汽车、重机、精机、钢铁、产业、金融等

资料来源：韩国银行，《上市公司手册（1997 年秋季号）》，1997。

为了帮助企业摆脱困境，从 1998 年下半年开始，韩国政府开展了以改组大企业集团，改善治理结构为主要内容的企业改革，具体包括要求企业专注于核心业务，减少多元化经营；改善资本结构，降低负债率；采用国际标准会计制度，增加财务透明度；禁止企业的交叉持股与相互借款保证制度；以及改善公司治理结构，加强企业大股东与经营管理者的监督全责等。在政府推动下，大企业集团重新确定核心业务，进行事业互换，并通过资产销售、重新注资、引进外资、债转股等方式降低负债率，公司良性运作，国际竞争力逐步增强。以现代集团为例，金融危机后，现代将汽车、建筑、重工、电子和金融服务作为核心业务，剥离石化、飞机、铁路设备和发电设备 4 个部门。1998 年，现代汽车公司收购起亚（Kia）/Asia 汽车厂以及与 HPI 和 HMS 合并，使得现代汽车达到了全球市场竞争中所需的规模经济，并且在两年内成功开发出六款车型，进入世界轿车新领域。

6. 加快金融改革，促进经济振兴

自 20 世纪 80 年代以来，韩国政府已经开始对金融机构进行改革，以提高投资效率。亚洲金融危机爆发后，在 IMF 的督促下，韩国政府对金融体系进行了全面改革，包括重组金融机构、注入公共资金、处置不良资产和存款保护等及时有效的金融重建措施。

80 年代，韩国政府逐步加强信贷管理，缩小以特定产业为中心的政策性支援基金（即"国民投资基金"）的规模。同时注重扶持出口企业，如设立公共资金，赋予企业开拓新市场时的出口垄断权，甚至还分配给出口企业用来改善设施的资金。在税制方面，多次修改"税收减免管制法"，使之适于产业政策的新方向，利于产业合理化。例如金融机关专门设立技术开发支援金，以重点帮助那些能推进国产化、提高生产率、节约能源和改善国际收支的技术开发项目；规定各纳税年度可从所得税和法人税中免除相当于企业技术开发费10%的税额等。

亚洲金融危机爆发后，政府采取了一系列金融重建措施。首先，加强对金融机构的监管。韩国先后设立或调整了金融监督委员会、韩国存款保险公社及韩国资产管理公司等机构，专门负责对金融机构的重整和监管工作。以资本充足率为判定基准，对金融机构进行淘汰重整。到 2000 年 8 月，韩国共有 487 家金融机构关闭。其次，设置公共资金作为金融重整基金的财源。到 2002 年 3 月底，韩国政府共筹措 156 兆韩元（约 1245 亿美元）的公共资金用作金融机构重整基金。最后，政府还实施新信贷分类与备抵放贷损失提示标准、建立及时纠正措施、强化会计标准、改善流动性风险管理制度等。经过一系列的金融改革，韩国的金融机构的资产状况明显改善，资金循环趋于顺畅，为实体经济的全面恢复奠定了基础。

通过以上各项产业转型升级措施，韩国顺利度过了增长阶段转化期，1995 年，韩国人均国民收入突破 1 万美元，成功跨越"中等收入陷阱"，并被列为十大新兴工业国，加入富国俱乐部——经济合作发展组织（OECD），正式进入发达国家行列。即使在金融危机的打击下，经济在两年内迅速恢复，1999～2000 年，韩国 GDP 年增长率分别达到 10.7% 和 11.1% 的高水平，创造了经济恢复的奇迹。与此同时，韩国的工业化逐渐走向成熟，电子、汽车、钢铁、化工、造船和纺织等重要产业位于世界领先地位，三星、现代、大宇等成为世界一流企业。

三、日韩经验对中国的启示

对照中国现在的发展，我国正处于工业化中后期阶段和增长阶段的转化期，要素成本上升，传统优势逐步削弱，环境污染问题日益严重。在国际环境上，贸易摩擦加剧，新兴经济体与我国的竞争更加激烈。这些特征与日本、韩国在 20 世纪七八十年代的处境非常相似。根据日韩的产业转型升级经验，我们得出以下启示。

（一）减少行政力量干预，积极发挥市场机制作用

市场力量是推动经济发展的根本动力。80 年代初韩国的经济困境很大程度上来源于政府对经济的过度介入，政府主导的选择性的产业发展使得经济失去增长活力，长期的产业支持又使得既得利

益集团抵制改革，政府主导型的经济增长成为韩国经济根深蒂固的弊端。我国经济也存在行政干预过强的问题，政府应该转变职能，大力强化市场竞争，持续推进对内、对外开放，在税收、金融、贸易、行政审批、知识产权保护等方面支持产业发展，为各类市场主体营造自由竞争、公平交易的市场环境。

（二）抓住全球新一轮技术和产业革命机遇，加快产业升级

新的技术革命和工业革命深刻地影响和改变全球的经济增长和竞争格局。日本和韩国都抓住了发达国家转移劳动密集型产业的机遇，促进了基础工业的发展，促进了经济的高速发展，同时又在经济基础达到一定水平后以"创新驱动"发展知识和技术密集型产业，实现了经济的快速发展，顺利步入发达国家行列。我国应加快产业转型升级的步伐，不断增强工业的核心竞争力和可持续发展能力。一方面充分发挥我国制造业基础雄厚的优势，加强新技术、新业态、新模式、新工艺、新产品的推广应用，大力改造提升传统产业；另一方面积极发展战略性新兴产业，加快形成先导性、支柱性产业，切实提高产业核心竞争力和经济效益。

（三）增加科研投入，注重技术引进与创新有机结合

日本和韩国的发展实践表明，从技术引进到技术创新的转变与经济发展水平密切相关。产业结构的升级关键在于产业创新。日韩的经验证明，发展中国家完全可以利用后发优势，通过技术引进、消化、吸收，在渐进创新模式下实现科技发展的飞跃。应

用科学研究对于实现总体上的技术超越并保持领先地位是至关重要的，尤其在产业升级的过程中表现得更为突出。鉴于我国目前情况和未来发展趋势，加强产学研三方联合攻关，突出企业在应用研究中的重要地位，是我国实现自主技术开发，保持创新动力的保障。

（四）促进产业兼并重组，提高企业国际竞争力

韩国大企业集团的多元化经营曾经造成投资低效和负债增加，最终在金融危机下资金链断裂，造成重大社会影响。我国应该注重传统产业兼并整合，新兴产业重组升级。各地区抓住核心发展优势，集中资源提升产业竞争力，促进高附加值、高技术的产业集中化，鼓励开展国际合作，加强监管，建立亏损企业迅速淘汰制度，培育一批具有国际竞争力的产业和大型企业。

（五）注重人才培养，发挥人力资源优势

日韩政府在大力发展基础教育的同时，注重专业人才的培养，高端的技能性人才是其实现产业转型升级的重要条件。目前，我国高等教育普及度低，人才与市场需求不匹配，高端人才大量流失，产业发展模式停留在低端的劳动密集型产业上，没有充分发挥我国的人力资源优势。从韩国的经验来看，政府应该大力投资发展教育，注重专业人才的培养；大型企业可以积极开办专业技术研究机构，为企业培养对口人才；此外，改革户籍制度，降低生活成本，将高端人才留住并吸引留学人才归国发展。

参考资料

［1］池田信夫. 失去的二十年. 北京：机械工业出版社，2013

［2］南亮进. 日本的经济发展. 经济管理出版社，1992. 转引自黄建康. 后发优势理论与中国产

业发展. 南京：东南大学出版社，2008

［3］徐平. 苦涩的日本. 北京：北京大学出版社，2012

［4］李若谷. 世界经济发展模式比较. 北京：社会科学文献出版社，2009

［5］冯飞，王忠宏. 对第三次工业革命的认识. 国务院发展研究中心调研报告摘要，2012 年第

105 号

后 记
Postscript

　　2008 年国际金融危机爆发后，国际、国内经济环境发生深刻变化，中国经济增长呈现诸多新特点。习近平总书记指出中国经济正处于增长速度换挡期、结构调整阵痛期、前期刺激政策消化期的三期叠加阶段。李克强总理指出中国经济增长进入中高速增长阶段，将迎来发展奇迹的"第二季"。围绕中国经济基本面正在发生的阶段变化，国务院发展研究中心设立了重大研究课题"增长阶段转换的成因、挑战和对策"。课题组由国务院发展研究中心张军扩副主任负责，余斌、吴振宇担任协调人，多个研究部所的研究人员参加。课题研究历时一年半，本书汇总了研究的主要成果。

　　全书共分为十三章，第一章为总报告，第二章到第六章是关于增长阶段转换的实证研究，分别从供给、需求、对外经济和创新等角度进行分析。第七章到第九章是理论和政策研究。第十章到第十三章是国内外研究比较和国际经验。各章的作者如下：第一章，张军扩、余斌、吴振宇；第二章，王忠宏、宋紫峰；第三章，任泽平；第四章，吕刚；第五章，马名杰；第六章，余斌；第七章，刘培林、贾珅、张勋；第八章、第九章、第十章，吴振宇；第十一章，江宇；第十二章，龙海波；第十三章，王忠宏、宋紫峰。